법무부 **사회통합프로그램(KIIP)**

초급 **1**

한국어와 한국문화

교사용 지도서

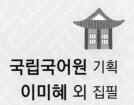

국립국어원 기획
이미혜 외 집필

Hawoo Publishing Inc.

발간사

2020년 9월호 법무부 출입국·외국인 통계월보에 따르면 국내 체류 외국인은 약 210만 명으로 2010년보다 2배 가까이 증가하였습니다. 그런데 주목할 점은 체류 외국인이 양적으로 증가하였을 뿐만 아니라 이들의 유형이 결혼 이민자를 비롯하여 근로자, 유학생, 중도 입국 자녀 등으로 점차 다양해졌다는 것입니다. 이러한 변화는 다양한 언어와 문화적 배경을 가진 구성원과의 '공존'의 중요성을 한국 사회에 알리는 동시에 '소통'의 과제를 던져 준다고 생각합니다.

이에 국립국어원에서는 한국에 온 외국인들이 체계적으로 한국어를 배워 한국 사회의 일원으로 능동적으로 생활하고, 사회 구성원 간의 의사소통이 더욱 원활할 수 있도록 지원하고 있습니다. 그리고 이를 위한 교육 내용을 연구하고, 한국어 교재를 발간하고 있습니다. 이번에 발간되는 《사회통합프로그램(KIIP) 한국어와 한국문화》는 이러한 노력의 결실 중 하나라 할 수 있습니다.

이번 교재 개발에는 한국어 교육 및 사회·문화 교육 전문가가 집필자와 검토자로 참여하여 한국어와 한국 문화의 전문적 내용을 체계적이면서도 친근하게 구성하였습니다. 특히 '사회통합프로그램'을 총괄하는 법무부의 협조로 현장 요구 조사와 시범 적용을 실시하여 교사와 학습자의 의견을 폭넓게 반영하기 위해 노력하였습니다. 그리고 한국어 능력 향상뿐만 아니라 문화 다양성을 고려하여 내용을 구성하였으며, 풍부한 보조 자료를 제공함으로써 교사와 학습자가 손쉽게 활용할 수 있도록 하였습니다.

본 교재는 기초편 교재 1권, 초급 교재 2권, 중급 교재 2권의 5권으로 구성되며, 이 구성에 따라 학습자용 익힘책과 교사용 지도서가 본 교재와 함께 출간됩니다. 이와 함께 학습자용 유형별 보조 자료와 수업용 보조 자료를 별도로 제작하여 현장에서 손쉽게 사용할 수 있도록 제공하였습니다.

아무쪼록 이 교재가 사회통합프로그램에 참여하는 학습자들에게 한국어를 체계적이고 충실하게 익힐 수 있는 유용한 길잡이로 널리 활용되기를 바랍니다. 그래서 이 교재를 사용하는 이민자들이 한국 사회의 주체적인 구성원으로서 안정적인 생활을 영위하는 데 도움이 되기를 희망합니다.

끝으로 이 교재의 개발을 위해 최선의 노력을 기울여 주신 교재 개발진과 출판사 관계자 분들께 깊은 감사의 말씀을 드립니다.

2020년 12월

국립국어원장 소강춘

국내 체류 외국인의 수가 100만 명을 넘은 2007년을 기점으로 한국 사회는 다문화 사회의 도래를 대비하기 위해 제도적 준비를 해 왔습니다. 그중 이민 초기 정착 단계의 필수적인 지원 사항인 한국어 학습은 여러 부처에서 다양한 프로그램으로 운영되었는데, 2020년부터 법무부가 주관하는 사회통합프로그램으로 표준화되었습니다. 사회통합프로그램은 국내 체류 이민자를 대상으로 하는 '한국어와 한국문화', '한국사회이해' 교육 프로그램으로, 결혼 이민자와 근로자, 유학생 등 전문 인력, 중도 입국 자녀 등이 참여합니다. 2009년에 처음 시행된 이후 점점 성장하여, 현재 약 350개의 운영 기관에서 약 6만 명의 이민자들이 교육에 참여하고 있습니다.

이민자 대상의 한국어 교육에서 사회통합프로그램의 중요성이 커지면서 교육의 체계화와 효율화, 변화하는 사회 양상의 반영 등을 위해 교재 개발 연구가 진행되었고, 그 결과물이 ≪사회통합프로그램(KIIP) 한국어와 한국문화≫ 교재입니다. 이 교재의 특징은 다음과 같습니다.

첫째, 교재와 익힘책, 교사용 지도서, 수업용 보조 자료(PPT)로 구성되어 있습니다. 교실 수업에서 사용할 교재 이외에 교수·학습 효율성을 높이기 위해 학습 자료 일체를 개발하였습니다.

둘째, 교재는 사회통합프로그램 단계별 100시간 수업에 맞춰 구성했는데 이민자들이 한국 사회에 정착하는 과정에서 필요한 한국어와 한국문화 내용을 선정하여 살아있는 언어문화 교육이 되도록 했습니다. 특히 변화하는 한국 사회의 모습과 특징을 교재 전체에 다양한 소재로 사용했을 뿐만 아니라, 다양한 문화 주제를 통해 이민자들이 한국 사회를 이해하고 적응하는 데 도움을 주고자 했습니다. 그리고 결혼 이민자, 근로자, 유학생 등 전문 인력, 중도 입국 자녀들을 등장인물로 하여 한국 사람들과 함께 생각과 정보를 나누고, 공감하며 생활하는 모습을 담았습니다.

셋째, 익힘책은 이민자들이 자신의 학습 속도와 능력에 맞게 학습 내용을 복습하고 보완할 수 있도록 구성하였습니다. 교사들도 교실 상황에 맞춰서 융통성 있게 활용할 수 있을 것입니다.

넷째, 교사용 지도서와 수업용 보조 자료(PPT)는 교사들이 수업의 핵심 내용을 명료하게 파악하고 운용하도록 안내해 줄 것입니다. 또한 교사들의 필수적인 수업 준비 시간을 단축해 주는 대신에 교실 상황에 맞는 수업 설계에 시간을 투자할 수 있도록 도와줄 것입니다.

이민자용 한국어 교재는 단지 의사소통 능력을 길러 주는 역할만이 아니라 우리 사회의 진정한 '사회통합'을 이끄는 교재여야 합니다. 이 교재를 통해 이민자들의 사회통합프로그램 참여를 확대하고 교수·학습의 효율성을 높이기를 기대합니다. 또한 이민자의 사회 적응을 돕고 진정한 사회통합으로 나아가는 데 일조하기를 기대해 봅니다.

마지막으로 우리 사회 이민자 대상 한국어 교육을 위해 의미 있는 교재 개발 사업을 기획하고 지원해 주신 국립국어원 관계자 여러분께 감사드리며, 법무부 이민통합과 관계자분들께도 감사드립니다. 그리고 다양하고 새로운 시도를 통해 멋진 교재로 완성해 주신 하우 출판사 관계자분들께도 진심으로 감사드립니다. 원고를 고치고 다듬느라 오랫동안 소중한 일상을 돌보지 못한 연구진들께도 머리 숙여 감사의 마음을 전합니다.

2020년 12월
저자 대표 이미혜

교사용 지도서의 구성과 사용법

≪사회통합프로그램(KIIP) 한국어와 한국문화 교사용 지도서≫는 한국어 교사들이 교재 구성 및 편찬 의도를 이해하고 효율적으로 수업을 이끌도록 안내하는 안내서입니다. 단원 구성, 교재 사용 방법, 수업 진행 순서와 방법 등을 제시하여 수업을 계획하고 운영하는 데 도움이 되도록 하였습니다.

교사용 지도서는 교재의 구성에 맞춰 한 단원을 10쪽으로 구성하고, 각 페이지에 교재 내용과 수업 방법을 제시했습니다. 교육 현장의 상황이 다양하므로 지도서의 내용을 기본으로 삼아 현장에 맞게 적용하기를 바랍니다.

교사용 지도서는 교재, 익힘책, 수업용 보조 자료(PPT)를 함께 활용할 것을 전제로 하였습니다. 한 단원의 수업 시간을 5시간 정도로 정하고 활동을 제시했으므로, 현장 여건과 학습자 특성을 고려하여 융통성 있게 조정해서 수업을 진행하는 것이 좋습니다.

● 단원 첫머리에 '수업 목표 및 내용', '수업 전개', '이 단원을 지도할 때는…'을 포함하여, 교사들이 단원 내용을 쉽게 파악하고 수업을 계획할 수 있도록 하였습니다.

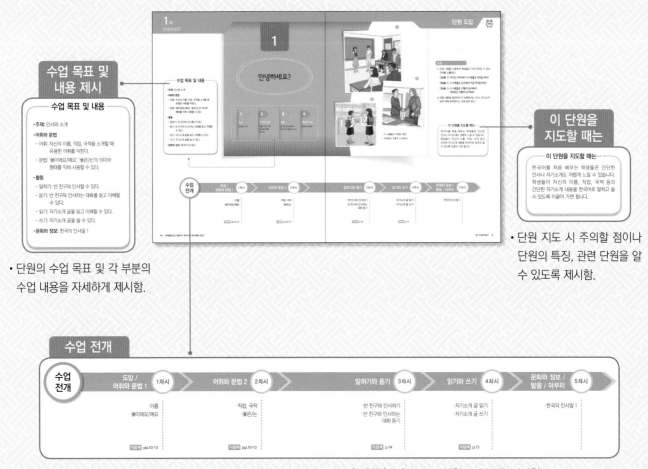

수업 목표 및 내용 제시

• 단원의 수업 목표 및 각 부분의 수업 내용을 자세하게 제시함.

이 단원을 지도할 때는

• 단원 지도 시 주의할 점이나 단원의 특징, 관련 단원을 알 수 있도록 제시함.

수업 전개

• 한 단원의 수업 시간을 5시간으로 보고, 각 차시의 수업 전개와 자료(익힘책)를 한눈에 파악할 수 있도록 정리함.

● 교재의 각 부분에 대한 수업 진행 절차와 교사 발화를 명료하게 제시했습니다. 도입, 어휘, 문법 지도는 '도입, 제시, 연습' 단계로 진행하도록 했으며, 말하기, 듣기, 읽기, 쓰기는 '활동 전, 활동, 활동 후' 단계로 이끄는 것을 기본으로 삼았습니다.

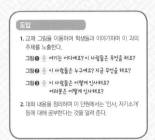

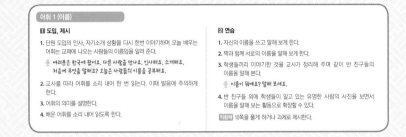

● 수업을 준비할 때 교사들이 가장 필요로 하는 어휘 설명 참고 사항, 문법 설명이나 추가 예문, 발음 정보 등을 메모지 형식으로 명료하게 제시했습니다. 이 자료를 활용하면 짧은 시간에 효율적으로 수업을 준비할 수 있을 것입니다.

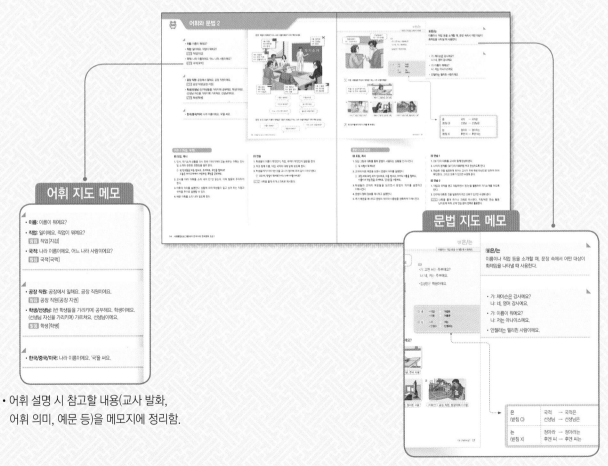

• 어휘 설명 시 참고할 내용(교사 발화, 어휘 의미, 예문 등)을 메모지에 정리함.

• 문법 설명 시 참고할 정보, 문법 추가 예문, 형태 정보를 메모지에 명시적으로 정리함.

● 활동의 정답, 듣기 지문, 마무리 질문 등을 제시하여 교사용 지도서를 활용하여 편리하게 수업을 준비하고 진행할 수 있도록 하였습니다.

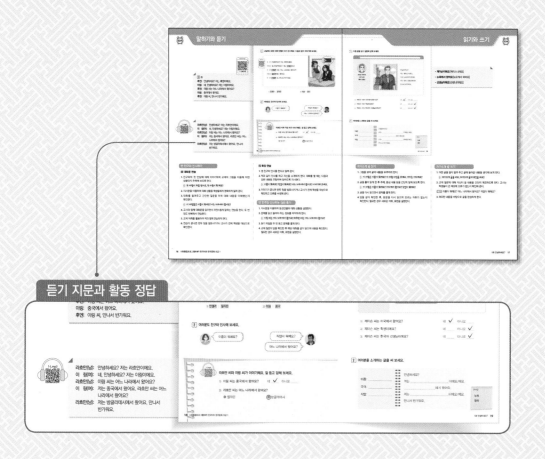

듣기 지문과 활동 정답

마무리 단계의 질문

차례

교재 구성표

단원	단원명	주제	어휘	문법
1	안녕하세요?	인사와 소개	이름, 직업, 국적	명이에요/예요 명은/는
2	방에 책상이 있어요	사물	일상생활 사물, 장소①	명이/가 명에 있어요
3	한국어를 배워요	일상생활	기본 형용사, 기본 동사①	동형-어요 명을/를
4	라흐만 씨가 식당에 가요	장소	장소②	명에 가다 명에서
5	오늘은 5월 5일이에요	날짜와 요일	수①, 날짜, 요일	명에 명이/가 아니에요
6	9시부터 6시까지 일해요	하루 일과	수②, 기본 동사②	명부터 ~ 명까지 안 동형
7	김치찌개 하나 주세요	음식	음식, 식당 관련 표현	동-고 싶다 동-으세요
8	칫솔하고 치약을 삽니다	쇼핑	단위, 가격	명하고 명 동형-습니다, -습니까?
9	지난 주말에 친구를 만났어요	주말	주말 활동	동형-었- 명도
복습 1(1~9과)				
10	아버지는 요리를 잘하세요	가족	가족 관계, 높임말	동형-으시- 동형-지만
11	어버이날에 부모님께 꽃을 드려요	특별한 날	특별한 날 관련 어휘	명에게/한테/께 동-어 주다
12	이번 휴가에 뭐 할 거예요?	휴가 계획	휴일, 휴가 관련 어휘	동-을 거예요 동형-고(나열)
13	버스로 공항에 가요	교통	교통수단	명으로(수단) 동-으러 가다/오다
14	저녁 7시에 만날까요?	약속	약속 표현	동-을까요? 못 동
15	오늘 날씨가 정말 덥네요	날씨	계절, 날씨	동형-네요 명보다
16	배가 아파서 병원에 가요	병원	병원 어휘	동형-어서 동-는 것
17	사진을 찍지 마세요	공공장소	공공장소, 공공장소에서 하는 일	명으로(방향) 동-지 마세요
18	한국 생활은 조금 힘든데 재미있어요	한국 생활	한국 생활 관련 어휘	동형-지요? 동형-는데(대조)
복습 2(10~18과)				

활동	발음	문화와 정보
반 친구와 인사하기 자기소개 글 읽고 쓰기	이름이, 직업이, 필리핀 사람이에요	한국의 인사말 1
방 안 물건 이름 말하기 집 관련 정보 읽기	교실에, 없어요, 있어요	한국인의 이름
자신의 일상생활 말하기 일상생활 소개 글 읽고 쓰기	읽어요, 재미있어요, 많아요	한국의 인사말 2
장소 말하기 장소에서 하는 일 읽고 쓰기	극장에, 식당에서, 학교에	한국의 휴식 공간
날짜와 요일 말하기 명함 읽기	십이월, 금요일, 먹어요	유용한 전화번호
하루 일과 말하기 하루 일과 소개 글 읽고 쓰기	주말에, 몇 시부터, 저녁에	한국인의 일과 생활
음식 주문하기 메뉴판 읽기	앉으세요, 읽으세요, 먹고 싶어요	한국의 식사 예절
물건 사기 쇼핑 전단지 읽기	칫솔, 다섯 개, 닭, 닭고기	한국의 화폐
주말에 한 일 이야기하기 주말에 한 일 읽고 쓰기	만났어요, 재미있었어요, 샀어요	한국인의 주말 활동
가족 소개하기 가족 소개 글 읽고 쓰기	들으세요, 어떻게, 생신이에요	가족 호칭
특별한 날 소개하기 특별한 날의 경험 쓰기	만들어요, 축하해요, 어버이날이에요	한국의 국경일
휴가 계획 이야기하기 휴가 계획 글 읽고 쓰기	쉴 거예요, 마실 거예요, 갈 거예요	한국의 인기 여행지
교통편 묻고 답하기 행선지와 교통편 쓰기	어떻게, 버스 정류장, 지하철역	한국의 대중교통 수단
친구와 약속하기 약속 메시지 보내기	먹을까요?, 못 만나요, 못 먹어요	약속 장소
날씨 말하기 고향 날씨 소개 글 쓰기	작년, 춥네요, 피었네요	재난, 안전 안내 문자
아픈 친구에게 조언하기 아픈 이유 말하기	내과, 치과, 안과	한국의 병원
길 묻고 답하기 공공장소의 금지 표지 읽기	박물관, 못 만져요, 등록	한국의 공공 예절
한국 생활 정보 말하기 자신의 한국 생활에 대한 글 쓰기	아름답지요, 좋지요, 닫는데	한국어 줄임말

1과
안녕하세요?

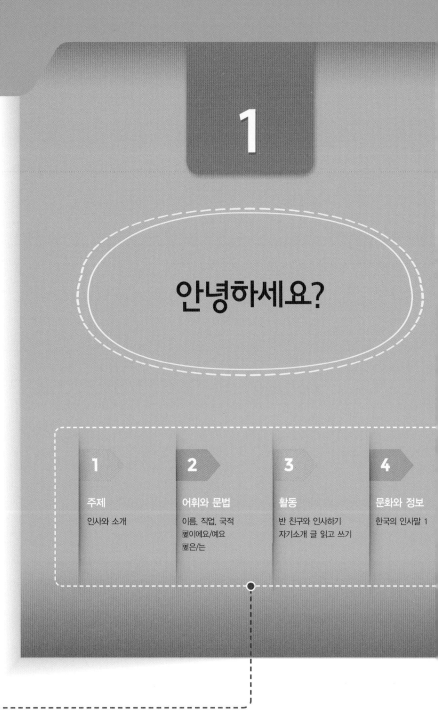

1

안녕하세요?

1	2	3	4
주제	어휘와 문법	활동	문화와 정보
인사와 소개	이름, 직업, 국적 명이에요/예요 명은/는	반 친구와 인사하기 자기소개 글 읽고 쓰기	한국의 인사말 1

수업 목표 및 내용

- **주제:** 인사와 소개
- **어휘와 문법**
  - 어휘: 자신의 이름, 직업, 국적을 소개할 때 유용한 어휘를 익힌다.
  - 문법: '명이에요/예요', '명은/는'의 의미와 형태를 익혀 사용할 수 있다.
- **활동**
  - 말하기: 반 친구와 인사할 수 있다.
  - 듣기: 반 친구와 인사하는 대화를 듣고 이해할 수 있다.
  - 읽기: 자기소개 글을 읽고 이해할 수 있다.
  - 쓰기: 자기소개 글을 쓸 수 있다.
- **문화와 정보:** 한국의 인사말 1

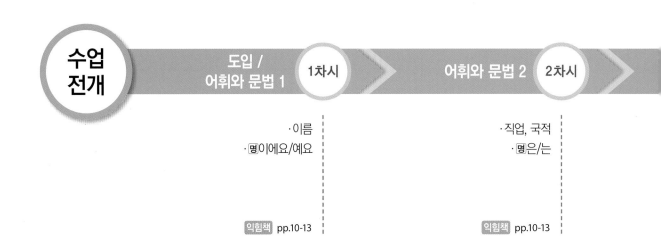

수업 전개	도입 / 어휘와 문법 1	1차시	어휘와 문법 2	2차시
	·이름 ·명이에요/예요		·직업, 국적 ·명은/는	
	익힘책 pp.10-13		익힘책 pp.10-13	

①

②

③

· 이 사람들은 무엇을 해요?
· 여러분은 어떻게 인사해요?

도입

1. 교재 그림을 이용하여 학생들과 이야기하며 이 과의 주제를 노출한다.

   그림① 🎤 여기는 어디예요? 이 사람들은 무엇을 해요?

   그림② 🎤 이 사람들은 누구예요? 지금 무엇을 해요?

   그림③ 🎤 이 사람들은 어떻게 인사해요?
   여러분은 어떻게 인사해요?

2. 대화 내용을 정리하며 이 단원에서는 '인사, 자기소개' 등에 대해 공부한다는 것을 알려 준다.

이 단원을 지도할 때는…

한국어를 처음 배우는 학생들은 간단한 인사나 자기소개도 어렵게 느낄 수 있습니다. 학생들이 자신의 이름, 직업, 국적 등의 간단한 자기소개 내용을 한국어로 말하고 쓸 수 있도록 이끌어 가면 됩니다.

말하기와 듣기 **3차시**	읽기와 쓰기 **4차시**	문화와 정보 / 발음 / 마무리 **5차시**
·반 친구와 인사하기 ·반 친구와 인사하는 대화 듣기	·자기소개 글 읽기 ·자기소개 글 쓰기	·한국의 인사말 1
익힘책 p.14	익힘책 p.15	

• **이름:** (선생님이 자신을 가리키고 본인 이름을 말하며) 정아라. 이름. 정아라. (그림을 가리키며) 잠시드. 이름. 잠시드.

• **박민수/박슬기**
  발음 박민수[방민수], 박슬기[박쓸기]

• **이름:** 다른 사람 이름 뒤에 '씨'를 붙여요. 이링. '이링 씨' 말해요.

Q 이름이 뭐예요? 이야기해 보세요.

이름: 안젤라
이름: 잠시드
이름: 라민
이름: 이링
이름: 라흐만
이름: 김성민
이름: 제이슨
이름: 고천
이름: 박슬기
이름: 박민수
이름: 후엔
이름: 아나이스

어휘 1 (이름)

1 도입, 제시

1. 단원 도입의 인사, 자기소개 상황을 다시 한번 이야기하며 오늘 배우는 어휘는 교재에 나오는 사람들의 이름임을 알려 준다.

   🎤 여러분은 한국에 왔어요. 다른 사람을 만나요. 인사해요. 소개해요. 처음에 무엇을 말해요? 오늘은 사람들의 이름을 공부해요.

2. 교사를 따라 어휘를 소리 내어 한 번 읽는다. 이때 발음에 주의하게 한다.

3. 어휘의 의미를 설명한다.

4. 배운 어휘를 소리 내어 읽도록 한다.

2 연습

1. 자신의 이름을 쓰고 말해 보게 한다.

2. 짝과 함께 서로의 이름을 말해 보게 한다.

3. 학생들끼리 이야기한 것을 교사가 정리해 주며 같이 반 친구들의 이름을 말해 본다.

   🎤 이름이 뭐예요? 말해 보세요.

4. 반 친구들 외에 학생들이 알고 있는 유명한 사람의 사진을 보면서 이름을 말해 보는 활동으로 확장할 수 있다.

   익힘책 10쪽을 풀게 하거나 과제로 제시한다.

명 **이에요/예요**

사람, 사물 이름을 말할 때 사용해요.

후엔이에요.

안젤라예요.

예문
• 가: 제이슨이에요?
  나: 네, 제이슨이에요.
• 가: 라흐만이에요?
  나: 아니요, 잠시드예요.

◎ 이에요	• 후엔	→	후엔이에요
	• 제이슨	→	제이슨이에요
◎ 예요	• 잠시드	→	잠시드예요
	• 안젤라	→	안젤라예요

1 이름이 뭐예요? 이야기해 보세요.

보기
안녕하세요? 후엔이에요.

안녕하세요? 고천이에요.

후엔 / 고천

1) 잠시드 / 안젤라

2) 이링 / 라흐만

3) 제이슨 / 라민

반 친구에게 인사하고 이름을 말해 보세요.

안녕하세요?

안녕하세요?

명 **이에요/예요**

사람이나 사물의 이름을 말할 때, 명사가 서술어가 되게 할 때 사용한다.

• 가: 라민이에요?
  나: 네, 라민이에요.
• 가: 김민수예요?
  나: 아니요, 박민수예요.
• 고천이에요.

이에요 (받침 O)	이링	→	이링이에요
	김성민	→	김성민이에요
예요 (받침 X)	박슬기	→	박슬기예요
	아나이스	→	아나이스예요

문법 1 (명이에요/예요)

1 도입, 제시

1. 도입 그림과 대화를 통해 문법이 사용되는 상황을 인지시킨다.

🎤 두 사람이 뭐 해요?

2. 교재의 대표 예문을 보면서 문법의 의미를 설명한다.

🎤 두 사람이 소개해요. 이름을 말해요. 이름 뒤에 '이에요', '예요'를 말해요.

3. 학생들과 교재의 예문들을 읽으면서 문법의 의미를 설명하고 이해시킨다.

4. 문법의 형태 정보를 제시하고 설명한다.

5. 추가 예문을 제시하고 문법의 의미와 사용법을 정확하게 이해시킨다.

2 연습 1

1. 〈보기〉의 대화를 교사와 함께 완성해 본다.

2. 나머지 문제를 〈보기〉의 대화처럼 짝과 완성하도록 한다.

3. 연습한 것을 발표하게 하거나 교사가 전체 학생 대상으로 답하게 하여 확인한다. 그리고 오류가 있으면 수정해 준다.

3 연습 2

1. 반 친구에게 인사하고 '이에요/예요'를 활용하여 자신의 이름을 말하도록 한다.

2. 친구와 대화한 것을 발표하게 하고 오류가 있으면 수정해 준다.

익힘책 12쪽을 풀게 하거나 과제로 제시한다. 익힘책은 연습 활동 난이도에 따라 교재 연습 문제 전후로 활용한다.

- **이름:** 이름이 뭐예요?
- **직업:** 일이에요. 직업이 뭐예요?
  발음 직업[지겁]
- **국적:** 나라 이름이에요. 어느 나라 사람이에요?
  발음 국적[국쩍]

- **공장 직원:** 공장에서 일해요. 공장 직원이에요.
  발음 공장 직원[공장 지권]
- **학생/선생님:** (반 학생들을 가리키며) 공부해요. 학생이에요.
  (선생님 자신을 가리키며) 가르쳐요. 선생님이에요.
  발음 학생[학쌩]

- **한국/중국/미국:** 나라 이름이에요. '국'을 써요.

어휘 2 (직업, 국적)

1 도입, 제시

1. 인사, 자기소개 상황을 다시 한번 이야기하며 오늘 배우는 어휘는 인사 및 소개와 관련된 표현임을 알려 준다.
   🎤 반 친구들을 처음 만나요. 소개해요. 무엇을 말해요?
   오늘은 자기소개에서 사용하는 표현을 공부해요.

2. 교사를 따라 어휘를 소리 내어 한 번 읽는다. 이때 발음에 주의하게 한다.

3. 어휘의 의미를 설명한다. 상황에 따라 학생들이 알고 싶어 하는 직업과 국적을 추가로 설명할 수 있다.

4. 배운 어휘를 소리 내어 읽도록 한다.

2 연습

1. 학생들의 이름이 무엇인지, 직업, 국적이 무엇인지 질문을 한다.

2. 짝과 함께 이름, 직업, 국적에 대해 말해 보도록 한다.

3. 학생들끼리 이야기한 것을 교사가 정리해 주며 같이 이야기한다.
   🎤 OO 씨, 직업이 뭐예요? 어느 나라 사람이에요?

익힘책 11쪽을 풀게 하거나 과제로 제시한다.

명 **은/는**
이름이나 직업 등을 소개할 때 사용해요.

안녕하세요?
저는 고천이에요.

안녕하세요?
저는 라민이에요.

예문
• 가: 고천 씨는 주부예요?
  나: 네, 저는 주부예요.
• 김성민은 학생이에요.

은	• 직업	→	직업**은**
	• 이름	→	이름**은**
는	• 저	→	저**는**
	• 안젤라	→	안젤라**는**

명 **은/는**

이름이나 직업 등을 소개할 때, 문장 속에서 어떤 대상이 화제임을 나타낼 때 사용한다.

• 가: 제이슨**은** 강사예요?
  나: 네, 영어 강사예요.
• 가: 이름이 뭐예요?
  나: 저**는** 아나이스예요.
• 안젤라**는** 필리핀 사람이에요.

1 다음 사람들은 직업이 뭐예요? 어느 나라 사람이에요?

보기
박슬기는 초등학생이에요.
박슬기는 한국 사람이에요.

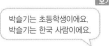 박슬기 초등학생, 한국 사람

1)
 라민 학생, 이집트 사람

2)
 안젤라 회사원, 필리핀 사람

3)
 라흐만 공장 직원, 방글라데시 사람

2 반 친구들에게 자기소개를 해 보세요.

은 (받침 O)	국적 → 국적**은**
	선생님 → 선생님**은**
는 (받침 X)	정아라 → 정아라**는**
	후엔 씨 → 후엔 씨**는**

1과 안녕하세요? **17**

문법 2 (명 은/는)

1 도입, 제시

1. 도입 그림과 대화를 통해 문법이 사용되는 상황을 인지시킨다.

   🎙 두 사람이 뭐 해요?

2. 교재의 대표 예문을 보면서 문법의 의미를 설명한다.

   🎙 고천 씨와 라민 씨가 인사해요. 처음 만나요. 자기의 이름을 말해요.
   이름이나 직업 등을 소개해요. '은/는'을 사용해요.

3. 학생들과 교재의 예문들을 읽으면서 문법의 의미를 설명하고 이해시킨다.

4. 문법의 형태 정보를 제시하고 설명한다.

5. 추가 예문을 제시하고 문법의 의미와 사용법을 정확하게 이해시킨다.

2 연습 1

1. 〈보기〉의 대화를 교사와 함께 완성해 본다.

2. 나머지 문제를 〈보기〉의 대화처럼 짝과 완성하도록 한다.

3. 연습한 것을 발표하게 하거나 교사가 전체 학생 대상으로 답하게 하여 확인한다. 그리고 오류가 있으면 수정해 준다.

3 연습 2

1. 직업과 국적을 묻고 대답하면서 '은/는'을 활용하여 자기소개를 하도록 한다.

2. 친구와 대화한 것을 발표하게 하고 오류가 있으면 수정해 준다.

   익힘책 13쪽을 풀게 하거나 과제로 제시한다. 익힘책은 연습 활동 난이도에 따라 교재 연습 문제 전후로 활용한다.

1 2)

후엔: 안녕하세요? 저는 후엔이에요.
이링: 네, 안녕하세요? 저는 이링이에요.
후엔: 이링 씨는 어느 나라에서 왔어요?
이링: 중국에서 왔어요.
후엔: 이링 씨, 만나서 반가워요.

라흐만(남): 안녕하세요? 저는 라흐만이에요.
이 링(여): 네, 안녕하세요? 저는 이링이에요.
라흐만(남): 이링 씨는 어느 나라에서 왔어요?
이 링(여): 저는 중국에서 왔어요. 라흐만 씨는 어느 나라에서 왔어요?
라흐만(남): 저는 방글라데시에서 왔어요. 만나서 반가워요.

---

1 교실에서 후엔 씨와 안젤라 씨가 인사해요. 다음과 같이 이야기해 보세요.

후 엔: 안녕하세요? 저는 후엔이에요.
안젤라: 네, 안녕하세요? 저는 안젤라예요.
후 엔: 안젤라 씨는 어느 나라에서 왔어요?
안젤라: 필리핀에서 왔어요.
후 엔: 안젤라 씨, 만나서 반가워요.

1) 안젤라 | 필리핀　　　　　　　2) 이링 | 중국

2 여러분도 친구와 인사해 보세요.

이름이 뭐예요?　　　　직업이 뭐예요?
　　　　　　　　　어느 나라에서 왔어요?

 라흐만 씨와 이링 씨가 이야기해요. 잘 듣고 답해 보세요.

1) 이링 씨는 중국에서 왔어요?　　네 ✓　　아니요 ___

2) 라흐만 씨는 어느 나라에서 왔어요?
　　❶ 필리핀　　　　❷ 방글라데시

반 친구와 인사하기

1 대화문 연습

1. 친구와의 첫 만남에 대해 이야기하며 교재의 그림을 이용해 어떤 상황인지 추측해 보도록 한다.

🎙 두 사람이 처음 만나요. 두 사람이 뭐 해요?

2. 지시문을 이용하여 대화 상황을 학생들에게 명확하게 알려 준다.

3. 대화를 들려주고 간단한 질문을 하여 대화 내용을 이해했는지 확인한다.

🎙 이 사람들은 이름이 뭐예요? 어느 나라에서 왔어요?

4. 교사와 함께 대화문을 읽으면서 자연스럽게 말하는 연습을 한다. 두 번 정도 반복해서 연습한다.

5. 교체 어휘를 활용하여 짝과 함께 연습하게 한다.

6. 연습이 끝나면 한두 팀을 발표시키거나 교사가 전체 학생을 대상으로 확인한다.

2 확장 연습

1. 옆 친구와 인사를 한다고 알려 준다.

2. 짝과 같이 인사를 하고 자신을 소개하게 한다. 대화를 할 때는 다음과 같은 내용을 포함하여 말하도록 지시한다.

🎙 이름이 뭐예요? 직업이 뭐예요? 어느 나라에서 왔어요? 이야기해 보세요.

3. 이야기가 끝나면 한두 팀을 발표시키거나 교사가 전체 학생을 대상으로 확인하고 오류를 수정해 준다.

반 친구와 인사하는 대화 듣기

1. 지시문을 이용하여 등장인물과 대화 상황을 설명한다.

2. 문제를 읽고 들어야 하는 정보를 파악하게 한다.

🎙 이링 씨는 어느 나라에서 왔어요? 라흐만 씨는 어느 나라에서 왔어요?

3. 듣기 파일을 두 번 듣고 문제를 풀게 한다.

4. 교재 질문의 답을 확인한 후 해당 대화를 같이 읽으며 내용을 확인한다. 필요한 경우 새로운 어휘, 표현을 설명한다.

1 다음 글을 읽고 질문에 답해 보세요.

제이슨 멕케이
미국 뉴욕
영어 선생님

안녕하세요?
저는 제이슨이에요.
미국 뉴욕에서 왔어요.
저는 영어 선생님이에요.
만나서 반가워요.

1) 제이슨 씨는 미국에서 왔어요? 네 ✓   아니요 ____
2) 제이슨 씨는 학생이에요? 네 ____   아니요 ✓
3) 제이슨 씨는 한국어 선생님이에요? 네 ____   아니요 ✓

2 여러분을 소개하는 글을 써 보세요.

이름: _____
국적: _____
직업: _____

안녕하세요?
저는 _____이에요/예요.
_____에서 왔어요.
저는 _____이에요/예요.
만나서 반가워요.

단어장
뉴욕
영어

1과 안녕하세요? **19**

- **제이슨이에요**[제이스니에요]
- **뉴욕에서 왔어요**[뉴요게서 와써요]
- **선생님이에요**[선생니미에요]

자기소개 글 읽기

1. 그림을 보며 글의 내용을 유추하게 한다.

🎤 이 사람은 이름이 뭐예요? 이 사람 사진을 보세요. 여기는 어디예요?

2. 글을 훑어 읽게 한 후 주제, 중심 내용 등을 간단히 말해 보도록 한다.

🎤 이 사람은 이름이 뭐예요? 어디에서 왔어요? 직업이 뭐예요?

3. 글을 다시 읽으면서 문제를 풀게 한다.

4. 답을 같이 확인한 후, 본문을 다시 읽으며 모르는 어휘가 없는지 확인한다. 필요한 경우 새로운 어휘, 표현을 설명한다.

자기소개 글 쓰기

1. 어떤 글을 쓸지 알려 주고 글에 들어갈 내용을 생각해 보게 한다.

🎤 자기소개 글을 써요. 자기소개 글에 무엇을 써요?

2. 교재 질문에 대해 자신이 쓸 내용을 간단히 메모하도록 한다. 교사는 학생들이 쓴 메모에 오류가 없는지 확인해 준다.

메모 이름이 뭐예요? 어느 나라에서 왔어요? 직업이 뭐예요?

3. 메모한 내용을 바탕으로 글을 완성하게 한다.

참고 **만날 때 인사말**

• **안녕하세요?**
: 만날 때 하는 인사말. 시간에 관계없이 사용

• **처음 뵙겠습니다/만나서 반갑습니다**
: 모르는 사람과 처음 만날 때 하는 인사말

 참고 **헤어질 때 인사말**

• **안녕히 계세요**
: 인사하는 자리에 남는 사람에게 하는 말

• **안녕히 가세요**
: 인사하는 자리를 떠나는 사람에게 하는 말

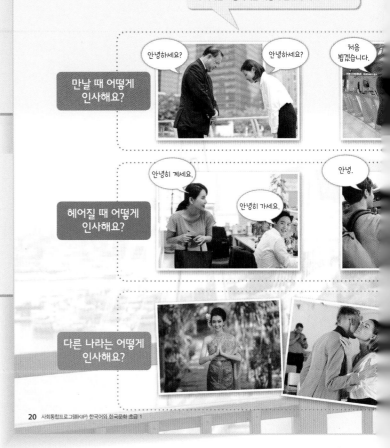

한국의 인사말 1

1. 이 단원의 문화와 정보가 무엇에 대한 것인지 알려 준다.

🎤 사람들이 만나요. 그리고 헤어져요. 인사를 해요.
오늘은 '한국의 인사말'에 대해 알아봅시다.

2. 교재의 그림(사진)을 보면서 주제에 대해 알고 있는 것을 상기시키고 말해 보게 한다. 이때 관련 시각 자료를 추가로 활용할 수 있다.

🎤 한국 사람들은 뭐라고 인사해요? 어떻게 인사해요?

3. 교재를 같이 읽으면서 내용을 설명한다. 이때 중요한 정보가 있는 부분에 밑줄을 긋거나 표시하게 하는 것도 좋다.

4. 질문 1, 2의 답을 찾아보고 답하게 한다.

🎤 한국 사람들은 만날 때 어떻게 인사해요?
한국 사람들은 헤어질 때 어떻게 인사해요?

5. 3번 질문을 이용하여 학습자 자신의 경험을 말해 보도록 한다.

🎤 여러분의 고향에서는 어떻게 인사해요?

단원 마무리

20분

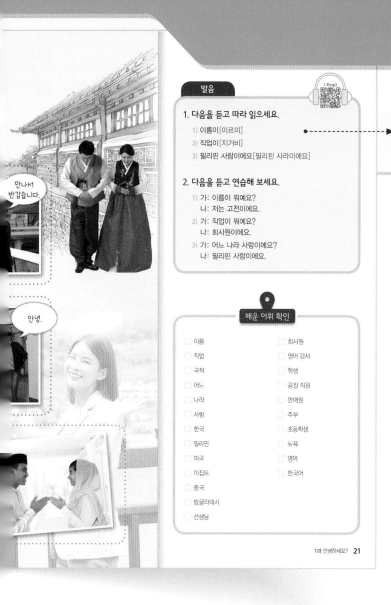

발음

1-P.mp3

1. 다음을 듣고 따라 읽으세요.
   1) 이름이[이르미]
   2) 직업이[지거비]
   3) 필리핀 사람이에요[필리핀 사라미에요]

2. 다음을 듣고 연습해 보세요.
   1) 가: 이름이 뭐예요?
      나: 저는 고천이에요.
   2) 가: 직업이 뭐예요?
      나: 회사원이에요.
   3) 가: 어느 나라 사람이에요?
      나: 필리핀 사람이에요.

배운 어휘 확인

- 이름
- 직업
- 국적
- 어느
- 나라
- 사람
- 한국
- 필리핀
- 미국
- 이집트
- 중국
- 방글라데시
- 선생님

- 회사원
- 영어 강사
- 학생
- 공장 직원
- 판매원
- 주부
- 초등학생
- 뉴욕
- 영어
- 한국어

만나서 반갑습니다.

안녕.

1과 안녕하세요? 21

• 연음

1-P.mp3

– 받침 뒤에 모음이 올 경우 연음이 된다.

- 이 단원에서 배운 어휘 중 기억나는 것을 말해 보세요.
- 이 단원에서 배운 문법은 뭐예요? 어떻게 사용해요?
- 친구와 어떻게 인사해요?
- 여러분을 어떻게 소개해요?
- 한국 사람은 만날 때와 헤어질 때 어떻게 인사해요?

발음   10분

1. 교재 1번 발음을 들려주고 어떻게 들리는지 학습자 스스로 확인해 보도록 한다.

2. '이름이', '직업이', '사람이에요'에서 받침 뒤에 모음이 올 경우 연음된다는 것을 알려 준다.

3. 교재 1번 발음을 다시 듣고 교사를 따라 말해 본다.

4. 교재 2번 대화를 듣고 따라 말해 본다.

5. 짝과 함께 대화를 읽으며 연습하게 한 후에 확인한다.

마무리   10분

1. 단원에서 학습한 어휘 중 기억하는 것을 먼저 말해 보게 한다.

2. 배운 어휘 목록의 어휘들을 읽으면서 의미를 상기시킨다.

3. 단원에서 학습한 문법(명이에요/예요, 명은/는)을 상기시키며 의미와 사용법을 기억하는지 확인한다.

4. 단원의 목표와 성취도를 확인한다.

5. 익힘책을 과제로 제시하고 마무리한다.

2

방에 책상이 있어요

수업 목표 및 내용

• **주제**: 사물

• **어휘와 문법**
 – 어휘: 사물과 장소를 나타내는 어휘를 익힌다.
 – 문법: '**명**이/가', '**명**에 있어요'의 의미와 형태를 익혀 사용할 수 있다.

• **활동**
 – 말하기: 방 안에 있는 물건에 대해 말할 수 있다.
 – 듣기: 회사 기숙사 안의 물건에 관한 대화를 듣고 이해할 수 있다.
 – 읽기: 집에 대한 글을 읽고 이해할 수 있다.
 – 쓰기: 자신의 방에 대해 글을 쓸 수 있다.

• **문화와 정보**: 한국인의 이름

1	**2**	**3**	**4**
주제	어휘와 문법	활동	문화와 정보
사물	일상생활 사물, 장소① **명**이/가 **명**에 있어요	방 안 물건 이름 말하기 집 관련 정보 읽기	한국인의 이름

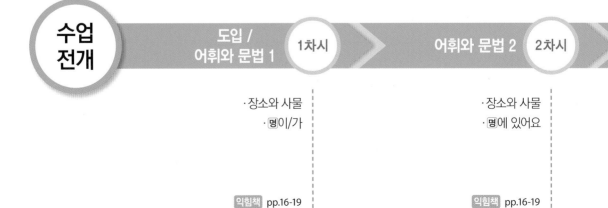

수업 전개

도입 / 어휘와 문법 1	1차시	어휘와 문법 2	2차시
·장소와 사물 ·**명**이/가		·장소와 사물 ·**명**에 있어요	

익힘책 pp.16-19   익힘책 pp.16-19

・여기는 어디예요?
・여러분 교실에 뭐가 있어요?

도입

1. 교재 그림을 이용하여 학생들과 이야기하며 이 과의 주제를 노출한다.

   그림❶ 🎤 여기는 어디예요? 뭐가 있어요?
   여러분 방에 뭐가 있어요?

   그림❷ 🎤 여기는 어디예요? 뭐가 있어요?

   그림❸ 🎤 여기에 뭐가 있어요? 우리 교실에 뭐가 있어요?

2. 대화 내용을 정리하며 이 단원에서는 '일상생활을 하는 장소, 사물 이름' 등에 대해 공부한다는 것을 알려 준다.

이 단원을 지도할 때는…

교재에 제시된 어휘 이외에 일상생활이 이루어지는 장소나 주변 사물의 한국어 명칭을 추가로 알고 싶어 하는 학생들이 있을 수 있습니다. 학생들의 관심도와 한국어 노출 정도에 따라 적절하게 제시하면 됩니다.

말하기와 듣기 **3차시**	읽기와 쓰기 **4차시**	문화와 정보 / 발음 / 마무리 **5차시**
·방 안에 있는 물건 말하기 ·기숙사 안에 있는 물건 듣기	·집에 대한 글 읽기 ·자신의 방에 대한 글 쓰기	·한국인의 이름
익힘책 p.20	익힘책 p.21	

- **회사:** 여기는 어디예요? 회사예요.
- **기숙사:** 여기는 어디예요? 기숙사예요.
  발음 기숙사[기숙싸]
- **침대, 휴대 전화, 책상, 의자, 컴퓨터, 시계:** (삽화의 사물을 가리키며) 이게 뭐예요? 침대예요. 휴대 전화예요. 책상이에요. 의자예요. 컴퓨터예요. 시계예요.
  발음 책상[책쌍], 시계[시계/시게]

- **학교:** 여기는 어디예요? 학생은 배워요. 공부해요. 선생님은 가르쳐요. 학교예요.
  발음 학교[학꾜]
- **교실:** 여기는 어디예요? 교실이에요.

- **칠판, 지도, 책, 볼펜, 필통, 의자, 책상:** (삽화의 사물을 가리키며) 이게 뭐예요? 칠판이에요. 지도예요. 책이에요. 볼펜이에요. 필통이에요. 의자예요. 책상이에요.

🔍 여기는 어디예요? 이게 뭐예요?

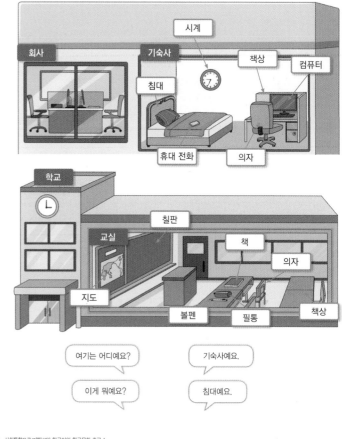

어휘 1 (장소와 사물)

1 도입, 제시

1. 단원 도입의 장소와 지금 있는 곳을 이야기하며 오늘 배우는 어휘는 일상생활을 하는 장소와 주변에서 볼 수 있는 사물의 이름임을 알려 준다.

   🎤 여러분은 지금 공부해요. 여기는 어디예요? 오늘은 장소 어휘를 배워요. 그리고 이게 뭐예요? 물건 이름을 배워요.

2. 교사를 따라 어휘를 소리 내어 한 번 읽는다. 이때 발음에 주의하게 한다.

3. 어휘의 의미를 설명한다. 어휘가 사용된 문장을 예로 제시하거나 의미를 풀어서 설명해 준다. 상황에 따라 학생들이 궁금해하는 그림 속의 사물이나 주변 사물 이름을 추가로 알려 줄 수 있다.

4. 배운 어휘를 소리 내어 읽도록 한다.

2 연습

1. 그림 속의 장소와 사물의 이름을 묻는다.

2. 짝과 함께 그림 속의 장소가 어디인지, 사물의 이름이 무엇인지 말해 보도록 한다.

3. 학생들끼리 이야기한 것을 교사가 정리해 주며 같이 이야기한다.

   🎤 여기는 어디예요? 이게 뭐예요?

4. 교실 속에 있는 실제 사물을 보면서 이야기하는 활동으로 확장할 수 있다.

   익힘책 16쪽을 풀게 하거나 과제로 제시한다.

명이/가

문장의 주어를 나타낼 때 사용해요.

예문
- 가: 컴퓨터가 있어요?
  나: 네, 컴퓨터가 있어요.

- 가: 책이 있어요?
  나: 아니요, 책이 없어요.

이	• 책상 → 책상이
	• 가방 → 가방이
가	• 지도 → 지도가
	• 의자 → 의자가

1 교실이에요. 뭐가 있어요? 이야기해 보세요.

보기

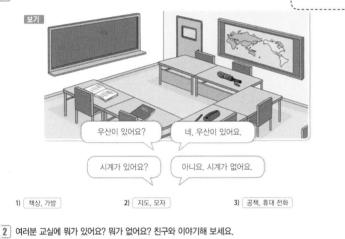

우산이 있어요?   네, 우산이 있어요.

시계가 있어요?   아니요, 시계가 없어요.

1) 책상, 가방   2) 지도, 모자   3) 공책, 휴대 전화

2 여러분 교실에 뭐가 있어요? 뭐가 없어요? 친구와 이야기해 보세요.

2과 방에 책상이 있어요 25

명이/가

문장의 주어를 나타낼 때 사용한다. 어떤 동작을 하는 주체 또는 어떤 상태에 있는 대상을 의미한다.

- 가: 볼펜이 있어요?
  나: 네, 볼펜이 있어요.

- 가: 뭐가 있어요?
  나: 책상이 있어요.

- 기숙사예요. 컴퓨터가 있어요.

| 이
(받침 O) | 교실 → 교실이
필통 → 필통이 |
| 가
(받침 X) | 기숙사 → 기숙사가
침대 → 침대가 |

문법 1 (명이/가)

1 도입, 제시

1. 도입 그림과 대화를 통해 문법이 사용되는 상황을 인지시킨다.

   🎤 후엔 씨 가방이 있어요? 없어요?

2. 교재의 대표 예문을 보면서 문법의 의미를 설명한다.

   🎤 라흐만 씨가 '가방이 있어요?' 물어요. 후엔 씨 가방이 있어요.
   그래서 '네, 가방이 있어요.' 말해요.

3. 학생들과 교재의 예문들을 읽으면서 문법의 의미를 설명하고 이해시킨다.

4. 문법의 형태 정보를 제시하고 설명한다.

5. 추가 예문을 제시하고 문법의 의미와 사용법을 정확하게 이해시킨다.

2 연습 1

1. 〈보기〉의 대화를 교사와 함께 완성해 본다.

2. 나머지 문제를 〈보기〉의 대화처럼 짝과 완성하도록 한다.

3. 연습한 것을 발표하게 하거나 교사가 전체 학생 대상으로 답하게 하여 확인한다. 그리고 오류가 있으면 수정해 준다.

3 연습 2

1. 교실에 뭐가 있는지 묻고 대답하면서 '이/가'를 활용하여 이야기하도록 한다.

2. 친구와 대화한 것을 발표하게 하고 오류가 있으면 수정해 준다.

   익힘책 18쪽을 풀게 하거나 과제로 제시한다. 익힘책은 연습 활동 난이도에 따라 교재 연습 문제 전후로 활용한다.

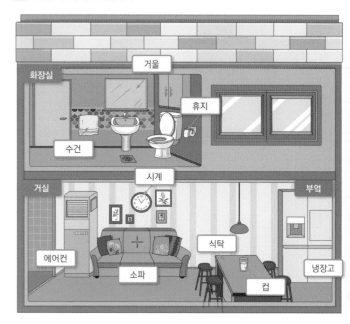

🔍 여기는 어디예요? 뭐가 있어요?

- 화장실
- 거울
- 휴지
- 수건
- 시계
- 거실
- 부엌
- 에어컨
- 식탁
- 냉장고
- 소파
- 컵

🔍 여러분 집이에요. 뭐가 있어요? 이야기해 보세요.

냉장고가 있어요. 책상이 있어요.

26 사회통합프로그램(KIIP) 한국어와 한국문화 초급 1

- **화장실:** 여기는 어디예요? 화장실이에요.
- **거울, 수건, 휴지:** (삽화의 사물을 가리키며) 뭐가 있어요? 거울이 있어요. 수건이 있어요. 휴지가 있어요.

- **거실:** 여기는 어디예요? 거실이에요.
- **에어컨 시계, 소파:** (삽화의 사물을 가리키며) 뭐가 있어요? 에어컨이 있어요. 시계가 있어요. 소파가 있어요.

- **부엌:** 여기는 어디예요? 부엌이에요.
- **식탁, 컵, 냉장고:** (삽화의 사물을 가리키며) 뭐가 있어요? 식탁이 있어요. 컵이 있어요. 냉장고가 있어요.

어휘 2 (장소와 사물)

1 도입, 제시

1. 교재의 그림을 보며 오늘 배우는 어휘는 집 안에 있는 장소와 사물의 이름임을 알려 준다.

   🎤 여기는 어디예요? 뭐가 있어요? 오늘은 집 안 장소 어휘를 공부해요. 그리고 물건 이름을 공부해요.

2. 교사를 따라 어휘를 소리 내어 한 번 읽는다. 이때 발음에 주의하게 한다.

3. 어휘의 의미를 설명한다. 어휘가 사용된 문장을 예로 제시하거나 의미를 풀어서 설명해 준다. 상황에 따라 학생들이 궁금해하는 그림 속의 사물이나 주변 사물 이름을 추가로 알려 줄 수 있다.

4. 배운 어휘를 소리 내어 읽도록 한다.

2 연습

1. 학생들 집에 뭐가 있는지 질문을 한다.

2. 짝과 함께 집에 있는 물건에 대해 말해 보도록 한다.

3. 학생들끼리 이야기한 것을 교사가 정리해 주며 같이 이야기한다.

   🎤 OO 씨 집이에요. 거실이에요. 뭐가 있어요?

익힘책 17쪽을 풀게 하거나 과제로 제시한다.

명 에 있어요

사람이나 사물이 어디에 있는지 말할 때 사용해요.

텔레비전이 거실에 있어요?

네, 거실에 있어요.

예문
- 가: 시계가 방에 있어요?
  나: 네, 방에 있어요.

- 가: 후엔 씨가 부엌에 있어요?
  나: 아니요, 방에 있어요.

에 있어요	방	→	방에 있어요
	거실	→	거실에 있어요
	학교	→	학교에 있어요
	기숙사	→	기숙사에 있어요

1 무엇이 어디에 있어요? 이야기해 보세요.

보기

거실에 뭐가 있어요?

거실에 소파가 있어요.

1)  2)  3)

여러분 집에 뭐가 있어요? 뭐가 없어요? 이야기해 보세요.

2과 방에 책상이 있어요 27

명 에 있어요

사람이나 사물이 어디에 있는지 말할 때 사용한다. 장소를 나타내는 명사를 '에' 앞에 쓴다. 사람이나 사물이 없으면 '있어요' 자리에 '없어요'를 쓴다.

- 가: 에어컨이 어디에 있어요?
  나: 에어컨이 거실에 있어요.

- 가: 부엌에 뭐가 있어요?
  나: 부엌에 냉장고가 있어요.

- 책이 학교에 없어요. 회사에 있어요.

| 에 있어요 (받침 O, X) | 화장실 → 화장실에 있어요 |
| | 회사 → 회사에 있어요 |

문법 2 (명 에 있어요)

1 도입, 제시

1. 도입 그림과 대화를 통해 문법이 사용되는 상황을 인지시킨다.

🎙 고천 씨 옆 그림을 보세요. 어디예요? 고천 씨 집 거실이에요. 뭐가 있어요? 텔레비전이 있어요.

2. 교재의 대표 예문을 보면서 문법의 의미를 설명한다.

🎙 라민 씨가 '텔레비전이 거실에 있어요?' 물어요. 고천 씨가 여기는 거실이에요. 여기에 텔레비전이 있어요. 텔레비전이 거실에 있어요. 말해요. 이렇게 '에 있어요'를 사용해요.

3. 학생들과 교재의 예문들을 읽으면서 문법의 의미를 설명하고 이해시킨다.

4. 문법의 형태 정보를 제시하고 설명한다.

5. 추가 예문을 제시하고 문법의 의미와 사용법을 정확하게 이해시킨다.

2 연습 1

1. 〈보기〉의 대화를 교사와 함께 완성해 본다.

2. 나머지 문제를 〈보기〉의 대화처럼 짝과 완성하도록 한다.

3. 연습한 것을 발표하게 하거나 교사가 전체 학생 대상으로 답하게 하여 확인한다. 그리고 오류가 있으면 수정해 준다.

3 연습 2

1. 자신의 집에 뭐가 있는지 묻고 대답하면서 '에 있어요'를 활용하여 이야기하도록 한다.

2. 친구와 대화한 것을 발표하게 하고 오류가 있으면 수정해 준다.

익힘책 19쪽을 풀게 하거나 과제로 제시한다. 익힘책은 연습 활동 난이도에 따라 교재 연습 문제 전후로 활용한다.

2과 방에 책상이 있어요 25

1-2 EBOOK

1 2)
라흐만: 방에 침대가 있어요?
이 링: 네, 침대가 있어요.
라흐만: 방에 또 뭐가 있어요?
이 링: 방에 냉장고가 있어요.

---

1 교실에서 라흐만 씨와 이링 씨가 이야기해요. 다음과 같이 이야기해 보세요.

라흐만: 방에 책상이 있어요?
이 링: 네, 책상이 있어요.
라흐만: 방에 또 뭐가 있어요?
이 링: 방에 텔레비전이 있어요.

1) 책상 | 텔레비전   2) 침대 | 냉장고

2 여러분 집에 뭐가 있어요? 기숙사에 뭐가 있어요? 이야기해 보세요.

2-L.mp3

고천(여): 라민 씨, 학교 기숙사에 침대가 있어요?
라민(남): 네, 침대가 있어요.
고천(여): 그래요? 기숙사에 또 뭐가 있어요?
라민(남): 세탁기가 있어요. 그런데 소파는 없어요.

2-L.mp3

라민 씨와 고천 씨가 이야기해요. 잘 듣고 답해 보세요.

1) 라민 씨 기숙사에 세탁기가 있어요?
   네, 세탁기가 있어요.

2) 라민 씨 기숙사에 소파가 있어요?
   아니요, 소파가 없어요.

28 사회통합프로그램(KIIP) 한국어와 한국문화 초급 1

방 안에 있는 물건 말하기

1 대화문 연습

1. 방 안의 물건에 대해 이야기하며 교재의 그림을 이용해 어떤 상황인지 추측해 보도록 한다.

   🎤 방에 뭐가 있어요? 책상이 있어요. 의자가 있어요. 텔레비전이 있어요.

2. 지시문을 이용하여 대화 상황을 학생들에게 명확하게 알려 준다.

3. 대화를 들려주고 간단한 질문을 하여 대화 내용을 이해했는지 확인한다.

   🎤 이링 씨 방에 책상이 있어요? 방에 또 뭐가 있어요? 방에 텔레비전이 있어요.

4. 교사와 함께 대화문을 읽으면서 자연스럽게 말하는 연습을 한다. 두 번 정도 반복해서 연습한다.

5. 교체 어휘를 활용하여 짝과 함께 연습하게 한다.

6. 연습이 끝나면 한두 팀을 발표시키거나 교사가 전체 학생을 대상으로 확인한다.

2 확장 연습

1. 집이나 기숙사에 있는 물건에 대해 말하기를 한다고 알려 준다.

2. 짝과 같이 집이나 기숙사에 무엇이 있는지 이야기하게 한다. 대화를 할 때는 다음과 같은 내용을 포함하여 말하도록 지시한다.

   🎤 여러분 집에 뭐가 있어요? 기숙사에 뭐가 있어요? 거실에 뭐가 있어요? 부엌에 뭐가 있어요? 이야기해 보세요.

3. 이야기가 끝나면 한두 팀을 발표시키거나 교사가 전체 학생을 대상으로 확인하고 오류를 수정해 준다.

기숙사 안에 있는 물건 듣기

1. 지시문을 이용하여 등장인물과 대화 상황을 설명한다.

2. 문제를 읽고 들어야 하는 정보를 파악하게 한다.

   🎤 라민 씨 기숙사에 세탁기가 있어요? 소파가 있어요?

3. 듣기 파일을 두 번 듣고 문제를 풀게 한다.

4. 교재 질문의 답을 확인한 후 해당 대화를 같이 읽으며 내용을 확인한다. 필요한 경우 새로운 어휘, 표현을 설명한다.

1 다음 글을 읽고 질문에 답해 보세요.

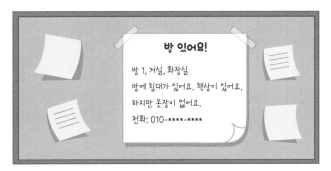

방 있어요!

방 1, 거실, 화장실
방에 침대가 있어요. 책상이 있어요.
하지만 옷장이 없어요.
전화: 010-****-****

1) 방에 뭐가 있어요?　　침대가 있어요. 책상이 있어요.

2) 방에 컴퓨터가 있어요?　　아니요, 컴퓨터가 없어요.

3) 어떤 방이에요? 고르세요.

① 　② 　③ 　④

- **책상이 있어요**[책쌍이 이써요]

- **옷장**[옫짱]: 옷이 있어요. 옷이 옷장에 있어요.

- **옷장이 없어요**[옫짱이 업써요]

---

2 방에 뭐가 있어요? 그림을 보고 써 보세요.

방에 침대가 있어요. 그리고

단어장
하지만
옷장
그리고

집에 대한 글 읽기

1. 그림을 보며 글의 내용을 유추하게 한다.

🎤 이게 뭐예요? 방이 있어요?

2. 글을 훑어 읽게 한 후 주제, 중심 내용 등을 간단히 말해 보도록 한다.

🎤 방에 뭐가 있어요? 또 뭐가 없어요?

3. 글을 다시 읽으면서 문제를 풀게 한다.

4. 답을 같이 확인한 후, 본문을 다시 읽으며 모르는 어휘가 없는지 확인한다. 필요한 경우 새로운 어휘, 표현을 설명한다.

자신의 방에 대한 글 쓰기

1. 어떤 글을 쓸지 알려 주고 글에 들어갈 내용을 생각해 보게 한다.

🎤 그림을 보세요. 여기는 어디예요? 방에 뭐가 있어요?

2. 교재 질문에 대해 자신이 쓸 내용을 간단히 메모하도록 한다. 교사는 학생들이 쓴 메모에 오류가 없는지 확인해 준다.

메모 방에 뭐가 있어요? 방에 침대가 있어요? 또 뭐가 있어요?

3. 메모한 내용을 바탕으로 글을 완성하게 한다.

문화와 정보

한국인의 이름

성과 이름

- 한국에서 가장 많은 성은 '김', '이', '박'임

- '박민수 씨', 또는 '민수 씨'라고 부름. 그렇지만 성 뒤에 '씨'를 붙여서 '박 씨'라고 부르면 상대방을 낮추어 부르는 것이 됨

한국인의 이름

여러분의 이름은 뭐예요? 한국 사람의 이름은 보통 세 글자예요. '박민수'라는 사람은 '박'이 성이에요. 성은 가족 이름이에요. 그리고 '민수'는 이름이에요. 처음 만나면 '박민수 씨', 또는 '민수 씨'라고 불러요.

1) 한국 사람 '박민수'의 성과 이름은 뭐예요?
2) 한국에서는 이름을 어떻게 불러요?
3) 여러분 고향에서는 이름을 어떻게 불러요?

민수 씨

박민수

HIGH SCHOOL

박수진

한국고등학교
9440 1234 5678 1234
유효 기간 02/24 month/year
대한은행 1230-4560-89010

한국 편의점

사장 박 민 수

전화번호: 02-2711-5384
휴대 전화: 010-875-9064
이메일: mspark@hankook.co.kr

외국인 등록증
ALIEN REGISTRATION CARD

KOR

NGUYEN THI HUYEN

VIETNAM

결혼이민(F-6)

서울출입국 외국인청장
CHIEF, SEOUL IMMIGRATION OFFICE

한국인의 이름

1. 이 단원의 문화와 정보가 무엇에 대한 것인지 알려 준다.

   🎤 여러분의 이름은 뭐예요? 성은 뭐예요?
   오늘은 '한국인의 이름'에 대해 알아봅시다.

2. 교재의 그림(사진)을 보면서 주제에 대해 알고 있는 것을 상기시키고 말해 보게 한다. 이때 관련 시각 자료를 추가로 활용할 수 있다.

   🎤 한국 사람의 이름을 보세요. 성은 뭐예요? 이름은 뭐예요?

3. 교재를 같이 읽으면서 내용을 설명한다. 이때 중요한 정보가 있는 부분에 밑줄을 긋거나 표시하게 하는 것도 좋다.

4. 질문 1, 2의 답을 찾아보고 답하게 한다.

   🎤 한국 사람 '박민수'의 성과 이름은 뭐예요?
   한국에서는 이름을 어떻게 불러요?

5. 3번 질문을 이용하여 학습자 자신의 경험을 말해 보도록 한다.

   🎤 여러분 고향에서는 이름을 어떻게 불러요?

단원 마무리

20분

발음

2-P.mp3

1. 다음을 듣고 따라 읽으세요.

1) 교실에[교시레]
2) 없어요[업써요]
3) 있어요[이써요]

2. 다음을 듣고 연습해 보세요.

1) 교실에 책상이 있어요.
2) 집에 에어컨이 없어요.
3) 가: 부엌에 식탁이 있어요?
   나: 네, 부엌에 식탁이 있어요.

• **연음**
  – 받침 뒤에 모음이 올 경우 연음이 된다.

배운 어휘 확인

- ☐ 회사
- ☐ 기숙사
- ☐ 책상
- ☐ 의자
- ☐ 침대
- ☐ 컴퓨터
- ☐ 휴대 전화
- ☐ 시계
- ☐ 학교
- ☐ 교실
- ☐ 칠판
- ☐ 지도
- ☐ 책
- ☐ 필통
- ☐ 볼펜

- ☐ 화장실
- ☐ 수건
- ☐ 거울
- ☐ 휴지
- ☐ 거실
- ☐ 에어컨
- ☐ 소파
- ☐ 부엌
- ☐ 식탁
- ☐ 컵
- ☐ 냉장고
- ☐ 하지만
- ☐ 옷장
- ☐ 그리고

- • 이 단원에서 배운 어휘 중 기억나는 것을 말해 보세요.
- • 이 단원에서 배운 문법은 뭐예요? 어떻게 사용해요?
- • 여러분 집에 뭐가 있어요?
- • 여러분 방에 뭐가 있어요?
- • 한국 사람의 이름은 보통 몇 글자예요? 한국에서는 이름을 어떻게 불러요?

2과 방에 책상이 있어요 **31**

발음   10분

1. 교재 1번 발음을 들려주고 어떻게 들리는지 학습자 스스로 확인해 보도록 한다.
2. '교실에', '없어요', '있어요'에서 받침 뒤에 모음이 올 경우 연음된다는 것을 알려 준다.
3. 교재 1번 발음을 다시 듣고 교사를 따라 말해 본다.
4. 교재 2번 문장과 대화를 듣고 따라 말해 본다.
5. 짝과 함께 대화를 읽으며 연습하게 한 후에 확인한다.

마무리   10분

1. 단원에서 학습한 어휘 중 기억하는 것을 먼저 말해 보게 한다.
2. 배운 어휘 목록의 어휘들을 읽으면서 의미를 상기시킨다.
3. 단원에서 학습한 문법(**명**이/가, **명**에 있어요)을 상기시키며 의미와 사용법을 기억하는지 확인한다.
4. 단원의 목표와 성취도를 확인한다.
5. 익힘책을 과제로 제시하고 마무리한다.

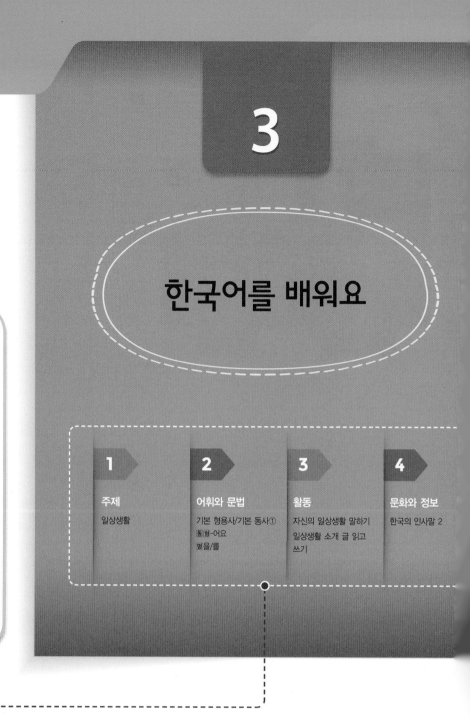

3

한국어를 배워요

수업 목표 및 내용

- **주제:** 일상생활

- **어휘와 문법**
  - 어휘: 기본적인 형용사와 동사를 익힌다.
  - 문법: '동형-어요', '명을/를'의 의미와 형태를 익혀 사용할 수 있다.

- **활동**
  - 말하기: 자신의 일상생활을 말할 수 있다.
  - 듣기: 일상생활에 관한 대화를 듣고 이해할 수 있다.
  - 읽기: 일상생활 소개의 글을 읽고 이해할 수 있다.
  - 쓰기: 일상생활 소개의 글을 쓸 수 있다.

- **문화와 정보:** 한국의 인사말 2

1	2	3	4
주제	어휘와 문법	활동	문화와 정보
일상생활	기본 형용사/기본 동사① 동형-어요 명을/를	자신의 일상생활 말하기 일상생활 소개 글 읽고 쓰기	한국의 인사말 2

수업 전개

도입 / 어휘와 문법 1	1차시	어휘와 문법 2	2차시
·기본 형용사 ·동형-어요		·기본 동사 ·명을/를	
익힘책 pp.22-25		익힘책 pp.22-25	

• 이 사람들이 무엇을 해요?
• 여러분은 오늘 무엇을 해요?

도입

1. 교재 그림을 이용하여 학생들과 이야기하며 이 과의 주제를 노출한다.

그림❶ 🎙 이 사람은 어디에 있어요? 무엇을 해요?

그림❷ 🎙 이 사람들은 무엇을 해요?

그림❸ 🎙 이 사람은 무엇을 해요?
　　　　　여러분은 오늘 무엇을 해요?

2. 대화 내용을 정리하며 이 단원에서는 '일상생활에서 하는 일'에 대해 공부한다는 것을 알려 준다.

이 단원을 지도할 때는…

이 단원을 통해 학생들은 한국어 학습에 기본이 되는 형용사, 동사를 배우며 기본 문형을 이해하고 표현할 수 있게 됩니다. 흥미를 가지고 자신의 일상생활에 대해 이야기할 수 있도록 이끌어 가면 됩니다.

말하기와 듣기 3차시	읽기와 쓰기 4차시	문화와 정보 / 발음 / 마무리 5차시
·자신의 일상생활 말하기 ·일상생활에 관한 대화 듣기	·일상생활 소개 글 읽기 ·일상생활 소개 글 쓰기	·한국의 인사말 2
익힘책 p.26	익힘책 p.27	

- **싸다/비싸다:** (삽화의 가격표를 가리키며) ₩10,000 싸다. ₩500,000 비싸다.
- **많다/적다:** 사과가 있어요. (삽화의 사과를 짚으며) 1, 2, 3, 4, …, 10. 많다. 1, 2. 적다.
  - 발음 많다[만타], 적다[적따]
- **크다/작다:** (원을 크게 그리면서) 크다. (작게 그리면서) 작다.
- **맛있다/맛없다:** (삽화를 가리키며) 음식이에요. 맛있다, 맛없다.
  - 발음 맛있다[마싣따, 마딛따], 맛없다[마덥따]

- **어렵다/쉽다:** (삽화를 가리키며) 수학 문제예요. 어렵다, 쉽다. 한국어가 어렵다, 쉽다.
- **춥다/덥다:** (삽화를 가리키며) 날씨가 춥다, 덥다.
- **재미있다/재미없다:** (삽화를 가리키며) 텔레비전이 재미있다, 재미없다.
  - 발음 재미있다[재미인따], 재미없다[재미업따]
- **좋다/나쁘다:** (삽화를 가리키며) 기분이 좋다, 나쁘다.
  - 발음 좋다[조타]

- **예쁘다, 바쁘다, 아프다, 배가 고프다:** (삽화를 가리키며) 예쁘다, 바쁘다, 아프다, 배가 고프다.

그림을 보고 이야기해 보세요.

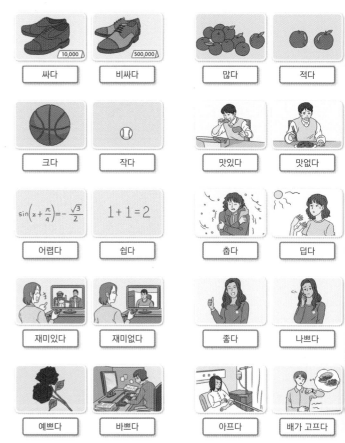

싸다 | 비싸다 | 많다 | 적다
크다 | 작다 | 맛있다 | 맛없다
어렵다 | 쉽다 | 춥다 | 덥다
재미있다 | 재미없다 | 좋다 | 나쁘다
예쁘다 | 바쁘다 | 아프다 | 배가 고프다

34 사회통합프로그램(KIIP) 한국어와 한국문화 초급 1

어휘 1 (기본 형용사)

1 도입, 제시

1. 주변의 상황이나 사물을 이용하여 오늘 배우는 어휘는 일상생활에서 기본적으로 사용하는 형용사임을 알려 준다.
   - 🎤 (여러 개의 볼펜을 손에 들고) 뭐예요? 볼펜이에요. 볼펜이 많다. (볼펜 2개를 들고) 볼펜이 적다. 오늘은 사람, 물건이 '어때요'를 말해요. 형용사를 공부해요.

2. 교사를 따라 어휘를 소리 내어 한 번 읽는다. 이때 발음에 주의하게 한다.

3. 어휘의 의미를 설명한다. 어휘가 사용된 문장을 예로 제시하거나 의미를 풀어서 설명해 준다.

4. 배운 어휘를 소리 내어 읽도록 한다.

2 연습

1. 주변의 상황이나 사물, 사람들이 어떤지 질문을 한다.
   - 🎤 책상이 크다? 작다? 한국어가 어렵다, 쉽다? 에어컨이 싸다, 비싸다? 학생이 많다, 적다?

2. 짝과 함께 주변 사물이나 상황에 대해 말해 보도록 한다.

3. 학생들끼리 이야기한 것을 교사가 정리해 주며 같이 이야기한다.
   - 🎤 한국어가 어렵다? 한국어가 쉽다? 어때요?

익힘책 22쪽을 풀게 하거나 과제로 제시한다.

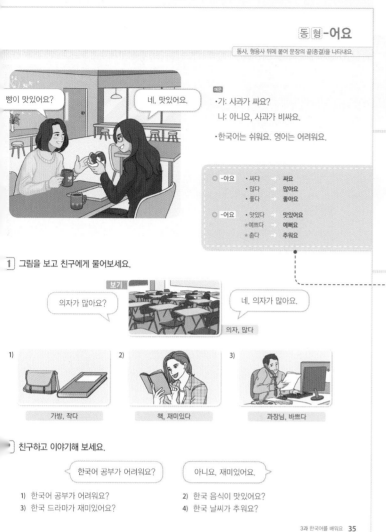

동 형 **-어요**

동사, 형용사 뒤에 붙어 문장의 끝(종결)을 나타내요.

예문
· 가: 사과가 싸요?
  나: 아니요, 사과가 비싸요.

· 한국어는 쉬워요. 영어는 어려워요.

○ -아요 · 싸다 → 싸요
         · 많다 → 많아요
         · 좋다 → 좋아요

○ -어요 · 맛있다 → 맛있어요
         *예쁘다 → 예뻐요
         *춥다 → 추워요

빵이 맛있어요?   네, 맛있어요.

1 그림을 보고 친구에게 물어보세요.

보기
의자가 많아요?   네, 의자가 많아요.

의자, 많다

1)

가방, 작다

2)

책, 재미있다

3)

과장님, 바쁘다

친구하고 이야기해 보세요.

한국어 공부가 어려워요?   아니요, 재미있어요.

1) 한국어 공부가 어려워요?   2) 한국 음식이 맛있어요?
3) 한국 드라마가 재미있어요?   4) 한국 날씨가 추워요?

동 형 **-어요**

동사, 형용사 뒤에 붙어 문장의 끝(종결)을 나타낸다.
듣는 사람을 친근하게 높이면서 서술할 때나 질문할 때
사용한다.

· 가: 칠판이 작아요?
  나: 아니요, 칠판이 커요.

· 가: 더워요?
  나: 네, 더워요.

· 슬기가 예뻐요.

-아요 (ㅏ, ㅗ O)	비싸다	→ 비싸요
	작다	→ 작아요
	좋다	→ 좋아요
	*고프다	→ 고파요
-어요 (ㅏ, ㅗ X)	적다	→ 적어요
	맛없다	→ 맛없어요
	*쉽다	→ 쉬워요
	*예쁘다	→ 예뻐요
-해요 (하다)	깨끗하다 → 깨끗해요	

문법 1 (동 형 -어요)

1 도입, 제시

1. 도입 그림과 대화를 통해 문법이 사용되는 상황을 인지시킨다.

   🎤 안젤라 씨와 고천 씨는 빵집에 있어요. (안젤라 씨가 손에 들고 있는 빵을 가리키며) 빵이 어때요? 빵이 맛있어요? 물어요.

2. 교재의 대표 예문을 보면서 문법의 의미를 설명한다.

   🎤 안젤라 씨는 (먹는 행동으로 어휘를 노출하며) 빵을 먹어요. 고천 씨는 빵이 맛있어요? 맛없어요? 물어요. 안젤라 씨는 '빵이 맛있어요' 말해요.

3. 학생들과 교재의 예문들을 읽으면서 문법의 의미를 설명하고 이해시킨다.

4. 문법의 형태 정보를 제시하고 설명한다.

5. 추가 예문을 제시하고 문법의 의미와 사용법을 정확하게 이해시킨다.

2 연습 1

1. 〈보기〉의 대화를 교사와 함께 완성해 본다.

2. 나머지 문제를 〈보기〉의 대화처럼 짝과 완성하도록 한다.

3. 연습한 것을 발표하게 하거나 교사가 전체 학생 대상으로 답하게 하여 확인한다. 그리고 오류가 있으면 수정해 준다.

3 연습 2

1. 한국어 공부, 한국 음식, 드라마, 날씨 등이 어떤지 묻고 대답하면서 '-어요'를 활용하여 자신의 이야기를 하도록 한다.

2. 친구와 대화한 것을 발표하게 하고 오류가 있으면 수정해 준다.

익힘책 24쪽을 풀게 하거나 과제로 제시한다. 익힘책은 연습 활동 난이도에 따라 교재 연습 문제 전후로 활용한다.

• **고향 음식을 요리하다:** (삽화를 가리키며) 어디예요? 부엌이에요. 뭐 해요? (행동을 하며) 요리해요.

• **책을 읽다, 한국어를 공부하다:** (삽화를 가리키고 행동을 하며) 책을 읽어요. 한국어를 공부해요.
  발음 책을 읽다[채글 익따], 한국어를[한구거를]

• **텔레비전을 보다, 방을 청소하다:** (삽화를 가리키고 행동을 하며) 텔레비전을 봐요, 방을 청소해요.
  발음 텔레비전을[텔레비저늘]

• **커피를 마시다, 빵을 먹다:** 커피를 마셔요, 물을 마셔요. '마시다' 말해요. 그렇지만 빵을 먹어요, 사과를 먹어요. '먹다' 말해요.

• **친구를 만나다, 옷을 사다:** (삽화를 가리키고 행동을 하며) 친구를 만나요. 옷을 사요.
  발음 옷을[오슬]

• **일하다, 운동하다:** (삽화를 가리키고 행동을 하며) 일해요. 운동해요. 일하다, 일을 하다. 운동하다, 운동을 하다. 같아요.

• **자다:** (삽화를 가리키고 행동을 하며) 자요. 잠을 자요.

🔍 무엇을 해요?

고향 음식을 요리하다

책을 읽다

한국어를 공부하다

텔레비전을 보다

커피를 마시다

방을 청소하다

빵을 먹다

친구를 만나다

옷을 사다

일하다

자다

운동하다

36 사회통합프로그램(KIIP) 한국어와 한국문화 초급 1

어휘 2 (기본 동사)

1 도입, 제시

1. 주변의 상황이나 사물을 이용하여 오늘 배우는 어휘는 일상생활에서 기본적으로 사용하는 동사임을 알려 준다.

   🎤 (한국어 책을 보여 주며) **뭐예요? 책이에요.** (책을 넘기면서) **읽어요.**
   오늘은 사람이 '뭐 해요'를 말해요. 동사를 공부해요.

2. 교사를 따라 어휘를 소리 내어 한 번 읽는다. 이때 발음에 주의하게 한다.

3. 어휘의 의미를 설명한다. 어휘가 사용된 문장을 예로 제시하거나 의미를 풀어서 설명해 준다.

4. 배운 어휘를 소리 내어 읽도록 한다. 이때 '-어요' 형태로 단어를 읽는 등 변화를 줄 수 있다.

2 연습

1. 교재의 그림을 보고 그림 속 사람들이 무엇을 하는지 말해 보게 한다.

   🎤 **안젤라 씨는 뭐 해요? 고천 씨는 뭐 해요? 잠시드 씨는 뭐 해요?**

2. 짝과 함께 그림 속의 사람들이 무엇을 하는지 말해 보도록 한다.

3. 학생들끼리 이야기한 것을 교사가 정리해 주며 같이 이야기한다.

   🎤 **안젤라 씨는 뭐 해요? 책을 읽어요.**

   익힘책 23쪽을 풀게 하거나 과제로 제시한다.

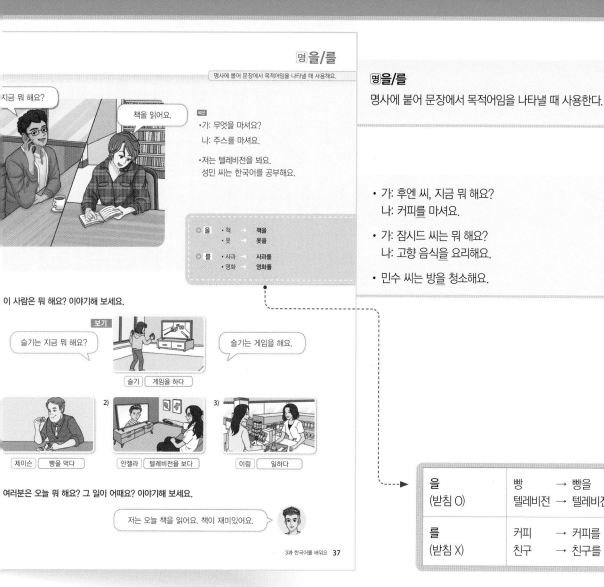

명을/를

명사에 붙어 문장에서 목적어임을 나타낼 때 사용한다.

- 가: 후엔 씨, 지금 뭐 해요?
  나: 커피를 마셔요.
- 가: 잠시드 씨는 뭐 해요?
  나: 고향 음식을 요리해요.
- 민수 씨는 방을 청소해요.

을 (받침 O)	빵 텔레비전	→ 빵을 → 텔레비전을
를 (받침 X)	커피 친구	→ 커피를 → 친구를

문법 2 (명을/를)

1 도입, 제시

1. 도입 그림과 대화를 통해 문법이 사용되는 상황을 인지시킨다.

🎙 라민 씨가 전화해요. 아나이스 씨에게 물어요. 지금 뭐 해요? 아나이스 씨가 대답해요.

2. 교재의 대표 예문을 보면서 문법의 의미를 설명한다.

🎙 아나이스 씨가 뭐 읽어요? 책 읽어요. '책을'이라고 말해요. '책을 읽어요'라고 해요.

3. 학생들과 교재의 예문들을 읽으면서 문법의 의미를 설명하고 이해시킨다.

4. 문법의 형태 정보를 제시하고 설명한다.

5. 추가 예문을 제시하고 문법의 의미와 사용법을 정확하게 이해시킨다.

2 연습 1

1. 〈보기〉의 대화를 교사와 함께 완성해 본다.

2. 나머지 문제를 〈보기〉의 대화처럼 짝과 완성하도록 한다.

3. 연습한 것을 발표하게 하거나 교사가 전체 학생 대상으로 답하게 하여 확인한다. 그리고 오류가 있으면 수정해 준다.

3 연습 2

1. 오늘 무엇을 하는지 묻고 대답하면서 '을/를'을 활용하여 자신의 이야기를 하도록 한다.

2. 친구와 대화한 것을 발표하게 하고 오류가 있으면 수정해 준다.

익힘책 25쪽을 풀게 하거나 과제로 제시한다. 익힘책은 연습 활동 난이도에 따라 교재 연습 문제 전후로 활용한다.

말하기와 듣기

1 2)

제이슨: 후엔 씨, 오늘 뭐 해요?
후 엔: 청소를 해요. 제이슨 씨는 뭐 해요?
제이슨: 저는 친구를 만나요. 커피를 마셔요.

3-L.mp3

라흐만(남): 이링 씨, 오늘 뭐 해요?
이 링(여): 한국어 숙제를 해요.
라흐만(남): 한국어 숙제가 많아요?
이 링(여): 네, 숙제가 많아요. 하지만 숙제가
　　　　　　재미있어요.

---

1 교실에서 제이슨 씨와 후엔 씨가 이야기해요. 다음과 같이 이야기해 보세요.

 1-3 EBOOK

제이슨: 후엔 씨, 오늘 뭐 해요?
후 엔: 친구를 만나요. 제이슨 씨는 뭐 해요?
제이슨: 저는 한국 영화를 봐요.
　　　　한국 영화가 재미있어요.

1) 친구를 만나다 ｜ 한국 영화를 보다, 한국 영화가 재미있다
2) 청소를 하다 ｜ 친구를 만나다, 커피를 마시다

2 여러분은 오늘 뭐 해요? 이야기해 보세요.

 3-L.mp3

라흐만 씨와 이링 씨가 이야기해요. 잘 듣고 답해 보세요.

1) 이링 씨는 오늘 뭐 해요?
　　한국어 숙제를 해요.

2) 숙제가 (✔많아요　　□ 적어요).

3) 숙제가 (✔재미있어요　　□ 재미없어요).

자신의 일상생활 말하기

1 대화문 연습

1. 일상생활의 일에 대해 이야기하며 교재의 그림을 이용해 어떤 상황인지 추측해 보도록 한다.

　🎤 두 사람이 어디에 있어요? 뭐 해요?

2. 지시문을 이용하여 대화 상황을 학생들에게 명확하게 알려 준다.

3. 대화를 들려주고 간단한 질문을 하여 대화 내용을 이해했는지 확인한다.

　🎤 후엔 씨는 오늘 뭐 해요? 제이슨 씨는 오늘 뭐 해요?

4. 교사와 함께 대화문을 읽으면서 자연스럽게 말하는 연습을 한다. 두 번 정도 반복해서 연습한다.

5. 교체 어휘를 활용하여 짝과 함께 연습하게 한다.

6. 연습이 끝나면 한두 팀을 발표시키거나 교사가 전체 학생을 대상으로 확인한다.

2 확장 연습

1. 오늘 하는 일에 대해 말하기를 한다고 알려 준다.

2. 짝과 같이 오늘 무엇을 하는지 이야기하게 한다. 대화를 할 때는 다음과 같은 내용을 포함하여 말하도록 지시한다.

　🎤 여러분은 오늘 뭐 해요? 이야기해 보세요.

3. 이야기가 끝나면 한두 팀을 발표시키거나 교사가 전체 학생을 대상으로 확인하고 오류를 수정해 준다.

일상생활에 관한 대화 듣기

1. 지시문을 이용하여 등장인물과 대화 상황을 설명한다.

2. 문제를 읽고 들어야 하는 정보를 파악하게 한다.

　🎤 이링 씨는 오늘 뭐 해요? 한국어 숙제가 어때요? 많아요, 적어요? 재미있어요, 재미없어요?

3. 듣기 파일을 두 번 듣고 문제를 풀게 한다.

4. 교재 질문의 답을 확인한 후 해당 대화를 같이 읽으며 내용을 확인한다. 필요한 경우 새로운 어휘, 표현을 설명한다.

1 다음은 친구들의 이야기예요. 잘 읽고 질문에 답해 보세요.

교실에 학생들이 있어요.
후엔 씨가 책을 읽어요.
책이 재미있어요.
안젤라 씨가 전화해요.
라민 씨가 물을 마셔요.
라흐만 씨가 빵을 먹어요.
빵이 맛있어요.

1) 후엔 씨가 어디에 있어요?   교실에 있어요.

2) 안젤라 씨가 뭐 해요?   전화해요.

3) 빵이 맛있어요?   네, 빵이 맛있어요.

2 학생들이 지금 뭐 해요? 써 보세요.

- 교실에 학생들이 있어요.
- 고천 씨가 유튜브를 _____
- 유튜브가 _____
- 잠시드 씨가 이야기 _____
- 이링 씨가 커피를 _____
- 제이슨 씨가 사과를 _____
- 사과가 _____

단어장
학생들
유튜브

- **학생들:** 학생이 많아요. '학생들'이에요.

- **책을 읽어요**
  발음 책을 읽어요[채글 일거요]
- **책이 재미있어요**
  발음 책이 재미있어요[채기 재미이써요]

일상생활 소개 글 읽기

1. 그림을 보며 글의 내용을 유추하게 한다.
   🎙 여기는 어디예요? 친구들이 뭐 해요?

2. 글을 훑어 읽게 한 후 주제, 중심 내용 등을 간단히 말해 보도록 한다.
   🎙 후엔 씨가 뭐 해요? 안젤라 씨, 라민 씨, 라흐만 씨가 뭐 해요?

3. 글을 다시 읽으면서 문제를 풀게 한다.

4. 답을 같이 확인한 후, 본문을 다시 읽으며 모르는 어휘가 없는지 확인한다. 필요한 경우 새로운 어휘, 표현을 설명한다.

일상생활 소개 글 쓰기

1. 어떤 글을 쓸지 알려 주고 글에 들어갈 내용을 생각해 보게 한다.
   🎙 그림을 보세요. 학생들이 지금 뭐 해요? 글을 써요.

2. 교재 질문에 대해 자신이 쓸 내용을 간단히 메모하도록 한다. 교사는 학생들이 쓴 메모에 오류가 없는지 확인해 준다.
   메모 고천 씨가 뭐 해요? 잠시드 씨, 이링 씨, 제이슨 씨가 뭐 해요?

3. 메모한 내용을 바탕으로 글을 완성하게 한다.

문화와 정보

참고 **사과를 받았을 때 이렇게 말해요**

• **괜찮습니다**
  : 상대방이 '미안합니다/죄송합니다'라고 말했을 때,
  문제가 없다는 의미의 말

한국의 인사말 2

한국 사람들은 다른 사람에게 고마울 때, '고맙습니다', '감사합니다'라고 말해요. 그리고 다른 사람에게 사과할 때, '죄송합니다', '미안합니다'라고 말해요. 이 말들은 비슷한 뜻이에요. 그러나 '미안합니다'는 나이가 많은 사람이나 윗사람에게 잘 쓰지 않아요. '죄송합니다'가 더 좋아요.

1) 한국 사람은 언제 '고맙습니다'를 말해요?
2) '미안합니다'와 비슷한 인사말은 뭐예요?
3) 여러분 나라 말로 '고맙습니다', '미안합니다'는 뭐예요?

고마울 때 어떻게 인사해요?

고맙습니다.

사과할 때 어떻게 말해요?

미안합니다.

40 사회통합프로그램(KIIP) 한국어와 한국문화 초급 1

한국의 인사말 2

1. 이 단원의 문화와 정보가 무엇에 대한 것인지 알려 준다.

🎤 다른 사람에게 도움을 받아요. 그러면 고마워요. 내가 실수해요. 그러면 사과해요. 오늘은 '한국의 인사말'에 대해 알아봅시다.

2. 교재의 그림(사진)을 보면서 주제에 대해 알고 있는 것을 상기시키고 말해 보게 한다. 이때 관련 시각 자료를 추가로 활용할 수 있다.

🎤 다른 사람이 나를 도왔어요. 나는 어때요? 그 사람에게 뭐라고 말해요? 내가 실수해요. 다른 사람이 아파요. 그 사람에게 뭐라고 말해요?

3. 교재를 같이 읽으면서 내용을 설명한다. 이때 중요한 정보가 있는 부분에 밑줄을 긋거나 표시하게 하는 것도 좋다.

4. 질문 1, 2의 답을 찾아보고 답하게 한다.

🎤 한국 사람들은 언제 '고맙습니다'를 말해요? '미안합니다'와 비슷한 인사말은 뭐예요?

5. 3번 질문을 이용하여 학습자 자신의 경험을 말해 보도록 한다.

🎤 여러분 나라 말로 '고맙습니다', '미안합니다'는 뭐예요?

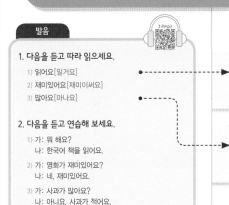

고맙습니다.

감사합니다.

죄송합니다.

발음

3-P.mp3

1. 다음을 듣고 따라 읽으세요.

1) 읽어요[일거요]
2) 재미있어요[재미이써요]
3) 많아요[마나요]

2. 다음을 듣고 연습해 보세요.

1) 가: 뭐 해요?
   나: 한국어 책을 읽어요.
2) 가: 영화가 재미있어요?
   나: 네, 재미있어요.
3) 가: 사과가 많아요?
   나: 아니요, 사과가 적어요.

배운 어휘 확인

□ 싸다	□ 재미있다	□ 커피를 마시다
□ 비싸다	□ 재미없다	□ 방을 청소하다
□ 많다	□ 좋다	□ 빵을 먹다
□ 적다	□ 나쁘다	□ 친구를 만나다
□ 크다	□ 예쁘다	□ 옷을 사다
□ 작다	□ 바쁘다	□ 일하다
□ 맛있다	□ 아프다	□ 자다
□ 맛없다	□ 배가 고프다	□ 운동하다
□ 어렵다	□ 고향 음식을 요리하다	□ 학생들
□ 쉽다	□ 책을 읽다	□ 유튜브
□ 춥다	□ 한국어를 공부하다	
□ 덥다	□ 텔레비전을 보다	

3과 한국어를 배워요 **41**

3-P.mp3

• 연음
– 받침 뒤에 모음이 올 경우 연음이 된다.

• ㅎ탈락
– 'ㅎ' 뒤에 모음이 올 경우 [ㅎ]는 발음하지 않는다.

- 이 단원에서 배운 어휘 중 기억나는 것을 말해 보세요.
- 이 단원에서 배운 문법은 뭐예요? 어떻게 사용해요?
- 여러분은 오늘 뭐 해요?
- 친구들은 오늘 뭐 해요?
- 한국 사람들은 사과할 때와 고마울 때 어떻게 인사해요?

발음   10분

1. 교재 1번 발음을 들려주고 어떻게 들리는지 학습자 스스로 확인해 보도록 한다.

2. '책을 읽어요', '재미있어요'에서 받침 뒤에 모음이 올 경우 연음된다는 것을 알려 준다. 그리고 '많아요'에서 받침 'ㅎ' 뒤에 모음이 올 경우 [ㅎ]는 발음하지 않는다는 것을 알려 준다.

3. 교재 1번 발음을 다시 듣고 교사를 따라 말해 본다.

4. 교재 2번 대화를 듣고 따라 말해 본다.

5. 짝과 함께 대화를 읽으며 연습하게 한 후에 확인한다.

마무리   10분

1. 단원에서 학습한 어휘 중 기억하는 것을 먼저 말해 보게 한다.

2. 배운 어휘 목록의 어휘들을 읽으면서 의미를 상기시킨다.

3. 단원에서 학습한 문법(동형-어요, 명을/를)을 상기시키며 의미와 사용법을 기억하는지 확인한다.

4. 단원의 목표와 성취도를 확인한다.

5. 익힘책을 과제로 제시하고 마무리한다.

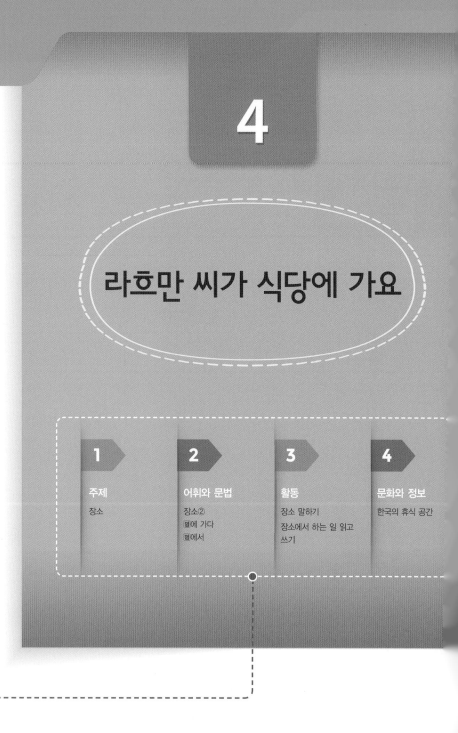

4

라흐만 씨가 식당에 가요

수업 목표 및 내용

- **주제:** 장소

- **어휘와 문법**
  - 어휘: 장소에 대한 어휘를 익힌다.
  - 문법: '명에 가다', '명에서'의 의미와 형태를 익혀 사용할 수 있다.

- **활동**
  - 말하기: 오늘 가는 장소에 대해 말할 수 있다.
  - 듣기: 지금 가는 장소에 대한 대화를 듣고 이해할 수 있다.
  - 읽기: 어떤 장소에서 하는 일을 읽고 이해할 수 있다.
  - 쓰기: 어떤 장소에서 하는 일에 대해 글을 쓸 수 있다.

- **문화와 정보:** 한국의 휴식 공간

1	2	3	4
주제	어휘와 문법	활동	문화와 정보
장소	장소②	장소 말하기	한국의 휴식 공간
	명에 가다	장소에서 하는 일 읽고	
	명에서	쓰기	

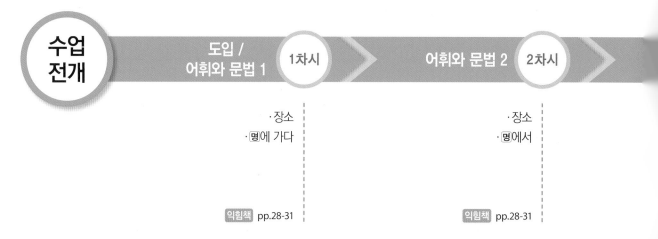

수업 전개

도입 / 어휘와 문법 1	1차시	어휘와 문법 2	2차시
·장소 ·명에 가다		·장소 ·명에서	
익힘책 pp.28-31		익힘책 pp.28-31	

① ② ③

• 이 사람들은 어디에 가요?
  거기에서 뭐 해요?

• 여러분은 오늘 어디에 가요?
  거기에서 뭐 해요?

도입

1. 교재 그림을 이용하여 학생들과 이야기하며 이 과의 주제를 노출한다.

그림❶ 🎤 라흐만 씨가 뭐 해요?

그림❷ 🎤 후엔 씨와 박민수 씨가 어디에 가요?

그림❸ 🎤 이링 씨가 어디에 가요? 뭐 해요?
여러분은 오늘 어디에 가요?
거기에서 뭐 해요?

2. 대화 내용을 정리하며 이 단원에서는 '일상생활을 하면서 우리가 가는 장소, 그 장소에서 하는 일' 등에 대해 공부한다는 것을 알려 준다.

이 단원을 지도할 때는…

일상생활을 하면서 가는 장소와 그 장소에서 하는 일에 대해서 이야기할 때 아직 배우지 않은 표현을 이용하고 싶어 할 수 있습니다. 학생들의 관심도와 한국어 노출 정도에 따라 추가 어휘를 적절하게 제시하면 됩니다.

말하기와 듣기 3차시	읽기와 쓰기 4차시	문화와 정보 / 발음 / 마무리 5차시
·오늘 가는 장소에 대해 말하기 ·지금 가는 장소에 대한 대화 듣기	·어떤 장소에서 하는 일 읽기 ·어떤 장소에서 하는 일 쓰기	·한국의 휴식 공간
익힘책 p.32	익힘책 p.33	

- **학교, 회사:** (삽화를 가리키며) 여기는 어디예요? 학교예요. 공부해요. 회사예요. 일해요.
  - 발음 학교[하꾜]
- **편의점:** (삽화를 가리키며) 여기는 어디예요? 편의점이에요. 물건을 사요. 24시간 열어요.
  - 발음 편의점[펴늬점, 펴니점]

- **은행:** (삽화를 가리키며) 여기는 어디예요? 은행이에요. (행동을 하며) 돈을 넣어요. 찾아요.
- **집:** (삽화를 가리키며) 여기는 어디예요? 집이에요.
- **식당, 카페:** (삽화를 가리키며) 여기는 어디예요? 식당이에요. 음식을 먹어요. 카페예요. 커피를 마셔요.
  - 발음 식당[식땅]

- **병원, 약국:** (삽화를 가리키며) 여기는 어디예요? 병원이에요. 아파요. 약국이에요. 약을 사요.
  - 발음 약국[약꾹]
- **시장, 마트:** (삽화를 가리키며) 여기는 어디예요? 시장이에요. 마트예요. 사과, 빵을 사요. 옷을 사요.

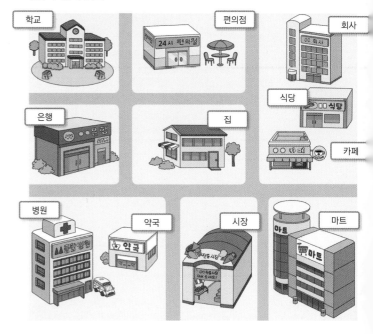

44 사회통합프로그램(KIIP) 한국어와 한국문화 초급 1

어휘 1 (장소)

1 도입, 제시

1. 단원 도입의 장소에 대해 다시 한번 이야기하며 오늘 배우는 어휘는 장소를 나타내는 표현임을 알려 준다.

🎤 (지금 공부하고 있는 장소를 가리키며) 여기는 어디예요? 학교예요. 오늘은 장소 어휘를 공부해요.

2. 교사를 따라 어휘를 소리 내어 한 번 읽는다. 이때 발음에 주의하게 한다.

3. 어휘의 의미를 설명한다. 어휘가 사용된 문장을 예로 제시하거나 의미를 풀어서 설명해 준다. 상황에 따라 학생들이 알고 싶어 하는 장소 이름을 추가로 알려 줄 수 있다.

4. 배운 어휘를 소리 내어 읽도록 한다.

2 연습

1. 집 근처에 무엇이 있는지 질문을 한다.

2. 짝과 함께 집 근처에 있는 장소에 대해 말해 보도록 한다.

3. 학생들끼리 이야기한 것을 교사가 정리해 주며 같이 이야기한다.

🎤 OO 씨 집 근처에 약국이 있어요? 편의점이 있어요?

4. 학교 근처에 무엇이 있는지 이야기하는 활동으로 확장할 수 있다.

익힘책 28쪽을 풀게 하거나 과제로 제시한다.

명에 가다

어떤 장소로 이동함을 나타낼 때 사용해요.

학교에 가요.

...민 씨, 어디에 가요?

예문
- 가: 이링 씨, 지금 집에 가요?
  나: 네, 집에 가요.
- 제 친구가 한국에 와요.

◎ 에 가다
- 은행 → 은행에 가다
- 집 → 집에 가다
- 마트 → 마트에 가다
- 학교 → 학교에 가다

명에 가다

어떤 장소로 이동한다는 것을 나타낼 때 사용한다. '가다' 외에 '오다', '다니다'도 사용할 수 있다.

- 가: 어디에 가요?
  나: 회사에 가요.
- 가: 지금 마트에 가요?
  나: 아니요, 시장에 가요.
- 오늘 후엔 씨가 우리 집에 와요.

1 어디에 가요? 이야기해 보세요.

보기

후엔 씨, 지금 어디에 가요?

식당에 가요.

후엔, 식당

1) 박민수, 마트
2) 고천, 병원
3) 잠시드, 회사

여러분은 오늘 어디에 가요? 이야기해 보세요.

에 가요 (받침 O, X)	병원 → 병원에 가요 편의점 → 편의점에 가요 카페 → 카페에 가요 기숙사 → 기숙사에 가요

문법 1 (명에 가다)

1 도입, 제시

1. 도입 그림과 대화를 통해 문법이 사용되는 상황을 인지시킨다.

   🎤 라민 씨가 뭐 해요? 가요. 친구를 만나요. 친구가 물어요.

2. 교재의 대표 예문을 보면서 문법의 의미를 설명한다.

   🎤 친구가 '어디에 가요?'라고 물어요. 라민 씨 옆 그림을 보세요. 어디예요? 학교예요. 라민 씨가 '학교에 가요' 말해요. '에 가다'를 사용해요.

3. 학생들과 교재의 예문들을 읽으면서 문법의 의미를 설명하고 이해시킨다.

4. 문법의 형태 정보를 제시하고 설명한다.

5. 추가 예문을 제시하고 문법의 의미와 사용법을 정확하게 이해시킨다.

2 연습 1

1. 〈보기〉의 대화를 교사와 함께 완성해 본다.

2. 나머지 문제를 〈보기〉의 대화처럼 짝과 완성하도록 한다.

3. 연습한 것을 발표하게 하거나 교사가 전체 학생 대상으로 답하게 하여 확인한다. 그리고 오류가 있으면 수정해 준다.

3 연습 2

1. 오늘 어디에 가는지 묻고 대답하면서 '에 가다'를 활용하여 자신의 이야기를 하도록 한다.

2. 친구와 대화한 것을 발표하게 하고 오류가 있으면 수정해 준다.

   익힘책 30쪽을 풀게 하거나 과제로 제시한다. 익힘책은 연습 활동 난이도에 따라 교재 연습 문제 전후로 활용한다.

- **영화관/극장:** (삽화를 가리키며) 여기는 어디에요? 영화관이에요. 사람들이 뭐 해요? 영화를 봐요. 극장이에요. 영화, 연극, 뮤지컬을 봐요.

  발음 극장[극짱]

- **백화점:** (삽화를 가리키며) 여기는 어디에요? 백화점이에요. 사람들이 뭐 해요? 옷을 사요. 가방을 사요. 텔레비전을 사요.

  발음 백화점[배콰점]

- **찜질방, 헬스장:** (삽화를 가리키며) 여기는 어디에요? 찜질방이에요. 사람들이 뭐 해요? 찜질, 사우나를 해요. 여기는 어디에요? 헬스장이에요. 사람들이 뭐 해요? 운동해요.

- **노래방, 피시방(PC방):** (삽화를 가리키며) 노래방이에요. 노래해요. 피시방(PC방)이에요. 컴퓨터를 해요. 컴퓨터가 많아요.

- **미용실, 빨래방:** (삽화를 가리키며) 여기는 어디에요? 미용실이에요. 사람들이 뭐 해요? (행동을 하며) 머리를 해요. 빨래방이에요. 빨래를 해요.

- **우체국, 서점:** (삽화를 가리키며) 여기는 어디에요? 우체국이에요. (행동을 하며) 편지, 소포를 보내요. 서점이에요. 사람들이 뭐 해요? 책을 사요.

🔍 어디예요? 사람들이 뭐 해요?

어휘 2 (장소)

1 도입, 제시

1. 일상생활에서 보통 어디에 가는지 물으며 오늘 배우는 어휘는 장소를 나타내는 표현임을 알려 준다.

   🎙 여러분은 어디에 가요? 뭐 해요? 오늘은 장소 이름을 공부해요.

2. 교사를 따라 어휘를 소리 내어 한 번 읽는다. 이때 발음에 주의하게 한다.

3. 어휘의 의미를 설명한다. 어휘가 사용된 문장을 예로 제시하거나 의미를 풀어서 설명해 준다. 상황에 따라 유의어나 반의어 등을 추가로 설명할 수 있다.

4. 배운 어휘를 소리 내어 읽도록 한다.

2 연습

1. 어디에 가는지, 무엇을 하는지 질문을 한다.

2. 짝과 함께 가는 장소와 그곳에서 하는 일에 대해 말해 보도록 한다.

3. 학생들끼리 이야기한 것을 교사가 정리해 주며 같이 이야기한다.

   🎙 OO 씨는 어디에 가요? 뭐 해요?

   익힘책 29쪽을 풀게 하거나 과제로 제시한다.

명 **에서**

어떤 행위나 동작이 이루어지는 장소를 나타낼 때 사용해요.

예문
- 가: 이링 씨는 뭐 해요?
  나: 카페에서 차를 마셔요.
- 잠시드 씨는 극장에서 영화를 봐요.

에서		
	시장 →	시장에서
	백화점 →	백화점에서
	학교 →	학교에서
	카페 →	카페에서

1 어디에 가요? 거기에서 뭐 해요? 이야기해 보세요.

제이슨 씨, 어디에 가요?

거기에서 뭐 해요?

보기

서점에 가요.

서점에서 책을 사요.

서점 | 책을 사다

1) 백화점 | 쇼핑하다
2) 노래방 | 노래를 하다
3) 우체국 | 편지를 보내다

여러분은 오늘 어디에 가요? 거기에서 뭐 해요? 이야기해 보세요.

명 **에서**

어떤 행위나 동작이 이루어지는 장소를 나타낼 때
사용한다.

- 가: 마트에서 옷을 사요?
  나: 아니요, 백화점에서 옷을 사요.
- 가: 민수 씨는 뭐 해요?
  나: 편의점에서 일해요.
- 이링 씨는 카페에서 친구를 만나요.

에서 (받침 O, X)	찜질방 → 찜질방에서
	미용실 → 미용실에서
	학교 → 학교에서
	마트 → 마트에서

문법 2 (명에서)

1 도입, 제시

1. 도입 그림과 대화를 통해 문법이 사용되는 상황을 인지시킨다.
   - 🎤 후엔 씨, 고천 씨가 이야기해요. 후엔 씨가 물어요. 고천 씨 운동 장소를 물어요.

2. 교재의 대표 예문을 보면서 문법의 의미를 설명한다.
   - 🎤 후엔 씨가 '어디에서 운동해요?'라고 물어요. 고천 씨가 '헬스장에서 운동해요' 운동 장소를 말해요. 이렇게 '에서'를 사용해요.

3. 학생들과 교재의 예문들을 읽으면서 문법의 의미를 설명하고 이해시킨다.

4. 문법의 형태 정보를 제시하고 설명한다.

5. 추가 예문을 제시하고 문법의 의미와 사용법을 정확하게 이해시킨다.

2 연습 1

1. 〈보기〉의 대화를 교사와 함께 완성해 본다.

2. 나머지 문제를 〈보기〉의 대화처럼 짝과 완성하도록 한다.

3. 연습한 것을 발표하게 하거나 교사가 전체 학생 대상으로 답하게 하여 확인한다. 그리고 오류가 있으면 수정해 준다.

3 연습 2

1. 오늘 어디에 가는지, 거기에서 무엇을 하는지 묻고 대답하면서 '에서'를 활용하여 자신의 이야기를 하도록 한다.

2. 친구와 대화한 것을 발표하게 하고 오류가 있으면 수정해 준다.

익힘책 31쪽을 풀게 하거나 과제로 제시한다. 익힘책은 연습 활동 난이도에 따라 교재 연습 문제 전후로 활용한다.

말하기와 듣기

1 라흐만 씨가 동료와 이야기해요. 다음과 같이 이야기해 보세요.

동　료: 라흐만 씨, 어디에 가요?
라흐만: 식당에 가요.
동　료: 오늘 **회사 식당**에서 밥을 먹어요?
라흐만: 아니요, **회사 근처**에서 먹어요.

1) 회사 식당 ｜ 회사 근처　　2) 직원 식당 ｜ 회사 밖

2 여러분은 오늘 어디에 가요? 이야기해 보세요.

 오늘 어디에 가요?　　　　　우체국에 가요.

---

1 2)
동　료: 라흐만 씨, 어디에 가요?
라흐만: 식당에 가요.
동　료: 오늘 직원 식당에서 밥을 먹어요?
라흐만: 아니요, 회사 밖에서 먹어요.

친구(남): 이링, 지금 어디에 가요?
이링(여): 도서관에 가요.
친구(남): 도서관에서 뭐 해요?
이링(여): 숙제를 해요.

이링 씨가 친구와 이야기해요. 잘 듣고 답해 보세요.

1) 이링 씨는 지금 어디에 가요?
　도서관에 가요.

2) 이링 씨는 거기에서 뭐 해요?
　숙제를 해요.

단어장
회사 식당
직원 식당
근처
밖

48　사회통합프로그램(KIIP) 한국어와 한국문화 초급 1

오늘 가는 장소에 대해 말하기

1 대화문 연습

1. 오늘 가는 장소에 대해 이야기하며 교재의 그림을 이용해 어떤 상황인지 추측해 보도록 한다.

　🎤 라흐만 씨와 회사 동료가 이야기해요. 어디에 가요?

2. 지시문을 이용하여 대화 상황을 학생들에게 명확하게 알려 준다.

3. 대화를 들려주고 간단한 질문을 하여 대화 내용을 이해했는지 확인한다.

　🎤 라흐만 씨는 어디에 가요? 어디에서 밥을 먹어요?

4. 교사와 함께 대화문을 읽으면서 자연스럽게 말하는 연습을 한다. 두 번 정도 반복해서 연습한다.

5. 교체 어휘를 활용하여 짝과 함께 연습하게 한다.

6. 연습이 끝나면 한두 팀을 발표시키거나 교사가 전체 학생을 대상으로 확인한다.

2 확장 연습

1. 오늘 가는 곳에 대해 말하기를 한다고 알려 준다.

2. 짝과 같이 오늘 어디에 가는지, 그곳에서 무엇을 하는지 이야기하게 한다. 대화를 할 때는 다음과 같은 내용을 포함하여 말하도록 지시한다.

　🎤 여러분은 오늘 어디에 가요? 거기에서 뭐 해요? 이야기해 보세요.

3. 이야기가 끝나면 한두 팀을 발표시키거나 교사가 전체 학생을 대상으로 확인하고 오류를 수정해 준다.

지금 가는 장소에 대해 듣기

1. 지시문을 이용하여 등장인물과 대화 상황을 설명한다.

2. 문제를 읽고 들어야 하는 정보를 파악하게 한다.

　🎤 이링 씨는 지금 어디에 가요? 거기에서 뭐 해요?

3. 듣기 파일을 두 번 듣고 문제를 풀게 한다.

4. 교재 질문의 답을 확인한 후 해당 대화를 같이 읽으며 내용을 확인한다. 필요한 경우 새로운 어휘, 표현을 설명한다.

1 다음 글을 읽고 질문에 답해 보세요.

후엔 씨는 오늘 공원에 가요. 공원에서 운동을 해요. 후엔 씨는 운동을 아주 좋아해요. 후엔 씨 남편은 기타를 좋아해요. 주말에 문화 센터에 가요. 문화 센터에서 기타를 배워요.

1) 후엔 씨는 어디에서 운동을 해요?
   공원에서 운동을 해요.

2) 후엔 씨 남편은 무엇을 좋아해요?
   기타를 좋아해요.

3) 후엔 씨 남편은 문화 센터에서 뭐 해요?
   기타를 배워요.

2 여러분은 오늘 어디에 가요? 거기에서 뭐 해요? 써 보세요.

저는 오늘 _____ 에 가요.
        _____ 에서 _____
제 친구는 _____ 에 가요.
        _____ 에서 _____

단어장
공원
아주
남편
기타
주말
문화 센터
배우다

4과 라흐만 씨가 식당에 가요 **49**

• **좋아하다**[조아하다]: 저는 커피를 좋아해요. 아나이스 씨는 영화를 좋아해요.

어떤 장소에서 하는 일 읽기

1. 그림을 보며 글의 내용을 유추하게 한다.
   🎤 여기는 어디예요? 후엔 씨가 뭐 해요? 후엔 씨 남편은 뭐 해요?

2. 글을 훑어 읽게 한 후 주제, 중심 내용 등을 간단히 말해 보도록 한다.
   🎤 후엔 씨는 어디에 가요? 거기에서 뭐 해요? 후엔 씨 남편은 어디에 가요? 거기에서 뭐 해요?

3. 글을 다시 읽으면서 문제를 풀게 한다.

4. 답을 같이 확인한 후, 본문을 다시 읽으며 모르는 어휘가 없는지 확인한다. 필요한 경우 새로운 어휘, 표현을 설명한다.

어떤 장소에서 하는 일 쓰기

1. 어떤 글을 쓸지 알려 주고 글에 들어갈 내용을 생각해 보게 한다.
   🎤 오늘 여러분은 어디에 가요? 거기에서 뭐 해요? 써요.

2. 교재 질문에 대해 자신이 쓸 내용을 간단히 메모하도록 한다. 교사는 학생들이 쓴 메모에 오류가 없는지 확인해 준다.
   메모 여러분은 어디에 가요? 거기에서 뭐 해요? 친구는 어디에 가요? 친구는 거기에서 뭐 해요?

3. 메모한 내용을 바탕으로 글을 완성하게 한다.

시민 공원, 둘레길, 쉼터

- **시민 공원**
  : 시민들을 위해 만든 공원

- **둘레길**
  : 산의 바깥을 걸을 수 있게 산을 둘러싸고 있는 길

- **쉼터**
  : 야외에서 잠깐 쉴 수 있게 만든 곳. 햇빛이나 비를 피할
   수도 있음

한국의 휴식 공간

한국에는 사람들이 쉴 수 있는 장소가 많아요. 사람들이 산책을 하거나 자전거를 타는 시민 공원이 있어요. 아름다운 경치를 보면서 천천히 산책을 하는 둘레길도 있어요. 사람들이 잠깐 동안 쉴 수 있는 쉼터도 많아요. 사람들은 시민 공원, 둘레길, 쉼터에서 즐거운 시간을 보내요.

1) 한국 사람들은 시민 공원, 둘레길에서 무엇을 해요?
2) 한국 사람들은 시민 공원, 둘레길, 쉼터에서 시간을 어떻게 보내요?
3) 여러분 고향의 공원, 쉼터를 이야기해 보세요.

50 사회통합프로그램(KIIP) 한국어와 한국문화 초급 1

한국의 휴식 공간

1. 이 단원의 문화와 정보가 무엇에 대한 것인지 알려 준다.

🎤 한국 사람들은 산책을 좋아해요. 공원에 가요. 산을 좋아해요. 산에 가요.
   이곳에서 쉬어요. 이런 장소를 '휴식 공간'이라고 해요. 오늘은 '한국의
   휴식 공간'에 대해 알아봅시다.

2. 교재의 그림(사진)을 보면서 주제에 대해 알고 있는 것을 상기시키고
말해 보게 한다. 이때 관련 시각 자료를 추가로 활용할 수 있다.

🎤 여기는 어디예요? 여기에서 사람들이 뭐 해요?

3. 교재를 같이 읽으면서 내용을 설명한다. 이때 중요한 정보가 있는
부분에 밑줄을 긋거나 표시하게 하는 것도 좋다.

4. 질문 1, 2의 답을 찾아보고 답하게 한다.

🎤 한국 사람들이 시민 공원, 둘레길에서 무엇을 해요?
   한국 사람들이 시민 공원, 둘레길, 쉼터에서 시간을 어떻게 보내요?

5. 3번 질문을 이용하여 학습자 자신의 경험을 말해 보도록 한다.

🎤 여러분 고향의 공원, 쉼터를 이야기해 보세요.

단원 마무리

(20분)

발음

4-P.mp3

1. 다음을 듣고 따라 읽으세요.

1) 극장에 [극짱에]
2) 식당에서 [식땅에서]
3) 학교에 [학꾜에]

2. 다음을 듣고 연습해 보세요.

1) 저는 지금 극장에 가요.
2) 식당에서 밥을 먹어요.
3) 가: 어디에 가요?
   나: 학교에 가요.

• **경음화**

– 받침 'ㄱ' 뒤에 'ㄱ, ㄷ, ㅂ, ㅅ, ㅈ'가 올 경우 [ㄲ, ㄸ, ㅃ, ㅆ, ㅉ]로 발음된다.

배운 어휘 확인

☐ 학교	☐ 찜질방	☐ 남편
☐ 편의점	☐ 헬스장	☐ 기타
☐ 회사	☐ 노래방	☐ 주말
☐ 은행	☐ 피시방(PC방)	☐ 문화 센터
☐ 집	☐ 미용실	☐ 배우다
☐ 식당	☐ 빨래방	
☐ 카페	☐ 우체국	
☐ 병원	☐ 서점	
☐ 약국	☐ 회사 식당	
☐ 시장	☐ 직원 식당	
☐ 마트	☐ 근처	
☐ 영화관	☐ 밖	
☐ 극장	☐ 공원	
☐ 백화점	☐ 아주	

• 이 단원에서 배운 어휘 중 기억나는 것을 말해 보세요.
• 이 단원에서 배운 문법은 뭐예요? 어떻게 사용해요?
• 여러분은 오늘 어디에 가요?
• 여러분은 오늘 어디에서 무엇을 해요?
• 한국의 휴식 공간은 어디예요?

4과 라흐만 씨가 식당에 가요 **51**

발음   10분

1. 교재 1번 발음을 들려주고 어떻게 들리는지 학습자 스스로 확인해 보도록 한다.
2. '극장에', '식당에서', '학교에'에서 'ㄱ' 받침 뒤에 'ㄱ, ㄷ, ㅂ, ㅅ, ㅈ'가 올 경우 [ㄲ, ㄸ, ㅃ, ㅆ, ㅉ]로 발음된다는 것을 알려 준다.
3. 교재 1번 발음을 다시 듣고 교사를 따라 말해 본다.
4. 교재 2번 문장과 대화를 듣고 따라 말해 본다.
5. 짝과 함께 대화를 읽으며 연습하게 한 후에 확인한다.

마무리   10분

1. 단원에서 학습한 어휘 중 기억하는 것을 먼저 말해 보게 한다.
2. 배운 어휘 목록의 어휘들을 읽으면서 의미를 상기시킨다.
3. 단원에서 학습한 문법(몡에 가다, 몡에서)을 상기시키며 의미와 사용법을 기억하는지 확인한다.
4. 단원의 목표와 성취도를 확인한다.
5. 익힘책을 과제로 제시하고 마무리한다.

5과
오늘은 5월 5일이에요

5

오늘은 5월 5일이에요

수업 목표 및 내용

- **주제:** 날짜와 요일
- **어휘와 문법**
  - 어휘: 수와 날짜, 요일을 말할 때 유용한 어휘를 익힌다.
  - 문법: '몡에', '몡이/가 아니에요'의 의미와 형태를 익혀 사용할 수 있다.
- **활동**
  - 말하기: 날짜와 요일을 말할 수 있다.
  - 듣기: 전화번호를 묻고 답하는 대화를 듣고 이해할 수 있다.
  - 읽기: 명함을 읽고 이해할 수 있다.
  - 쓰기: 명함에 들어갈 내용을 쓸 수 있다.
- **문화와 정보:** 유용한 전화번호

1	2	3	4
주제	어휘와 문법	활동	문화와 정보
날짜와 요일	수①, 날짜, 요일 명에 명이/가 아니에요	날짜와 요일 말하기 명함 읽기	유용한 전화번호

수업 전개

도입 / 어휘와 문법 1	1차시	어휘와 문법 2	2차시
·수① ·명에		·날짜와 요일 ·명이/가 아니에요	
익힘책 pp.34-37		익힘책 pp.34-37	

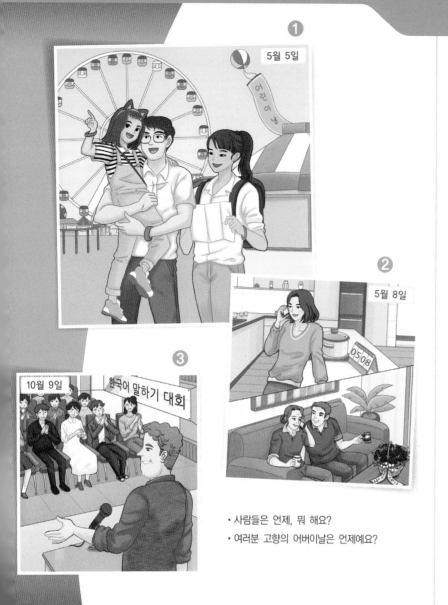

5월 5일

5월 8일

10월 9일

한국어 말하기 대회

• 사람들은 언제, 뭐 해요?
• 여러분 고향의 어버이날은 언제예요?

도입

1. 교재 그림을 이용하여 학생들과 이야기하며 이 과의 주제를 노출한다.

그림 ❶ 🎙 김민수 씨와 후엔 씨가 슬기와 놀이공원에 가요. 오늘은 어린이날이에요. 어린이날은 언제예요?

그림 ❷ 🎙 고천 씨가 부모님께 전화해요. 오늘은 어버이날이에요. 어버이날은 언제예요? 여러분 고향의 어버이날은 언제예요?

그림 ❸ 🎙 제이슨 씨가 말하기 대회를 해요. 말하기 대회는 언제예요?

2. 대화 내용을 정리하며 이 단원에서는 '날짜와 요일'에 대해 공부한다는 것을 알려 준다.

이 단원을 지도할 때는…

날짜에 대해 이야기할 때 배우지 않은 표현이나 모국어로 된 표현이 언급될 수 있습니다. 아직 이 주제와 관련된 내용을 충분히 말할 수 있는 수준은 아니므로 학생 수준에 맞는 범위에서 내용을 이끌어 가면 됩니다. 또한 어린이날, 어버이날 하는 일에 대해서는 11과 특별한 날에서 학습하기 때문에 5과에서는 특별한 날에 대한 주제에 너무 집중하지 않도록 합니다.

말하기와 듣기 **3차시**	읽기와 쓰기 **4차시**	문화와 정보 / 발음 / 마무리 **5차시**
·날짜와 요일 말하기 ·전화번호와 요일 듣기	·명함 읽기 ·명함 쓰기	·유용한 전화번호
익힘책 p.38	익힘책 p.39	

- 0~100: '영', '공' 같아요. '일', '이', '삼', '사' … '십'이에요. '십일', '십이' … '십구', '이십'이에요. '일십' (손으로 X표시) '십'이에요. '이십', '삼십', '사십', '오십', '육십', '칠십', '팔십', '구십', '백'이에요.

  발음 십일[시빌], 십육[심뉵]

- 1월~12월: 달력이에요. 일월, 이월, 삼월 … 오월이에요. (그림의 '6월'을 가리키며) 육월 (손으로 X표시) '유월'이에요. (그림의 '10월'을 가리키며) 십월 (손으로 X표시) '시월'이에요.

  발음 일월[이뤌]

- 1일~31일: (손으로 날짜를 가리키며) 일일, 이일, 삼일, … 삼십일일이에요.

- 몇 월이에요? 며칠이에요? / 몇 월 며칠이에요?: 날짜를 물어요. "일월이에요. 십일일이에요.", "일월 십일일이에요." 대답해요.

  발음 몇 월[며 뒬]

어휘 1 (수①)

1 도입, 제시

1. 단원 도입의 어린이날, 어버이날, 말하기 대회 상황을 다시 한번 이야기하며 오늘 배우는 어휘는 수와 날짜, 요일과 관련된 표현임을 알려 준다.

   🎙 어린이날, 어버이날, 말하기 대회가 언제예요? 오늘은 수, 날짜와 요일을 공부해요.

2. 교사를 따라 어휘를 소리 내어 한 번 읽는다. 이때 발음에 주의하게 한다.

3. 어휘의 의미를 설명한다. 어휘가 사용된 문장을 예로 제시하거나 의미를 풀어서 설명해 준다.

4. 배운 어휘를 소리 내어 읽도록 한다. 이때 다양한 날짜를 가리키는 등 변화를 줄 수 있다.

2 연습

1. 오늘이 몇 월 며칠인지 질문을 한다.

2. 짝과 함께 달력을 보고 날짜를 말해 보도록 한다.

3. 학생들끼리 이야기한 것을 교사가 정리해 주며 같이 이야기한다.

   🎙 OO 씨, 오늘은 몇 월 며칠이에요?

4. 생일, 시험 등의 날짜를 이야기하는 활동으로 확장할 수 있다.

   익힘책 34쪽을 풀게 하거나 과제로 제시한다.

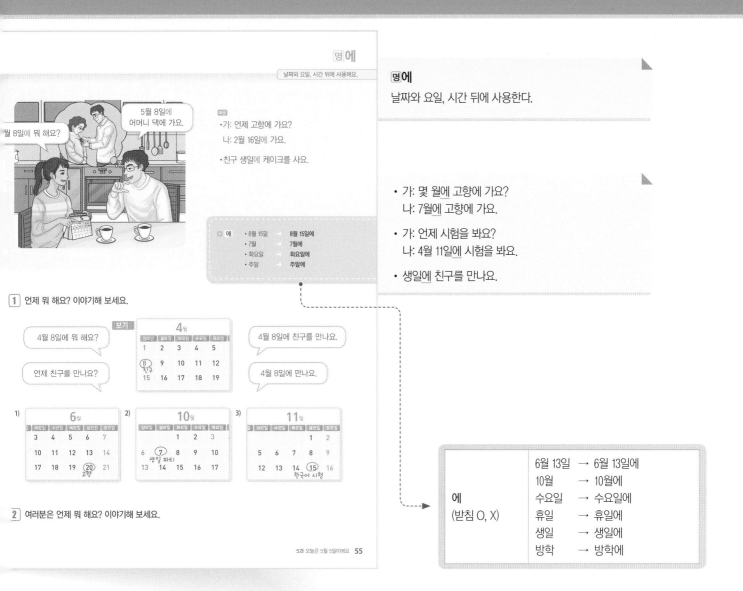

문법 1 (명에)

1 도입, 제시

1. 도입 그림과 대화를 통해 문법이 사용되는 상황을 인지시킨다.

   🎤 민수 씨는 어머니 댁에 가요. 몇 월 며칠이에요?

2. 교재의 대표 예문을 보면서 문법의 의미를 설명한다.

   🎤 민수 씨는 어머니 댁에 가요. 언제예요? 5월 8일이에요. 이럴 때 '민수 씨가 5월 8일에 어머니 댁에 가요'라고 말해요. 날짜 뒤에 '에'를 말해요.

3. 학생들과 교재의 예문들을 읽으면서 문법의 의미를 설명하고 이해시킨다.

4. 문법의 형태 정보를 제시하고 설명한다.

5. 추가 예문을 제시하고 문법의 의미와 사용법을 정확하게 이해시킨다.

2 연습 1

1. 〈보기〉의 대화를 교사와 함께 완성해 본다.

2. 나머지 문제를 〈보기〉의 대화처럼 짝과 완성하도록 한다.

3. 연습한 것을 발표하게 하거나 교사가 전체 학생 대상으로 답하게 하여 확인한다. 그리고 오류가 있으면 수정해 준다.

3 연습 2

1. 언제 뭐 하는지 묻고 대답하면서 '에'를 활용하여 자신의 이야기를 하도록 한다.

2. 친구와 대화한 것을 발표하게 하고 오류가 있으면 수정해 준다.

   익힘책 36쪽을 풀게 하거나 과제로 제시한다. 익힘책은 연습 활동 난이도에 따라 교재 연습 문제 전후로 활용한다.

어휘와 문법 2

• **월요일~일요일:** (달력의 요일을 가리키며) 월요일, 화요일, …, 토요일, 일요일이에요.
발음 일요일[이료일]

• **어제, 오늘, 내일:** (오늘 날짜를 말하며) 9월 11일이에요. '오늘'이에요. 9월 10일은 어제예요. 9월 12일은 내일이에요.

• **지난주, 이번 주, 다음 주:** 오늘이 있어요. 이번 주예요. (달력을 가리키며) 지난주, 다음 주예요.

• **무슨 요일이에요?:** 요일을 물어요. 무슨 요일이에요? 말해요. 월요일이에요. 대답해요.
발음 무슨 요일[무슨 뇨일]

날짜와 요일을 이야기해 보세요.

일요일	월요일	화요일	수요일	목요일	금요일	토요일	
1	2	3	4	5	6	7	지난주
8	9	10 어제	11 오늘	12 내일	13	14	이번 주
15	16	17	18	19	20	21	다음 주
22	23	24	25	26	27	28	
29	30						

오늘이 무슨 요일이에요?   수요일이에요.

몇 월 며칠이에요? 무슨 요일이에요?

내일이 무슨 요일이에요?   이번 주 토요일이 며칠이에요?
지난주 수요일이 며칠이에요?

56 사회통합프로그램(KIIP) 한국어와 한국문화 초급 1

어휘 2 (날짜와 요일)

1 도입, 제시

1. 오늘이 며칠인지 물으며 오늘 배우는 어휘는 요일임을 알려 준다.

🎙 (달력에서 오늘 날짜를 가리키며) ○월 ○일이에요. 오늘이에요.
(요일을 가리키며) ○요일이에요. 오늘은 요일을 공부해요.

2. 교사를 따라 어휘를 소리 내어 한 번 읽는다. 이때 발음에 주의하게 한다.

3. 어휘의 의미를 설명한다. 어휘가 사용된 문장을 예로 제시하거나 의미를 풀어서 설명해 준다. 상황에 따라 유의어나 반의어 등을 추가로 설명할 수 있다.

4. 배운 어휘를 소리 내어 읽도록 한다.

2 연습

1. 몇 월 며칠인지, 무슨 요일인지, 오늘, 어제, 지난주, 다음 주에 대해 질문을 한다.

2. 짝과 함께 요일을 묻고 답해 보도록 한다.

3. 학생들끼리 이야기한 것을 교사가 정리해 주며 같이 이야기한다.

🎙 ○○ 씨 내일이 무슨 요일이에요? 지난주 수요일은 며칠이에요?

익힘책 35쪽을 풀게 하거나 과제로 제시한다.

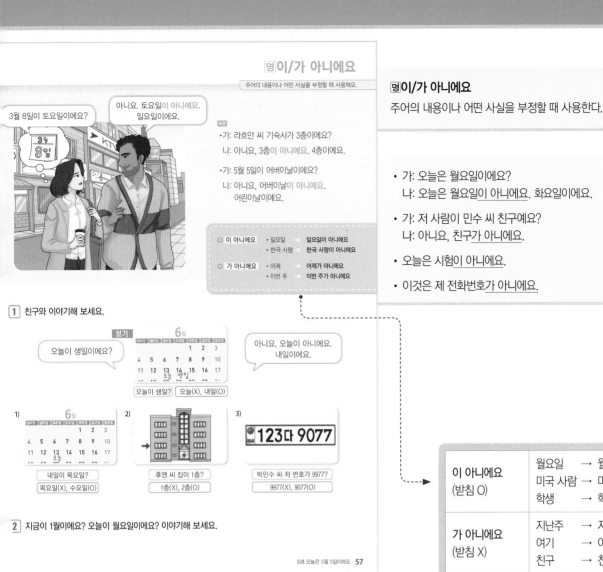

문법 2 (명이/가 아니에요)

1 도입, 제시

1. 도입 그림과 대화를 통해 문법이 사용되는 상황을 인지시킨다.

   🎤 3월 8일은 무슨 요일이에요? 토요일이에요?

2. 교재의 대표 예문을 보면서 문법의 의미를 설명한다.

   🎤 3월 8일은 일요일이에요. 이링 씨는 '토요일이에요' 말해요. 이럴 때 '이/가 아니에요'를 사용해서 '3월 8일은 토요일이 아니에요'라고 말해요.

3. 학생들과 교재의 예문들을 읽으면서 문법의 의미를 설명하고 이해시킨다.

4. 문법의 형태 정보를 제시하고 설명한다.

5. 추가 예문을 제시하고 문법의 의미와 사용법을 정확하게 이해시킨다.

2 연습 1

1. 〈보기〉의 대화를 교사와 함께 완성해 본다.

2. 나머지 문제를 〈보기〉의 대화처럼 짝과 완성하도록 한다.

3. 연습한 것을 발표하게 하거나 교사가 전체 학생 대상으로 답하게 하여 확인한다. 그리고 오류가 있으면 수정해 준다.

3 연습 2

1. 지금이 몇 월인지 무슨 요일인지 묻고 대답하면서 '이/가 아니에요'를 활용하여 자신의 이야기를 하도록 한다.

2. 친구와 대화한 것을 발표하게 하고 오류가 있으면 수정해 준다.

   익힘책 37쪽을 풀게 하거나 과제로 제시한다. 익힘책은 연습 활동 난이도에 따라 교재 연습 문제 전후로 활용한다.

말하기와 듣기

1 2)

제이슨: 이링 씨, 생일이 몇 월 며칠이에요?
이 링: 11월 30일이에요.
제이슨: 그날이 일요일이에요?
이 링: 아니요, 일요일이 아니에요. 월요일이에요. 제 생일에 같이 밥 먹어요.

라흐만(남): 고천 씨, 이링 씨 전화번호가 공일공 팔칠오 구공육사예요?
고 천(여): 아니요, 구공육사가 아니에요. 구공육삼이에요.
라흐만(남): 아, 그래요? 그런데 이링 씨 집이 어디예요?
고 천(여): 회사 근처 기숙사예요. 저는 이번 주 토요일에 이링 씨 집에 가요. 라흐만 씨도 같이 가요.

1 교실에서 제이슨 씨와 이링 씨가 이야기해요. 다음과 같이 이야기해 보세요.

제이슨: 이링 씨, 생일이 몇 월 며칠이에요?
이 링: 5월 16일이에요.
제이슨: 그날이 금요일이에요?
이 링: 아니요, 금요일이 아니에요. 토요일이에요. 제 생일에 같이 밥 먹어요.

1) 5월 16일 | 금요일(X), 토요일(O)   2) 11월 30일 | 일요일(X), 월요일(O)

2 여러분 생일은 몇 월 며칠이에요? 올해 생일은 무슨 요일이에요? 이야기해 보세요.

생일이 언제예요?

올해 생일이 무슨 요일이에요?

생일에 뭐 해요?

라흐만 씨와 고천 씨가 전화해요. 잘 듣고 답해 보세요.

1) 이링 씨 전화번호가 뭐예요?
❶ 010-875-9064   ◉ 010-875-9063

2) 이링 씨 집은 어디예요?
회사 근처 기숙사예요.

날짜와 요일 말하기

1 **대화문 연습**

1. 생일에 대해 이야기하며 교재의 그림을 이용해 어떤 상황인지 추측해 보도록 한다.

🎤 5월 16일은 무슨 요일이에요? 뭐 해요?

2. 지시문을 이용하여 대화 상황을 학생들에게 명확하게 알려 준다.

3. 대화를 들려주고 간단한 질문을 하여 대화 내용을 이해했는지 확인한다.

🎤 이링 씨 생일이 언제예요? 무슨 요일이에요? 뭐 해요?

4. 교사와 함께 대화문을 읽으면서 자연스럽게 말하는 연습을 한다. 두 번 정도 반복해서 연습한다.

5. 교체 어휘를 활용하여 짝과 함께 연습하게 한다.

6. 연습이 끝나면 한두 팀을 발표시키거나 교사가 전체 학생을 대상으로 확인한다.

2 **확장 연습**

1. 생일에 대해 말하기를 한다고 알려 준다.

2. 짝과 같이 생일이 언제인지, 무슨 요일인지 이야기하게 한다. 대화를 할 때는 다음과 같은 내용을 포함하여 말하도록 지시한다.

🎤 여러분 생일이 몇 월 며칠인지, 무슨 요일인지, 무엇을 하는지 이야기해 보세요.

3. 이야기가 끝나면 한두 팀을 발표시키거나 교사가 전체 학생을 대상으로 확인하고 오류를 수정해 준다.

전화번호와 요일 듣기

1. 지시문을 이용하여 등장인물과 대화 상황을 설명한다.

2. 문제를 읽고 들어야 하는 정보를 파악하게 한다.

🎤 이링 씨 전화번호가 뭐예요?

3. 듣기 파일을 두 번 듣고 문제를 풀게 한다.

4. 교재 질문의 답을 확인한 후 해당 대화를 같이 읽으며 내용을 확인한다. 필요한 경우 새로운 어휘, 표현을 설명한다.

읽기와 쓰기

1 다음 글을 읽고 질문에 답해 보세요.

나리 병원 의사 **박재현**

진료 시간 09:00~18:00
점심 시간 13:00~14:00

주소: 서울시 강남구 언주로 51, 세기빌딩 3층 17호
전화번호: 02)2711-5348   휴대 전화: 010-824-3576

1) 박재현 씨 직업이 뭐예요?

　의사예요.

2) 나리 병원이 몇 층에 있어요?

　세기빌딩 3층에 있어요.

3) 나리 병원 전화번호가 몇 번이에요?

　02-2711-5348이에요.

2 여러분은 무슨 일을 해요? 여러분의 명함을 만들어 보세요.

이름:

직업:

주소:

전화번호:

단어장
의사
빌딩
(3)층 (17)호
명함

5과 오늘은 5월 5일이에요　**59**

- **진료 시간**[질료 시간]: 병원이 9시에 열어요. 18시에 닫아요.

- **빌딩**: 우리 학교 앞의 빌딩은 15층이에요.

- **(3)층 (17)호**: 집이 몇 층이에요? 5층 501호예요.

- **명함**: 회사원이에요. 명함에 이름, 직업, 주소 전화번호가 있어요.

- **의사**: 아이가 아파요. 병원에 가요. 의사가 아이를 치료해요.

명함 읽기

1. 그림을 보며 글의 내용을 유추하게 한다.

　🎙 이것은 무엇이에요? 명함에 무엇이 있어요?

2. 글을 훑어 읽게 한 후 주제, 중심 내용 등을 간단히 말해 보도록 한다.

　🎙 직업이 뭐예요? 병원은 몇 층에 있어요? 전화번호가 몇 번이에요? 휴대 전화는 몇 번이에요?

3. 글을 다시 읽으면서 문제를 풀게 한다.

4. 답을 같이 확인한 후, 본문을 다시 읽으며 모르는 어휘가 없는지 확인한다. 필요한 경우 새로운 어휘, 표현을 설명한다.

명함 쓰기

1. 어떤 글을 쓸지 알려 주고 글에 들어갈 내용을 생각해 보게 한다.

　🎙 명함을 만들 거예요. 명함에 무엇을 써요?

2. 교재 질문에 대해 자신이 쓸 내용을 간단히 메모하도록 한다. 교사는 학생들이 쓴 메모에 오류가 없는지 확인해 준다.

　메모 여러분 직업이 뭐예요? 어디에 살아요? 전화번호가 몇 번이에요?

3. 메모한 내용을 바탕으로 글을 완성하게 한다.

문화와 정보

참고 110 민원 상담 전화, 1345 외국인종합안내센터

• **민원 상담 전화(110)**
  : 행정, 교육, 문화, 세무, 복지, 노동 등 모든 행정 기관 업무에 대한 민원 상담 서비스

• **외국인종합안내센터(1345)**
  : 국내 체류 외국인을 위한 출입국 관련 민원 상담 및 생활 편의 안내, 통역 서비스

유용한 전화번호

다음은 한국 생활에 필요한 전화번호예요. 119는 소방서 전화번호예요. 불이 나면 119로 전화해요. 112는 경찰서 전화번호예요. 112에 전화하면 경찰이 와요. 110은 민원 상담 전화예요. 정부 기관에 질문이 있으면 110으로 전화해요. 1345는 외국인종합안내센터예요. 외국어로 안내해요.

1) 119는 언제 전화해요?
2) 외국인종합안내센터는 몇 번이에요?
3) 여러분 고향에서 한국의 119, 112와 같은 전화는 몇 번이에요?

소방서

112 경찰서

유용한 전화번호

1. 이 단원의 문화와 정보가 무엇에 대한 것인지 알려 준다.

🎤 (112를 가리키며) 경찰서에 전화해요. 소방서는 몇 번이에요? 오늘은 '유용한 전화번호'에 대해 알아봅시다.

2. 교재의 그림(사진)을 보면서 주제에 대해 알고 있는 것을 상기시키고 말해 보게 한다. 이때 관련 시각 자료를 추가로 활용할 수 있다.

🎤 119, 112, 110, 1345는 언제 전화해요?

3. 교재를 같이 읽으면서 내용을 설명한다. 이때 중요한 정보가 있는 부분에 밑줄을 긋거나 표시하게 하는 것도 좋다.

4. 질문 1, 2의 답을 찾아보고 답하게 한다.

🎤 119는 언제 전화해요?
외국인종합안내센터는 몇 번이에요?

5. 3번 질문을 이용하여 학습자 자신의 경험을 말해 보도록 한다.

🎤 여러분 고향에서 한국의 119, 112와 같은 전화는 몇 번이에요?

발음

5-P.mp3

1. 다음을 듣고 따라 읽으세요.

1) 십이월 [시비월]
2) 금요일 [그묘일]
3) 먹어요 [머거요]

2. 다음을 듣고 연습해 보세요.

1) 가: 십이월 십육일에 뭐 해요?
   나: 친구를 만나요.
2) 가: 오늘이 무슨 요일이에요?
   나: 금요일이에요.
3) 가: 생일에 뭐 해요?
   나: 같이 밥 먹어요.

• **연음**
  – 받침 뒤에 모음이 올 경우 연음이 되어 발음한다.

• **'ㄴ' 첨가**
  – 합성어나 파생어에서 앞 단어나 접두사가 자음으로 끝나고 뒤에 '이, 야, 여, 요, 유' 모음이 올 경우 'ㄴ' 소리를 첨가하여 [니, 냐, 녀, 뇨, 뉴]로 발음한다.

배운 어휘 확인

☐ 몇 월	☐ 이십	☐ 금요일
☐ 며칠	☐ 삼십	☐ 토요일
☐ 영/공	☐ 오늘	☐ 일요일
☐ 일	☐ 내일	☐ 의사
☐ 이	☐ 어제	☐ 빌딩
☐ 삼	☐ 지난주	☐ (3)층 (17)호
☐ 사	☐ 이번 주	☐ 명함
☐ 오	☐ 다음 주	
☐ 육	☐ 요일	
☐ 칠	☐ 월요일	
☐ 팔	☐ 화요일	
☐ 구	☐ 수요일	
☐ 십	☐ 목요일	

• 이 단원에서 배운 어휘 중 기억나는 것을 말해 보세요.
• 이 단원에서 배운 문법은 뭐예요? 어떻게 사용해요?
• 오늘은 몇 월 며칠이에요?
• 여러분은 언제 무엇을 해요?
• 외국인종합안내센터는 몇 번이에요?

5과 오늘은 5월 5일이에요 **61**

발음 | 10분

1. 교재 1번 발음을 들려주고 어떻게 들리는지 학습자 스스로 확인해 보도록 한다.
2. '십이월', '금요일', '먹어요'에서 받침 뒤에 모음이 올 경우 연음된다는 것을 알려 준다.
3. 교재 1번 발음을 다시 듣고 교사를 따라 말해 본다.
4. 교재 2번 대화를 듣고 따라 말해 본다.
5. 짝과 함께 대화를 읽으며 연습하게 한 후에 확인한다.

마무리 | 10분

1. 단원에서 학습한 어휘 중 기억하는 것을 먼저 말해 보게 한다.
2. 배운 어휘 목록의 어휘들을 읽으면서 의미를 상기시킨다.
3. 단원에서 학습한 문법(몡에, 몡이/가 아니에요)을 상기시키며 의미와 사용법을 기억하는지 확인한다.
4. 단원의 목표와 성취도를 확인한다.
5. 익힘책을 과제로 제시하고 마무리한다.

6

9시부터 6시까지 일해요

수업 목표 및 내용

· **주제:** 하루 일과

· **어휘와 문법**
 – 어휘: 수와 하루 일과를 말할 때 유용한 어휘를 익힌다.
 – 문법: '명부터~명까지', '안 동형'의 의미와 형태를 익혀 사용할 수 있다.

· **활동**
 – 말하기: 하루 일과를 말할 수 있다.
 – 듣기: 주말 일과에 대한 대화를 듣고 이해할 수 있다.
 – 읽기: 하루 일과 소개 글을 읽고 이해할 수 있다.
 – 쓰기: 하루 일과 소개 글을 쓸 수 있다.

· **문화와 정보:** 한국인의 일과 생활

1	2	3	4
주제	어휘와 문법	활동	문화와 정보
하루 일과	수②, 기본 동사② 명부터 ~ 명까지 안 동형	하루 일과 말하기 하루 일과 소개 글 읽고 쓰기	한국인의 일과 생활

수업 전개

도입 / 어휘와 문법 1 **1차시**

·수②
·명부터~명까지

익힘책 pp.40-43

어휘와 문법 2 **2차시**

·기본 동사②
·안 동형

익힘책 pp.40-43

도입

1. 교재 그림을 이용하여 학생들과 이야기하며 이 과의 주제를 노출한다.

   그림❶ 🎤 라흐만 씨가 일어나요. 몇 시예요? 라흐만 씨가 뭐 해요? 라흐만 씨가 밥을 먹어요. 몇 시예요?

   그림❷ 🎤 라흐만 씨가 회사에 가요. 집에 가요. 몇 시예요?

   그림❸ 🎤 라흐만 씨가 텔레비전을 봐요. 잠을 자요. 몇 시예요?

2. 대화 내용을 정리하며 이 단원에서는 '수, 시간, 하루 일과' 등에 대해 공부한다는 것을 알려 준다.

이 단원을 지도할 때는…

하루 일과에 대해 이야기할 때 배우지 않은 표현이나 모국어로 된 표현이 언급될 수 있습니다. 아직 이 주제와 관련된 내용을 충분히 말할 수 있는 수준은 아니므로 학생 수준에 맞는 범위에서 내용을 이끌어 가면 됩니다.

• 라흐만 씨는 하루를 어떻게 보내요? 몇 시에 뭐 해요?
• 여러분의 하루 일과는 어때요?

말하기와 듣기 **3차시**	읽기와 쓰기 **4차시**	문화와 정보 / 발음 / 마무리 **5차시**
·하루 일과 말하기 ·주말 일과 듣기	·하루 일과 소개 글 읽기 ·하루 일과 소개 글 쓰기	·한국인의 일과 생활
익힘책 p.44	익힘책 p.45	

- **0~90:** '하나', '둘', '셋', '넷'…'열'이에요. '열하나', '열둘'…
이에요. '스물', '서른', '마흔', '쉰', '예순', '여든', '아흔'이에요.
발음 여덟[여덜]

- **1시~12시:** 시간은 '하나 시' 아니에요. '한 시', '두 시', '세 시',
'네 시'예요. '다섯 시', '여섯 시'…'아홉 시', '열 시'예요. (단위
명사와 함께 사용될 때는 '하나'가 아닌 '한 명'로 사용되는
것을 알려 준다. 그러나 단위 명사는 아직 학습 전이므로
시간 표현에 집중하여 가르친다.)

- **1분~30분:** (손으로 시계의 분을 가리키며) '하나 분'
아니에요. '한 분' 아니에요. 분은 '일 분', '이 분', '오 분', '십
분', '십오 분', '삼십 분'이에요. '삼십 분'은 '반' 같아요.

- **새벽~밤:** (그림을 가리키며) 24시~6시 '새벽'이에요. 6시~12시
아침, 12~18시는 '낮'이에요. 18~21시는 '저녁', 21시~24시
'밤'이에요. 새벽, 아침은 오전이에요. 낮, 저녁, 밤은
오후예요.

- **몇 시예요?:** 시계예요. 시간을 물을 때 "몇 시예요?"라고
말해요. "여덟 시예요" 대답해요. "두 시 삼십 분이에요", "두
시 반이에요" 같아요.

Q 수②

1	2	3	4	5	6	7
하나 한 명	둘 두 명	셋 세 명	넷 네 명	다섯	여섯	일곱

8	9	10	11	12	20	30
여덟	아홉	열	열하나 열한 명	열둘 열두 명	스물 스무 명	서른

40	50	60	70	80	90
마흔	쉰	예순	일흔	여든	아흔

Q 몇 시예요? 이야기해 보세요.

시		시		분	
1시	한 시	7시	일곱 시	1분	일 분
2시	두 시	8시	여덟 시	2분	이 분
3시	세 시	9시	아홉 시	5분	오 분
4시	네 시	10시	열 시	10분	십 분
5시	다섯 시	11시	열한 시	15분	십오 분
6시	여섯 시	12시	열두 시	30분	삼십 분 (=반)

1)
여덟 시

2)
두 시 삼십 분
(=두 시 반)
몇 시예요?

3)
열 시 십오 분
여덟 시예요.

4)
세 시 오십 분
(= 네 시 십 분 전)

어휘 1 (수②)

1 도입, 제시

1. 단원 도입의 '라흐만의 하루 일과' 상황을 다시 한번 이야기하며 오늘
배우는 어휘는 수와 시간 관련된 표현임을 알려 준다.

   🎤 **라흐만 씨가 뭐 해요? 몇 시예요? 오늘은 수, 시간을 공부해요.**

2. 교사를 따라 어휘를 소리 내어 한 번 읽는다. 이때 발음에 주의하게
한다.

3. 어휘의 의미를 설명한다. 어휘가 사용된 문장을 예로 제시하거나
의미를 풀어서 설명해 준다.

4. 배운 어휘를 소리 내어 읽도록 한다. 이때 다양한 날짜를 가리키는 등
변화를 줄 수 있다.

2 연습

1. 지금이 몇 시인지 질문을 한다.

2. 짝과 함께 시계를 보고 시간을 말해 보도록 한다.

3. 학생들끼리 이야기한 것을 교사가 정리해 주며 같이 이야기한다.

   🎤 **OO 씨, 지금은 몇 시예요?**

4. 수업, 출근, 퇴근 등의 시간을 이야기하는 활동으로 확장할 수 있다.

익힘책 40쪽을 풀게 하거나 과제로 제시한다.

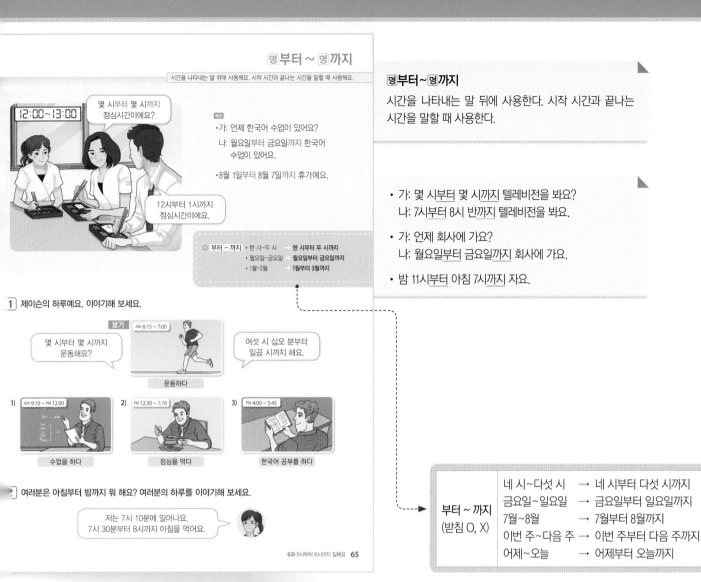

문법 1 (명부터~명까지)

1 도입, 제시

1. 도입 그림과 대화를 통해 문법이 사용되는 상황을 인지시킨다.

   🎤 이링 씨는 점심시간이 언제예요?

2. 교재의 대표 예문을 보면서 문법의 의미를 설명한다.

   🎤 이링 씨 점심시간은 12시~1시예요. 점심시간 시작이 12시예요. 점심시간 끝이 1시예요. 이럴 때 '12시부터 1시까지 점심시간이에요'라고 말해요. 시작 시간 뒤에 '부터' 끝나는 시간 뒤에 '까지'를 말해요.

3. 학생들과 교재의 예문들을 읽으면서 문법의 의미를 설명하고 이해시킨다.

4. 문법의 형태 정보를 제시하고 설명한다.

5. 추가 예문을 제시하고 문법의 의미와 사용법을 정확하게 이해시킨다.

2 연습 1

1. 〈보기〉의 대화를 교사와 함께 완성해 본다.

2. 나머지 문제를 〈보기〉의 대화처럼 짝과 완성하도록 한다.

3. 연습한 것을 발표하게 하거나 교사가 전체 학생 대상으로 답하게 하여 확인한다. 그리고 오류가 있으면 수정해 준다.

3 연습 2

1. 아침부터 밤까지 뭐 하는지 묻고 대답하면서 '부터~까지'를 활용하여 자신의 이야기를 하도록 한다.

2. 친구와 대화한 것을 발표하게 하고 오류가 있으면 수정해 준다.

   익힘책 42쪽을 풀게 하거나 과제로 제시한다. 익힘책은 연습 활동 난이도에 따라 교재 연습 문제 전후로 활용한다.

어휘와 문법 2

- **일어나다:** (그림을 가리키며) 아침이에요. 아나이스 씨가 일어나요.

  발음 일어나다[이러나다]

- **세수하다:** (그림을 가리키며) 아나이스 씨가 화장실에서 얼굴을 씻어요. 세수해요.

- **옷을 입다:** (그림을 가리키며) 아나이스 씨가 옷을 입어요.

  발음 입다[입따]

- **한국어를 배우다:** (그림을 가리키며) 교실이에요. 한국어 수업이에요. 아나이스 씨가 한국어를 배워요.

- **친구를 만나다:** (그림을 가리키며) 아나이스 씨 친구예요. 아나이스 씨가 친구를 만나요.

- **잠을 자다:** (그림을 가리키며) 아나이스 씨가 잠을 자요.

- **출근하다/일하다/퇴근하다:** 안젤라 씨가 회사에 가요. 출근해요. 안젤라 씨가 회사에 있어요. 일해요. 안젤라 씨가 집에 가요. 퇴근해요.

- **하루:** 아나이스 씨가 일어나요, 세수해요, 잠을 자요. 안젤라 씨가 일어나요, 출근해요, 일해요, 퇴근해요. 아침부터 저녁까지 '하루'예요.

Q 아나이스 씨와 안젤라 씨의 하루예요. 두 사람이 뭐 해요?

아나이스 씨의 하루		
일어나다	세수하다	옷을 입다
잠을 자다	친구를 만나다	한국어를 배우다

안젤라 씨의 하루		
출근하다	일하다	퇴근하다

아나이스 씨가 오늘 뭐 해요?

한국어를 배워요.

Q 여러분은 내일 뭐 해요? 이야기해 보세요.

커피숍에서 친구를 만나요. 그리고 이야기해요.

어휘 2 (기본 동사②)

1 도입, 제시

1. 교재의 그림을 보며 오늘 배우는 어휘는 하루 일과 표현임을 알려 준다.

   🎤 아나이스 씨가 오늘 뭐 해요?

2. 교사를 따라 어휘를 소리 내어 한 번 읽는다. 이때 발음에 주의하게 한다.

3. 어휘의 의미를 설명한다. 어휘가 사용된 문장을 예로 제시하거나 의미를 풀어서 설명해 준다. 상황에 따라 유의어나 반의어 등을 추가로 설명할 수 있다.

4. 배운 어휘를 소리 내어 읽도록 한다.

2 연습

1. 내일 뭐 하는지 하루 일과에 대해 질문을 한다.

2. 짝과 함께 하루 일과를 묻고 답해 보도록 한다.

3. 학생들끼리 이야기한 것을 교사가 정리해 주며 같이 이야기한다.

   🎤 OO 씨는 내일 뭐 해요?

   익힘책 41쪽을 풀게 하거나 과제로 제시한다.

안 [동][형]

어떤 행동이나 상태를 부정할 때 사용한다.

- 가: 후엔 씨는 7시에 일어나요?
  나: 7시에 안 일어나요. 6시에 일어나요.
- 가: 오늘 바빠요?
  나: 아니요, 안 바빠요.
- 오늘은 청소를 안 해요.
- 날씨가 안 더워요.

안 (받침 O, X)	읽다	→	안 읽다
	덥다	→	안 덥다
	보다	→	안 보다
	크다	→	안 크다
	청소하다	→	청소 안 하다
	운동하다	→	운동 안 하다

문법 2 (안 [동][형])

1 도입, 제시

1. 도입 그림과 대화를 통해 문법이 사용되는 상황을 인지시킨다.

🎤 이링 씨는 무엇을 배워요? 이링 씨는 영어를 배워요?

2. 교재의 대표 예문을 보면서 문법의 의미를 설명한다.

🎤 이링 씨는 한국어를 배워요. (동작으로 X를 보여 주면서) '영어를 안 배워요'라고 말해요.

3. 학생들과 교재의 예문들을 읽으면서 문법의 의미를 설명하고 이해시킨다.

4. 문법의 형태 정보를 제시하고 설명한다.

5. 추가 예문을 제시하고 문법의 의미와 사용법을 정확하게 이해시킨다.

2 연습 1

1. 〈보기〉의 대화를 교사와 함께 완성해 본다.

2. 나머지 문제를 〈보기〉의 대화처럼 짝과 완성하도록 한다.

3. 연습한 것을 발표하게 하거나 교사가 전체 학생 대상으로 답하게 하여 확인한다. 그리고 오류가 있으면 수정해 준다.

3 연습 2

1. 요즘 무엇을 하고 무엇을 안 하는지 묻고 대답하면서 '안'을 활용하여 자신의 이야기를 하도록 한다.

2. 친구와 대화한 것을 발표하게 하고 오류가 있으면 수정해 준다.

익힘책 43쪽을 풀게 하거나 과제로 제시한다. 익힘책은 연습 활동 난이도에 따라 교재 연습 문제 전후로 활용한다.

말하기와 듣기

(50분)

---

1 2)

동　료: 안젤라 씨, 주말에 일해요?
안젤라: 아니요, 일 안 해요. 주말에 테니스를 배워요.
동　료: 몇 시부터 몇 시까지 배워요?
안젤라: 5시부터 6시까지 배워요.

1-6 EBOOK

6-L.mp3

친　구(여): 잠시드 씨, 이번 일요일에 출근을 해요?
잠시드(남): 아니요, 출근을 안 해요. 하지만 이번
　　　　　 토요일에는 출근을 해요. 일이 많아요.
친　구(여): 그래요? 토요일에 몇 시부터 몇 시까지 일을
　　　　　 해요?
잠시드(남): 아침 9시부터 저녁 6시까지 해요.

---

1 안젤라 씨가 동료와 주말 이야기를 해요. 다음과 같이 이야기해 보세요.

동　료: 안젤라 씨, 주말에 일해요?
안젤라: 아니요, 일 안 해요. 주말에 한국어를 배워요.
동　료: 몇 시부터 몇 시까지 배워요?
안젤라: 10시부터 12시까지 배워요.

1-6 EBOOK

1) 한국어를 배우다　10시~12시　　2) 테니스를 배우다　5시~6시

2 여러분은 주말에 무엇을 해요? 친구와 이야기해 보세요.

　주말에 일해요?

　주말에 한국어를 배워요?

6-L.mp3

잠시드 씨와 친구가 이야기해요. 잘 듣고 답해 보세요.

1) 잠시드 씨는 이번 일요일에 회사에 가요?
　 아니요, 회사에 안 가요.

2) 잠시드 씨는 이번 토요일에 몇 시까지 일을 해요?
　 저녁 6시까지 일을 해요.

단어장
테니스

68　사회통합프로그램(KIIP) 한국어와 한국문화 초급 1

하루 일과 말하기

1 대화문 연습

1. 주말 일과에 대해 이야기하며 교재의 그림을 이용해 어떤 상황인지 추측해 보도록 한다.

🎤 안젤라 씨가 동료와 이야기해요. 안젤라 씨는 주말에 뭐 해요?

2. 지시문을 이용하여 대화 상황을 학생들에게 명확하게 알려 준다.

3. 대화를 들려주고 간단한 질문을 하여 대화 내용을 이해했는지 확인한다.

🎤 안젤라 씨는 주말에 일해요? 몇 시부터 몇 시까지 일해요?

4. 교사와 함께 대화문을 읽으면서 자연스럽게 말하는 연습을 한다. 두 번 정도 반복해서 연습한다.

5. 교체 어휘를 활용하여 짝과 함께 연습하게 한다.

6. 연습이 끝나면 한두 팀을 발표시키거나 교사가 전체 학생을 대상으로 확인한다.

2 확장 연습

1. 주말 일과에 대해 말하기를 한다고 알려 준다.

2. 짝과 같이 주말에 뭐 하는지, 몇 시부터 몇 시까지 하는지 이야기하게 한다. 대화를 할 때는 다음과 같은 내용을 포함하여 말하도록 지시한다.

🎤 여러분 주말에 뭐 해요? 몇 시부터 몇 시까지 해요? 이야기해 보세요.

3. 이야기가 끝나면 한두 팀을 발표시키거나 교사가 전체 학생을 대상으로 확인하고 오류를 수정해 준다.

주말 일과 듣기

1. 지시문을 이용하여 등장인물과 대화 상황을 설명한다.

2. 문제를 읽고 들어야 하는 정보를 파악하게 한다.

🎤 잠시드 씨는 이번 일요일에 회사에 가요? 토요일에 몇 시까지 일해요?

3. 듣기 파일을 두 번 듣고 문제를 풀게 한다.

4. 교재 질문의 답을 확인한 후 해당 대화를 같이 읽으며 내용을 확인한다. 필요한 경우 새로운 어휘, 표현을 설명한다.

1 다음 글을 읽고 질문에 답해 보세요.

안젤라 씨는 아침 6시에 일어나요. 6시부터 7시까지 집 근처 공원에서 운동을 해요. 오전 8시부터 오후 5시까지 사무실에서 일해요. 오후 6시에 마트에서 장을 봐요. 저녁에는 운동을 안 해요. 저녁 8시부터 집에서 한국어 숙제를 해요. 그리고 10시 반에 잠을 자요.

1) 맞으면 ○, 틀리면 X 하세요.

❶ 안젤라 씨는 일곱 시에 일어나요.　　　(X)

❷ 안젤라 씨는 오전 여덟 시부터 일해요.　(○)

2) 안젤라 씨는 몇 시에 마트에 가요?　　6시에 마트에 가요.

3) 안젤라 씨는 몇 시에 자요?　　10시 반에 잠을 자요.

2 여러분은 매일 뭐 해요? 하루 일과를 써 보세요.

저는 _____에 일어나요.

저는 _____시부터 _____시까지 _____.

저는 _____시부터 _____시까지 _____.

저는 _____시부터 _____시까지 _____.

저는 _____시부터 _____시까지 _____.

• **사무실:** 지금 어디에 있어요? 회사 사무실에 있어요. 회사 사무실이 5층에 있어요.

• **장을 보다:** 시장에 가요. 과일, 생선, 채소를 사요. 장을 봐요.

하루 일과 소개 글 읽기

1. 그림을 보며 글의 내용을 유추하게 한다.

🎤 안젤라 씨가 뭐 해요?

2. 글을 훑어 읽게 한 후 주제, 중심 내용 등을 간단히 말해 보도록 한다.

🎤 안젤라 씨는 몇 시에 일어나요? 몇 시부터 몇 시까지 운동을 해요? 몇 시에 장을 봐요? 몇 시에 잠을 자요?

3. 글을 다시 읽으면서 문제를 풀게 한다.

4. 답을 같이 확인한 후, 본문을 다시 읽으며 모르는 어휘가 없는지 확인한다. 필요한 경우 새로운 어휘, 표현을 설명한다.

하루 일과 소개 글 쓰기

1. 어떤 글을 쓸지 알려 주고 글에 들어갈 내용을 생각해 보게 한다.

🎤 여러분은 매일 뭐 해요? 하루 일과를 써 보세요.

2. 교재 질문에 대해 자신이 쓸 내용을 간단히 메모하도록 한다. 교사는 학생들이 쓴 메모에 오류가 없는지 확인해 준다.

메모 여러분은 몇 시에 일어나요? 뭐 해요? 몇 시부터 몇 시까지 해요?

3. 메모한 내용을 바탕으로 글을 완성하게 한다.

문화와 정보

 참고

한국인의 일과 생활

- **주 5일 근무제**
  : 1주일에 월요일부터 금요일까지 일하고 토요일, 일요일은 쉬는 제도

- **주 52시간 근무제**
  : 주당 법정 근로 시간을 52시간으로 정한 근로 제도

한국인의 일과 생활

한국인은 일을 얼마나 많이 할까요? 한국 사람들은 보통 월요일부터 금요일까지 일을 해요. 보통 하루에 8시간 일을 해요. 일이 많으면 밤까지 일을 해요. 그리고 주말에도 일을 해요. 그렇지만 일주일에 52시간 이상 일하면 안 돼요. 학생들은 9시까지 학교에 가요. 초등학생은 2시쯤, 고등학생은 5시쯤 집에 가요.

1) 한국 사람들은 하루에 몇 시간 일해요?
2) 한국 학생은 몇 시부터 몇 시까지 학교에서 공부해요?
3) 여러분 고향에서는 보통 몇 시부터 몇 시까지 일해요? 학생들은 몇 시에 학교에 가요?

한국인의 일과 생활

1. 이 단원의 문화와 정보가 무엇에 대한 것인지 알려 준다.

   🎤 이 사람은 몇 시에 출근해요? 몇 시에 퇴근해요?
   오늘은 '한국인의 일과 생활'에 대해 알아봅시다.

2. 교재의 그림(사진)을 보면서 주제에 대해 알고 있는 것을 상기시키고 말해 보게 한다. 이때 관련 시각 자료를 추가로 활용할 수 있다.

   🎤 한국 사람은 보통 몇 시부터 몇 시까지 일해요?
   한국 학생들은 보통 몇 시까지 공부해요?

3. 교재를 같이 읽으면서 내용을 설명한다. 이때 중요한 정보가 있는 부분에 밑줄을 긋거나 표시하게 하는 것도 좋다.

4. 질문 1, 2의 답을 찾아보고 답하게 한다.

   🎤 한국 사람들은 보통 몇 시에 출근해요?
   한국 학생은 보통 몇 시부터 몇 시까지 학교에서 공부해요?

5. 3번 질문을 이용하여 학습자 자신의 경험을 말해 보도록 한다.

   🎤 여러분 고향에서는 보통 몇 시부터 몇 시까지 일해요?
   학생들은 몇 시에 학교에 가요?

발음

6-Pmp3

1. 다음을 듣고 따라 읽으세요.

1) 주말에[주마레]
2) 몇 시부터[멷 씨부터]
3) 저녁에[저녀게]

2. 다음을 듣고 연습해 보세요.

1) 가: 주말에 출근해요?
   나: 아니요, 주말에 출근 안 해요.
2) 가: 한국어 수업은 몇 시부터 몇 시까지예요?
   나: 9시부터 1시까지예요.
3) 가: 저녁에 운동해요?
   나: 아니요, 저녁에 운동 안 해요.

배운 어휘 확인

□ 영/공	□ 서른	□ 시
□ 하나	□ 마흔	□ 분
□ 둘	□ 쉰	□ 반
□ 셋	□ 예순	□ 일어나다
□ 넷	□ 일흔	□ 세수하다
□ 다섯	□ 여든	□ 옷을 입다
□ 여섯	□ 아흔	□ 잠을 자다
□ 일곱	□ 오전	□ 친구를 만나다
□ 여덟	□ 오후	□ 한국어를 배우다
□ 아홉	□ 새벽	□ 출근하다
□ 열	□ 아침	□ 일하다
□ 열하나	□ 낮	□ 퇴근하다
□ 열둘	□ 저녁	□ 테니스
□ 스물	□ 밤	

6과 9시부터 6시까지 일해요 **71**

• **연음**
  – 받침 뒤에 모음이 올 경우 연음이 되어 발음한다.

6-P.mp3

• **경음화**
  – 받침 'ㄱ, ㄷ, ㅂ' 뒤에 연결되는 'ㄱ, ㄷ, ㅂ, ㅅ, ㅈ'은 [ㄲ, ㄸ, ㅃ, ㅆ, ㅉ]로 발음한다.

- 이 단원에서 배운 어휘 중 기억나는 것을 말해 보세요.
- 이 단원에서 배운 문법은 뭐예요? 어떻게 사용해요?
- 여러분은 몇 시에 무엇을 해요?
- 언제 한국어 수업이 있어요?
- 한국 사람들은 보통 하루에 몇 시간 일해요?

발음 (10분)

1. 교재 1번 발음을 들려주고 어떻게 들리는지 학습자 스스로 확인해 보도록 한다.
2. '주말에', '저녁에'에서 받침 뒤에 모음이 올 경우 연음된다는 것을 알려 준다. 또한 '몇 시부터'에서 '몇'의 받침은 [멷]으로 발음되며, 'ㄱ, ㄷ, ㅂ'로 소리 나는 받침 뒤에 연결되는 'ㄱ, ㄷ, ㅂ, ㅅ, ㅈ'은 [ㄲ, ㄸ, ㅃ, ㅆ, ㅉ]로 발음된다는 것을 알려 준다.
3. 교재 1번 발음을 다시 듣고 교사를 따라 말해 본다.
4. 교재 2번 대화를 듣고 따라 말해 본다.
5. 짝과 함께 대화를 읽으며 연습하게 한 후에 확인한다.

마무리 (10분)

1. 단원에서 학습한 어휘 중 기억하는 것을 먼저 말해 보게 한다.
2. 배운 어휘 목록의 어휘들을 읽으면서 의미를 상기시킨다.
3. 단원에서 학습한 문법(몜부터~몜까지, 안 통형)을 상기시키며 의미와 사용법을 기억하는지 확인한다.
4. 단원의 목표와 성취도를 확인한다.
5. 익힘책을 과제로 제시하고 마무리한다.

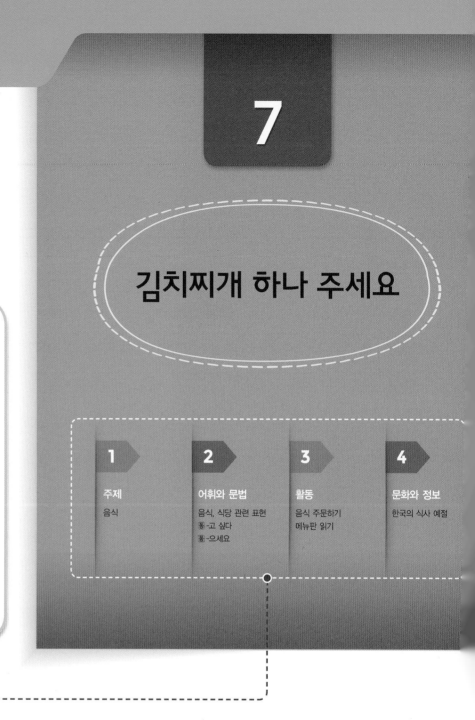

7

김치찌개 하나 주세요

수업 목표 및 내용

• **주제:** 음식

• **어휘와 문법**
  – 어휘: 음식과 식당에서 주문할 때 유용한 어휘를 익힌다.
  – 문법: '통-고 싶다', '통-으세요'의 의미와 형태를 익혀 사용할 수 있다.

• **활동**
  – 말하기: 음식을 주문할 수 있다.
  – 듣기: 식당에서 음식 주문하는 대화를 듣고 이해할 수 있다.
  – 읽기: 메뉴판을 읽고 이해할 수 있다.
  – 쓰기: 좋아하는 음식에 대한 글을 쓸 수 있다.

• **문화와 정보:** 한국의 식사 예절

1	2	3	4
주제	어휘와 문법	활동	문화와 정보
음식	음식, 식당 관련 표현 통-고 싶다 통-으세요	음식 주문하기 메뉴판 읽기	한국의 식사 예절

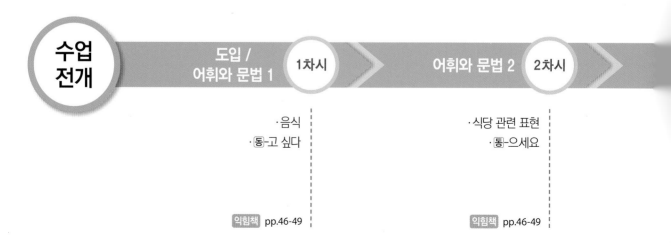

수업 전개

도입 / 어휘와 문법 1	1차시	어휘와 문법 2	2차시
·음식 ·통-고 싶다		·식당 관련 표현 ·통-으세요	
익힘책 pp.46-49		익힘책 pp.46-49	

①

②

③

· 여기는 어디예요?
· 여러분은 어느 식당에 자주 가요?

도입

1. 교재 그림을 이용하여 학생들과 이야기하며 이 과의 주제를 노출한다.

그림❶ 🎤 여기는 어디예요? 무슨 식당이에요?

그림❷ 🎤 후엔 씨 가족이 피자를 먹어요. 무슨 식당이에요?

그림❸ 🎤 여기는 무슨 식당이에요? 여러분은 어느 식당에 자주 가요?

2. 대화 내용을 정리하며 이 단원에서는 '음식 이름, 식당에서 주문하기' 등에 대해 공부한다는 것을 알려 준다.

이 단원을 지도할 때는…

음식에 대해 이야기할 때 배우지 않은 표현이나 모국어로 된 표현이 언급될 수 있습니다. 아직 이 주제와 관련된 내용을 충분히 말할 수 있는 수준은 아니므로 학생 수준에 맞는 범위에서 내용을 이끌어 가면 됩니다.

말하기와 듣기 3차시	읽기와 쓰기 4차시	문화와 정보 / 발음 / 마무리 5차시
·음식 주문하기 ·음식 주문하는 대화 듣기	·메뉴판 읽기 ·좋아하는 음식 쓰기	·한국의 식사 예절
익힘책 p.50	익힘책 p.51	

- **한식집:** 삼계탕이에요. 여기에 삼겹살, 불고기, 김치찌개, 비빔밥, 된장찌개가 있어요. 한국 음식을 팔아요. 한식집이에요.

  발음 한식집[한식찝], 삼겹살[삼겹쌀], 비빔밥[비빔빱]

- **일식집:** 생선회, 우동, 초밥, 돈가스가 있어요. 일본 음식을 팔아요. 일식집이에요.

- **중식집:** 이 식당에 짜장면, 짬뽕, 만두, 탕수육이 있어요. 중국 음식을 팔아요. 중식집이에요.

- **이탈리아 식당:** 이탈리아 음식을 팔아요. 이탈리아 식당이에요. 햄버거와 샐러드도 팔아요

  발음 식당[식땅]

- **분식집:** 김밥, 순대, 라면, 떡볶이는 분식이에요. 분식을 팔아요. 분식집이에요.

  발음 김밥[김빱], 떡볶이[떡뽀끼]

🔍 무슨 음식이 있어요?

🔍 여러분은 무슨 음식을 좋아해요? 무슨 음식을 안 좋아해요? 친구와 이야기해 보세요.

질문		나	친구 1	친구 2
무슨 음식을 좋아해요?				
무슨 음식을 안 좋아해요?				

어휘 1 (음식)

1 도입, 제시

1. 단원 도입의 식당과 음식을 이야기하며 오늘 배우는 어휘는 음식 관련 표현임을 알려 준다.

   🎤 라흐만 씨가 무엇을 먹어요? 어느 나라 음식이에요?
   오늘은 음식과 식당을 공부해요.

2. 교사를 따라 어휘를 소리 내어 한 번 읽는다. 이때 발음에 주의하게 한다.

3. 어휘의 의미를 설명한다. 어휘가 사용된 문장을 예로 제시하거나 의미를 풀어서 설명해 준다.

4. 배운 어휘를 소리 내어 읽도록 한다. 이때 다양한 음식을 가리키는 등 변화를 줄 수 있다.

2 연습

1. 무슨 음식을 좋아하는지 질문을 한다.

2. 짝과 함께 좋아하는 음식을 말해 보도록 한다.

3. 학생들끼리 이야기한 것을 교사가 정리해 주며 같이 이야기한다.

   🎤 OO 씨, 무슨 음식을 좋아해요?

4. 좋아하지 않는 음식을 이야기하는 활동으로 확장할 수 있다.

   익힘책 46쪽을 풀게 하거나 과제로 제시한다

동-고 싶다

어떤 행동을 하기 원함을 나타낼 때 사용해요.

라민 씨, 뭐 먹고 싶어요?

저는 냉면을 먹고 싶어요.

예문
· 가: 오늘 뭐 하고 싶어요?
  나: 쇼핑을 하고 싶어요.
· 저는 가족을 만나고 싶어요.

-고 싶다	
· 먹다	→ 먹고 싶다
· 입다	→ 입고 싶다
· 가다	→ 가고 싶다
· 만나다	→ 만나고 싶다

Tip 그 사람은/그 친구는 + '-고 싶어 하다'

1 뭐 하고 싶어요? 이야기해 보세요.

보기

제이슨 씨, 무엇을 하고 싶어요?

저는 바다에 가고 싶어요.

제이슨, 바다에 가다

1) 이링, 쉬다
2) 후엔, 고향 음식을 먹다
3) 박민수, 집에 일찍 가다

2 여러분은 지금 뭐 하고 싶어요? 친구하고 이야기해 보세요.

지금 뭐 하고 싶어요?

저는 집에 가고 싶어요.

저는 고향 음식을 먹고 싶어요.

7과 김치찌개 하나 주세요 75

동-고 싶다

어떤 행동을 하기 원함을 나타낼 때 사용한다.

· 가: 오늘 무엇을 하고 싶어요?
  나: 영화를 보고 싶어요.

· 가: 점심에 무엇을 먹고 싶어요?
  나: 떡볶이를 먹고 싶어요.

· 저는 방학에 고향 친구들을 만나고 싶어요.

-고 싶다 (받침 O, X)	읽다 → 읽고 싶다
	만나다 → 만나고 싶다
	공부하다 → 공부하고 싶다
	여행하다 → 여행하고 싶다

Tip 그 사람은/그 친구는 + '-고 싶어 하다'
다른 사람이 주어일 경우, '-고 싶어 하다'의 형태로 사용된다.

문법 1 (동-고 싶어요)

1 도입, 제시

1. 도입 그림과 대화를 통해 문법이 사용되는 상황을 인지시킨다.

🎤 아나이스 씨와 이링 씨는 어디에 있어요? 이 음식은 뭐예요?

2. 교재의 대표 예문을 보면서 문법의 의미를 설명한다.

🎤 아나이스 씨와 이링 씨가 식당에 있어요. 점심을 먹어요. 라민 씨는 지금 냉면이 좋아요. 이럴 때 '냉면을 먹고 싶어요'라고 말해요.

3. 학생들과 교재의 예문들을 읽으면서 문법의 의미를 설명하고 이해시킨다.

4. 문법의 형태 정보를 제시하고 설명한다.

5. 추가 예문을 제시하고 문법의 의미와 사용법을 정확하게 이해시킨다.

2 연습 1

1. 〈보기〉의 대화를 교사와 함께 완성해 본다.

2. 나머지 문제를 〈보기〉의 대화처럼 짝과 완성하도록 한다.

3. 연습한 것을 발표하게 하거나 교사가 전체 학생 대상으로 답하게 하여 확인한다. 그리고 오류가 있으면 수정해 준다.

3 연습 2

1. 뭐 하고 싶은지 묻고 대답하면서 '-고 싶어요'를 활용하여 자신의 이야기를 하도록 한다.

2. 친구와 대화한 것을 발표하게 하고 오류가 있으면 수정해 준다.

익힘책 48쪽을 풀게 하거나 과제로 제시한다. 익힘책은 연습 활동 난이도에 따라 교재 연습 문제 전후로 활용한다.

- **기다리다**: 식당에 손님이 많아요. 자리가 없어요. 기다려요.

- **메뉴**: 무슨 음식이 있어요? 봐요. 메뉴를 봐요.

- **주문하다**: 불고기를 먹고 싶어요. 불고기를 주문해요.

- **반찬/숟가락/젓가락/그릇**: (그림을 보며) 반찬, 숟가락, 젓가락, 그릇이에요.
  [발음] 숟가락[숟까락], 젓가락[저까락/젇까락]

- **이름을 쓰세요**: 식당에 손님이 많아요. 후엔 씨가 이름을 써요. 기다려요.
  [발음] 이름을[이르믈]

- **반찬 좀 더 주세요**: 반찬이 맛있어요. 더 먹고 싶어요. "반찬 좀 더 주세요."라고 말해요.

- **불고기 3인분 주세요**: 불고기를 먹고 싶어요. 3명이 먹어요. 직원에게 "불고기 3인분 주세요."라고 말해요.

🔍 식당에 뭐가 있어요? 사람들이 뭐 해요?

이름을 쓰세요.

기다리다

반찬 좀 더 주세요.

주문하다
메뉴

불고기 3인분 주세요.

반찬
숟가락
젓가락
그릇

물 좀 주세요.

76 사회통합프로그램(KIIP) 한국어와 한국문화 초급 1

어휘 2 (식당 관련 표현)

1 도입, 제시

1. 교재의 그림을 보며 오늘 배우는 어휘는 식당 관련 표현임을 알려 준다.

   🎤 여기가 어디예요? 이 사람들은 뭐 해요?

2. 교사를 따라 어휘를 소리 내어 한 번 읽는다. 이때 발음에 주의하게 한다.

3. 어휘의 의미를 설명한다. 어휘가 사용된 문장을 예로 제시하거나 의미를 풀어서 설명해 준다. 상황에 따라 유의어나 반의어 등을 추가로 설명할 수 있다.

4. 배운 어휘를 소리 내어 읽도록 한다.

2 연습

1. 무슨 식당에 가 봤는지, 한국에서 음식을 주문해 봤는지에 대해 질문을 한다.

2. 짝과 함께 직원과 손님이 되어 묻고 답해 보도록 한다.

3. 학생들끼리 이야기한 것을 교사가 정리해 주며 같이 이야기한다.

   🎤 OO 씨는 무슨 음식을 주문해요?

   [익힘책] 47쪽을 풀게 하거나 과제로 제시한다.

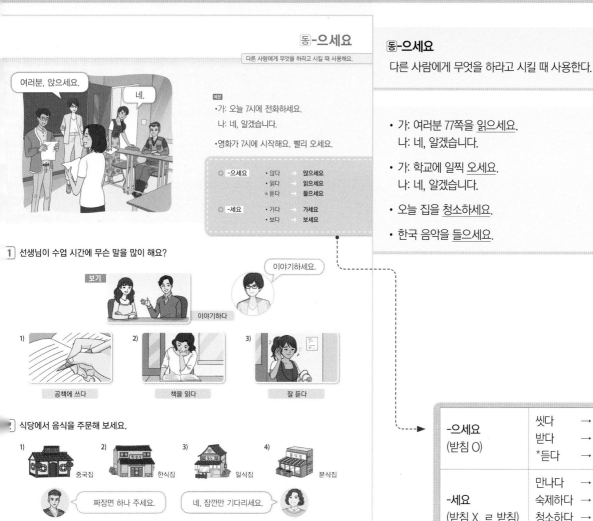

동 -으세요

다른 사람에게 무엇을 하라고 시킬 때 사용한다.

- 가: 여러분 77쪽을 <u>읽으세요</u>.
  나: 네, 알겠습니다.
- 가: 학교에 일찍 <u>오세요</u>.
  나: 네, 알겠습니다.
- 오늘 집을 <u>청소하세요</u>.
- 한국 음악을 <u>들으세요</u>.

-으세요 (받침 O)	씻다 → 씻으세요 받다 → 받으세요 *듣다 → 들으세요
-세요 (받침 X, ㄹ 받침)	만나다 → 만나세요 숙제하다 → 숙제하세요 청소하다 → 청소하세요 *만들다 → 만드세요

문법 2 (동 -으세요)

1 도입, 제시

1. 도입 그림과 대화를 통해 문법이 사용되는 상황을 인지시킨다.

🎤 어디예요? 후엔 씨는 지금 뭐 해요?

2. 교재의 대표 예문을 보면서 문법의 의미를 설명한다.

🎤 교실에 학생들이 모두 서 있어요. 선생님은 수업을 시작하고 싶어요. 학생들에게 '앉아요' 말하고 싶어요. 이럴 때 '-으세요'를 사용해서 "앉으세요"라고 말해요.

3. 학생들과 교재의 예문들을 읽으면서 문법의 의미를 설명하고 이해시킨다.

4. 문법의 형태 정보를 제시하고 설명한다.

5. 추가 예문을 제시하고 문법의 의미와 사용법을 정확하게 이해시킨다.

2 연습 1

1. 〈보기〉의 대화를 교사와 함께 완성해 본다.

2. 나머지 문제를 〈보기〉의 대화처럼 짝과 완성하도록 한다.

3. 연습한 것을 발표하게 하거나 교사가 전체 학생 대상으로 답하게 하여 확인한다. 그리고 오류가 있으면 수정해 준다.

3 연습 2

1. 식당에서 먹고 싶은 음식을 '-으세요'를 활용하여 주문하도록 한다.

2. 친구와 대화한 것을 발표하게 하고 오류가 있으면 수정해 준다.

익힘책 49쪽을 풀게 하거나 과제로 제시한다. 익힘책은 연습 활동 난이도에 따라 교재 연습 문제 전후로 활용한다.

말하기와 듣기

1 2)
잠시드: 저는 삼계탕을 먹고 싶어요. 라흐만 씨는요?
라흐만: 저는 비빔밥을 먹고 싶어요.
잠시드: 여기요, 삼계탕 하나, 비빔밥 하나 주세요.

7-L.mp3

드미트리(남): 여기요, 메뉴판 좀 주세요.
직   원(여): 메뉴판 여기 있습니다, 손님.
드미트리(남): 안젤라 씨, 뭐 먹고 싶어요?
안 젤 라(여): 글쎄요. 뭐가 맛있어요? 된장찌개는 매워요?
드미트리(남): 네. 조금 매워요.
안 젤 라(여): 그럼 저는 불고기 먹고 싶어요.
드미트리(남): 여기요, 비빔밥 하나하고 불고기 하나 주세요.

---

1 잠시드 씨와 라흐만 씨가 식당에서 주문해요. 다음과 같이 이야기해 보세요.

 1-7 EBOOK

잠시드: 저는 된장찌개를 먹고 싶어요. 라흐만 씨는요?
라흐만: 저는 김치찌개를 먹고 싶어요.
잠시드: 여기요, 김치찌개 하나, 된장찌개 하나 주세요.

1) 된장찌개 | 김치찌개   2) 삼계탕 | 비빔밥

2 여러분은 식당에서 뭘 먹고 싶어요? 친구와 이야기해 보세요.

 뭘 먹고 싶어요?   글쎄요, 저는 ~

 7-L.mp3

 두 사람이 식당에서 음식을 주문해요. 잘 듣고 답해 보세요.

1) 두 사람은 어느 식당에 있어요?
  ✓ 한식집   □ 중국집   □ 분식집   □ 일식집
2) 안젤라 씨는 된장찌개를 먹고 싶어 해요? **아니요, 불고기를 먹고 싶어 해요.**
3) 두 사람은 무엇을 주문해요? **비빔밥 하나하고 불고기 하나를 주문해요.**

음식 주문하기

1 대화문 연습

1. 음식에 대해 이야기하며 교재의 그림을 이용해 어떤 상황인지 추측해 보도록 한다.
   🎤 잠시드 씨와 라흐만 씨는 어디에 있어요? 여기는 무슨 식당이에요?

2. 지시문을 이용하여 대화 상황을 학생들에게 명확하게 알려 준다.

3. 대화를 들려주고 간단한 질문을 하여 대화 내용을 이해했는지 확인한다.
   🎤 라흐만 씨는 무슨 음식을 주문해요? 두 사람은 무슨 음식을 주문해요?

4. 교사와 함께 대화문을 읽으면서 자연스럽게 말하는 연습을 한다. 두 번 정도 반복해서 연습한다.

5. 교체 어휘를 활용하여 짝과 함께 연습하게 한다.

6. 연습이 끝나면 한두 팀을 발표시키거나 교사가 전체 학생을 대상으로 확인한다.

2 확장 연습

1. 음식 주문에 대해 말하기를 한다고 알려 준다.

2. 짝과 같이 식당에서 무슨 음식을 주문하고 싶은지 이야기하게 한다. 대화를 할 때는 다음과 같은 내용을 포함하여 말하도록 지시한다.
   🎤 여러분은 무슨 음식을 좋아해요? 무슨 음식을 먹고 싶어요? 이야기해 보세요.

3. 이야기가 끝나면 한두 팀을 발표시키거나 교사가 전체 학생을 대상으로 확인하고 오류를 수정해 준다.

식당에서 음식 주문하는 대화 듣기

1. 지시문을 이용하여 등장인물과 대화 상황을 설명한다.

2. 문제를 읽고 들어야 하는 정보를 파악하게 한다.
   🎤 두 사람은 어느 식당에 있어요? 무슨 음식을 먹고 싶어요? 뭐 주문해요?

3. 듣기 파일을 두 번 듣고 문제를 풀게 한다.

4. 교재 질문의 답을 확인한 후 해당 대화를 같이 읽으며 내용을 확인한다. 필요한 경우 새로운 어휘, 표현을 설명한다.

1 다음은 식당의 메뉴판이에요. 잘 읽고 질문에 답해 보세요.

김밥마을

김밥	2,000원
치즈김밥	2,500원
라면	3,000원
순대	3,500원
떡볶이	3,000원
어묵	3,000원

복성루

짜장면	5,000원
쟁반 짜장면	8,000원
짬뽕	6,000원
볶음밥	6,500원
탕수육	12,000원
만두	5,500원

피자리아

콤비네이션 피자	16,000원
샐러드	9,500원
해물 스파게티	13,000원
크림 스파게티	13,000원
콜라	2,500원

SPECIAL MENU

런치 세트	19,000원

- **김밥마을, 복성루, 피자리아:** 식당 이름이에요.
- **런치 세트:** 점심에 여러 가지 음식을 같이 팔아요.

1) 김밥마을에 뭐가 있어요?

　김밥, 치즈 김밥, 라면, 순대, 떡볶이, 어묵이 있어요.

2) 탕수육을 먹고 싶어요. 어느 식당에 가요?

　복성루에 가요.

3) 여러분은 뭐 먹고 싶어요? 주문해 보세요.

2 여러분은 어느 식당에 가고 싶어요? 뭐 먹고 싶어요? 써 보세요.

저는 ＿＿＿＿＿＿＿ 을/를 좋아해요. 그리고 ＿＿＿＿＿＿＿ 을/를 좋아해요.

오늘 ＿＿＿＿＿＿＿ 고 싶어요. 그리고 ＿＿＿＿＿＿＿ 고 싶어요.

메뉴판 읽기

1. 그림을 보며 글의 내용을 유추하게 한다.

🎤 이것은 뭐예요?

2. 글을 훑어 읽게 한 후 주제, 중심 내용 등을 간단히 말해 보도록 한다.

🎤 김밥마을에는 무슨 음식이 있어요? 여러분은 무슨 음식을 먹고 싶어요?

3. 글을 다시 읽으면서 문제를 풀게 한다.

4. 답을 같이 확인한 후, 본문을 다시 읽으며 모르는 어휘가 없는지 확인한다. 필요한 경우 새로운 어휘, 표현을 설명한다.

먹고 싶은 음식 쓰기

1. 어떤 글을 쓸지 알려 주고 글에 들어갈 내용을 생각해 보게 한다.

🎤 여러분은 어느 식당에 가고 싶어요? 뭐 먹고 싶어요?

2. 교재 질문에 대해 자신이 쓸 내용을 간단히 메모하도록 한다. 교사는 학생들이 쓴 메모에 오류가 없는지 확인해 준다.

메모 무슨 음식을 좋아해요? 오늘은 뭐 먹고 싶어요?

3. 메모한 내용을 바탕으로 글을 완성하게 한다.

문화와 정보

 참고

한국의 식사 예절

- **식사 도구 사용 예절**
  : 숟가락과 젓가락을 같이 들고 먹지 않습니다.

- **식사 자리 예절**
  : 출입문에서 떨어진 안쪽에 어른이나 직장 상사가 앉습니다.

한국의 식사 예절

한국의 식사 예절을 알아볼까요? 한국에서는 밥그릇, 국그릇을 들지 않아요. 그릇을 식탁 위에 놓고 음식을 먹어요. 그리고 숟가락과 젓가락으로 음식을 먹어요. 어른이 먼저 수저를 들어요. 그 후에 나이가 적은 사람, 아이들이 식사를 시작해요. 어른, 직장 상사와 술을 마실 때 고개를 돌리고 술을 마셔요.

1) 무엇으로 음식을 먹어요?
2) 어른, 직장 상사와 술을 마실 때 어떻게 해요?
3) 한국의 식사 예절은 여러분 고향의 식사 예절과 무엇이 달라요?

어른 먼저!

80 사회통합프로그램(KIIP) 한국어와 한국문화 초급 1

한국의 식사 예절

1. 이 단원의 문화와 정보가 무엇에 대한 것인지 알려 준다.

🎤 아이와 아빠가 같이 밥을 먹어요. 누가 먼저 먹어요?
오늘은 '한국의 식사 예절'에 대해 알아봅시다.

2. 교재의 그림(사진)을 보면서 주제에 대해 알고 있는 것을 상기시키고 말해 보게 한다. 이때 관련 시각 자료를 추가로 활용할 수 있다.

🎤 식탁에 무엇이 있어요? 밥을 먹어요. 밥그릇을 들지 않아요.
식탁 위에 놓고 음식을 먹어요.

3. 교재를 같이 읽으면서 내용을 설명한다. 이때 중요한 정보가 있는 부분에 밑줄을 긋거나 표시하게 하는 것도 좋다.

4. 질문 1, 2의 답을 찾아보고 답하게 한다.

🎤 무엇으로 음식을 먹어요?
어른, 직장 상사와 술을 마실 때 어떻게 해요?

5. 3번 질문을 이용하여 학습자 자신의 경험을 말해 보도록 한다.

🎤 한국의 식사 예절은 여러분 고향의 식사 예절과 무엇이 달라요?

한국에서는 밥그릇, 국그릇을 들지 않아요.

발음

7-P.mp3

1. 다음을 듣고 따라 읽으세요.
1) 앉으세요[안즈세요]
2) 읽으세요[일그세요]
3) 먹고 싶어요[먹꼬 시퍼요]

2. 다음을 듣고 연습해 보세요.
1) 가: 이쪽으로 앉으세요.
   나: 감사합니다.
2) 가: 여러분, 책을 읽으세요.
   나: 네, 알겠습니다.
3) 가: 뭘 먹고 싶어요?
   나: 저는 김밥을 먹고 싶어요.

배운 어휘 확인

□ 분식집	□ 생선회	□ 샐러드
□ 김밥	□ 초밥	□ 기다리다
□ 떡볶이	□ 우동	□ 반찬
□ 순대	□ 돈가스	□ 숟가락
□ 라면	□ 중국집	□ 젓가락
□ 한식집	□ 짜장면	□ 그릇
□ 삼계탕	□ 짬뽕	□ 주문하다
□ 불고기	□ 만두	□ 메뉴
□ 삼겹살	□ 탕수육	□ 이름을 쓰세요
□ 김치찌개	□ 이탈리아 식당	□ 반찬 좀 더 주세요
□ 비빔밥	□ 피자	□ 불고기 3인분 주세요
□ 된장찌개	□ 햄버거	□ 불 좀 주세요
□ 일식집	□ 스파게티	

• 연음
– 받침 뒤에 모음이 올 경우 연음이 되어 발음한다.

7-P.mp3

• 경음화
– 받침 'ㄱ, ㄷ, ㅂ' 뒤에 연결되는 'ㄱ, ㄷ, ㅂ, ㅅ, ㅈ'은 [ㄲ, ㄸ, ㅃ, ㅆ, ㅉ]로 발음한다.

• 이 단원에서 배운 어휘 중 기억나는 것을 말해 보세요.
• 이 단원에서 배운 문법은 뭐예요? 어떻게 사용해요?
• 여러분은 무슨 음식을 좋아해요?
• 식당에서 어떻게 주문해요?
• 한국에서는 무엇으로 음식을 먹어요?

발음   **10분**

1. 교재 1번 발음을 들려주고 어떻게 들리는지 학습자 스스로 확인해 보도록 한다.

2. '앉으세요'에서 받침 뒤에 모음이 올 경우 연음된다는 것을 알려 준다. 또한 '먹고'처럼 'ㄱ, ㄷ, ㅂ'로 소리 나는 받침 뒤에 연결되는 'ㄱ, ㄷ, ㅂ, ㅅ, ㅈ'은 [ㄲ, ㄸ, ㅃ, ㅆ, ㅉ]로 발음된다는 것을 알려 준다.

3. 교재 1번 발음을 다시 듣고 교사를 따라 말해 본다.

4. 교재 2번 대화를 듣고 따라 말해 본다.

5. 짝과 함께 대화를 읽으며 연습하게 한 후에 확인한다.

마무리   **10분**

1. 단원에서 학습한 어휘 중 기억하는 것을 먼저 말해 보게 한다.

2. 배운 어휘 목록의 어휘들을 읽으면서 의미를 상기시킨다.

3. 단원에서 학습한 문법(동-고 싶다, 동-으세요)을 상기시키며 의미와 사용법을 기억하는지 확인한다.

4. 단원의 목표와 성취도를 확인한다.

5. 익힘책을 과제로 제시하고 마무리한다.

8과
칫솔하고 치약을 삽니다

8

칫솔하고 치약을 삽니다

수업 목표 및 내용

- **주제:** 쇼핑

- **어휘와 문법**
  - 어휘: 쇼핑할 때 유용한 어휘를 익힌다.
  - 문법: '명하고 명', '동형-습니다, -습니까?'의 의미와 형태를 익혀 사용할 수 있다.

- **활동**
  - 말하기: 물건을 살 때 사용하는 표현을 말할 수 있다.
  - 듣기: 물건 가격에 대한 대화를 듣고 이해할 수 있다.
  - 읽기: 쇼핑 전단지를 읽고 이해할 수 있다.
  - 쓰기: 쇼핑에 대한 글을 쓸 수 있다.

- **문화와 정보:** 한국의 화폐

1	**2**	**3**	**4**
주제	어휘와 문법	활동	문화와 정보
쇼핑	단위, 가격 명하고 명 동형-습니다, -습니까?	물건 사기 쇼핑 전단지 읽기	한국의 화폐

수업 전개

도입 / 어휘와 문법 1	1차시	어휘와 문법 2	2차시
·단위 ·명하고 명		·가격 ·동형-습니다, -습니까?	
익힘책 pp.52-55		익힘책 pp.52-55	

❶

❷

❸

• 여기가 어디예요?
• 무엇이 있어요?

도입

1. 교재 그림을 이용하여 학생들과 이야기하며 이 과의 주제를 노출한다.

   그림❶ 🎤 여기는 어디예요? 무엇이 있어요?

   그림❷ 🎤 여러분은 여기에서 뭐 해요?

   그림❸ 🎤 여기에 무엇이 있어요?
   여러분은 언제 여기에 가요?

2. 대화 내용을 정리하며 이 단원에서는 '단위 관련 표현, 가격' 등에 대해 공부한다는 것을 알려 준다.

이 단원을 지도할 때는…

쇼핑에 대해 이야기할 때 배우지 않은 표현이나 모국어로 된 표현이 언급될 수 있습니다. 아직 이 주제와 관련된 내용을 충분히 말할 수 있는 수준은 아니므로 학생 수준에 맞는 범위에서 내용을 이끌어 가면 됩니다.

말하기와 듣기 3차시	읽기와 쓰기 4차시	문화와 정보 / 발음 / 마무리 5차시
·물건 사기 ·물건 가격 듣기	·쇼핑 전단지 읽기 ·쇼핑에 대한 글 쓰기	·한국의 화폐
익힘책 p.56	익힘책 p.57	

어휘와 문법 1

- **명, 마리:** 직원과 손님이 있어요. 직원은 한 명 있어요. 손님은 세 명 있어요. (강아지 그림을 가리키며) 강아지가 있어요. 강아지가 한 마리 있어요.

- **개, 조각:** 바나나가 있어요. 바나나가 세 개 있어요. 빵이 한 개 있어요. 케이크는 한 조각 있어요.

- **잔, 병:** 커피가 있어요. 커피가 한 잔 있어요. 주스가 있어요. 주스가 세 병 있어요.

- **대, 장, 권:** 노트북이 한 대 있어요. 표가 두 장 있어요. 책이 다섯 권 있어요.

- **몇:** 얼마나 많이 있어요? 이야기해요. 사람이 몇 명 있어요? 주스가 몇 병 있어요?

  발음 몇 병[면 뼝], 다섯 명[다선 명]

🔍 사람과 물건의 수를 세는 말을 알아보세요.

🔍 무엇이 얼마나 많이 있어요? 이야기해 보세요.

| 사람 | 물 | 커피 | 케이크 | 강아지 | 잡지 | 사진 | 노트북 |

> 학생이 몇 명 있어요?

> 학생이 다섯 명 있어요.

어휘 1 (단위)

1 도입, 제시

1. 교재 그림에 뭐가 있는지, 얼마나 있는지 이야기하며 오늘 배우는 어휘는 단위 관련 표현임을 알려 준다.

   🎤 마트에 무엇이 있어요? 휴지가 많아요? 얼마나 많아요?
   오늘은 물건이나 사람을 셀 때 사용하는 단어를 배울 거예요.

2. 교사를 따라 어휘를 소리 내어 한 번 읽는다. 이때 발음에 주의하게 한다.

3. 어휘의 의미를 설명한다. 어휘가 사용된 문장을 예로 제시하거나 의미를 풀어서 설명해 준다.

4. 배운 어휘를 소리 내어 읽도록 한다. 이때 다양한 물건을 가리키는 등 변화를 줄 수 있다.

2 연습

1. 교재를 보고 무엇이 몇 개 있는지 질문을 한다.

2. 짝과 함께 무엇이 얼마나 많이 있는지 말해 보도록 한다.

3. 학생들끼리 이야기한 것을 교사가 정리해 주며 같이 이야기한다.

   🎤 OO 씨, 교실에 학생이 몇 명 있어요?

4. 학생들이 가지고 있는 물건의 개수를 이야기하는 활동으로 확장할 수 있다.

   익힘책 52쪽을 풀게 하거나 과제로 제시한다.

명 하고 명

사람이나 물건을 나열할 때 사용해요.

주문하세요.

커피하고 케이크 주세요.

[예]
• 가: 주스 한 병하고 녹차 세 잔 주세요.
  나: 네, 잠시만 기다려 주세요.
• 냉장고에 과일하고 채소가 있어요.

하고	• 빵, 우유	→	빵하고 우유
	• 커피, 케이크	→	커피하고 케이크

1 무엇을 몇 개 사요? 이야기해 보세요.

[보기]
무엇을 사요?
콜라 한 병하고 라면 두 개를 사요.

1) 사과 배
2) 주스 케이크
3) 공책 가위

2 여러분은 마트에서 무엇을 사고 싶어요? 이야기해 보세요.

8과 칫솔하고 치약을 삽니다 85

명 하고 명

사람이나 물건을 나열할 때 사용한다.

• 가: 오늘 무엇을 먹고 싶어요?
  나: 저는 라면하고 김밥을 먹고 싶어요.
• 가: 주문하세요.
  나: 주스하고 빵 주세요.
• 우리 반에는 베트남 사람하고 중국 사람이 있어요.

하고 (받침 O, X)	청소, 빨래	→	청소하고 빨래
	주스 1병, 빵 1개	→	주스 1병하고 빵 1개

문법 1 (명 하고 명)

1 도입, 제시

1. 도입 그림과 대화를 통해 문법이 사용되는 상황을 인지시킨다.

   🎤 안젤라 씨는 어디에 있어요? 뭐 주문해요?

2. 교재의 대표 예문을 보면서 문법의 의미를 설명한다.

   🎤 안젤라 씨가 커피를 주문해요. 그리고 케이크도 주문해요. 이럴 때 '하고'를 사용해서 '커피하고 케이크를 주문해요.'라고 말해요.

3. 학생들과 교재의 예문들을 읽으면서 문법의 의미를 설명하고 이해시킨다.

4. 문법의 형태 정보를 제시하고 설명한다.

5. 추가 예문을 제시하고 문법의 의미와 사용법을 정확하게 이해시킨다.

2 연습 1

1. 〈보기〉의 대화를 교사와 함께 완성해 본다.

2. 나머지 문제를 〈보기〉의 대화처럼 짝과 완성하도록 한다.

3. 연습한 것을 발표하게 하거나 교사가 전체 학생 대상으로 답하게 하여 확인한다. 그리고 오류가 있으면 수정해 준다.

3 연습 2

1. 마트에서 뭘 사고 싶은지 묻고 대답하면서 '하고'를 활용하여 자신의 이야기를 하도록 한다.

2. 친구와 대화한 것을 발표하게 하고 오류가 있으면 수정해 준다.

익힘책 54쪽을 풀게 하거나 과제로 제시한다. 익힘책은 연습 활동 난이도에 따라 교재 연습 문제 전후로 활용한다.

• **일~천만**: (숫자를 하나씩 가리키며)
  '사천육백오십구'예요. '칠십삼만 사천육백오십구'예요.
  '백칠십삼만 사천육백오십구'예요. '이천백칠십삼만
  사천육백오십구'예요.

  발음 육백[육빽]

• **얼마예요?**: 가격을 알고 싶어요. '얼마예요?'라고 말해요.
  대답은 '오십이만 구천 원이에요.' 말해요.

🔍 가격을 어떻게 말해요?

천만	백만	십만	만	천	백	십	일		
				4	6	5	9	4,659	사천육백오십구 원
		7	3	4	6	5	9	734,659	칠십삼만 사천육백오십구 원
	1	7	3	4	6	5	9	1,734,659	백칠십삼만 사천육백오십구 원
2	1	7	3	4	6	5	9	21,734,659	이천백칠십삼만 사천육백오십구 원

얼마예요?

사천육백오십구만 원이에요.

🔍 다음 물건들은 얼마예요? 이야기해 보세요.

텔레비전이 얼마예요?

텔레비전이 오십이만 구천 원이에요.

어휘 2 (가격)

1 도입, 제시

1. 교재의 그림을 보며 오늘 배우는 어휘는 가격 관련 표현임을 알려 준다.

   🎤 여기가 어디예요? 가격을 어떻게 말해요?

2. 교사를 따라 어휘를 소리 내어 한 번 읽는다. 이때 발음에 주의하게
   한다.

3. 어휘의 의미를 설명한다. 어휘가 사용된 문장을 예로 제시하거나
   의미를 풀어서 설명해 준다. 상황에 따라 가격과 관련된 다른 표현들을
   추가로 알려 줄 수 있다.

4. 배운 어휘를 소리 내어 읽도록 한다.

2 연습

1. 물건들이 얼마인지 질문을 한다.

2. 짝과 함께 직원과 손님이 되어 묻고 답해 보도록 한다.

3. 학생들끼리 이야기한 것을 교사가 정리해 주며 같이 이야기한다.

   🎤 OO 씨, 텔레비전이 얼마예요?

익힘책 53쪽을 풀게 하거나 과제로 제시한다.

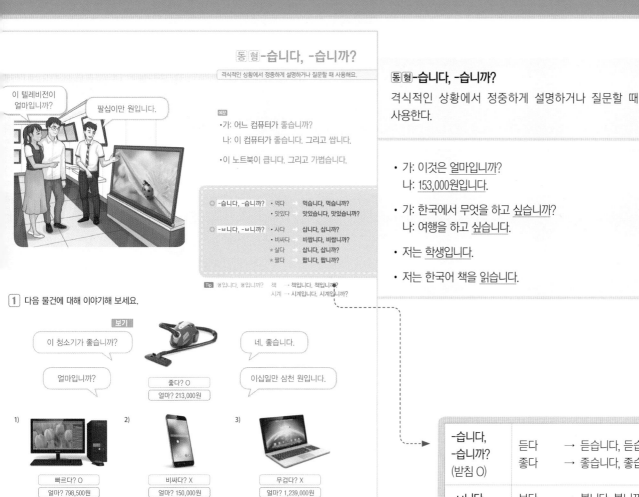

동형 -습니다, -습니까?

격식적인 상황에서 정중하게 설명하거나 질문할 때 사용한다.

- 가: 이것은 얼마입니까?
  나: <u>153,000원입니다.</u>

- 가: 한국에서 무엇을 하고 싶습니까?
  나: 여행을 하고 <u>싶습니다.</u>

- 저는 <u>학생입니다.</u>

- 저는 한국어 책을 <u>읽습니다.</u>

-습니다, -습니까? (받침 O)	듣다 → 듣습니다, 듣습니까? 좋다 → 좋습니다, 좋습니까?
-ㅂ니다, -ㅂ니까? (받침 X, ㄹ 받침)	보다 → 봅니다, 봅니까? 바쁘다 → 바쁩니다, 바쁩니까? 공부하다 → 공부합니다, 공부합니까? *만들다 → 만듭니다, 만듭니까?

문법 2 (동형 -습니다, -습니까?)

1 도입, 제시

1. 도입 그림과 대화를 통해 문법이 사용되는 상황을 인지시킨다.

🎤 어디예요? 후엔 씨는 지금 뭐 해요?

2. 교재의 대표 예문을 보면서 문법의 의미를 설명한다.

🎤 직원이 손님에게 말해요. 이럴 때 '-습니다'를 사용해서 "팔십이만 원입니다."라고 말해요. 질문할 때는 '-습니까?'를 사용해서 "이 텔레비전이 얼마입니까?"라고 말해요.

3. 학생들과 교재의 예문들을 읽으면서 문법의 의미를 설명하고 이해시킨다.

4. 문법의 형태 정보를 제시하고 설명한다.

5. 추가 예문을 제시하고 문법의 의미와 사용법을 정확하게 이해시킨다.

2 연습 1

1. 〈보기〉의 대화를 교사와 함께 완성해 본다.

2. 나머지 문제를 〈보기〉의 대화처럼 짝과 완성하도록 한다.

3. 연습한 것을 발표하게 하거나 교사가 전체 학생 대상으로 답하게 하여 확인한다. 그리고 오류가 있으면 수정해 준다.

3 연습 2

1. 마트에서 주로 사는 물건 가격을 '-습니다, -습니까?'를 활용하여 이야기하도록 한다.

2. 친구와 대화한 것을 발표하게 하고 오류가 있으면 수정해 준다.

익힘책 55쪽을 풀게 하거나 과제로 제시한다. 익힘책은 연습 활동 난이도에 따라 교재 연습 문제 전후로 활용한다.

말하기와 듣기

☐ 2)
라흐만: 컵라면이 어디에 있어요?
직 원: 저기에 있습니다.
라흐만: 이 컵라면은 얼마예요?
직 원: 일곱 개에 7,350원입니다.
라흐만: 그럼 이거하고 봉투 하나 주세요.

직원(남): 닭고기하고 계란을 할인하고 있습니다.
후엔(여): 닭 한 마리에 얼마예요?
직원(남): 5,000원입니다.
후엔(여): 계란은 얼마예요?
직원(남): 30개에 5,800원입니다.
후엔(여): 그럼 닭 두 마리하고 계란 30개 주세요.
직원(남): 네, 여기 있습니다.

1 라흐만 씨가 직원에게 물어보고 있어요. 다음과 같이 이야기해 보세요.

5개 = 5,000원

라흐만: 칫솔이 어디에 있어요?
직 원: 저기에 있습니다.
라흐만: 이 칫솔은 얼마예요?
직 원: 다섯 개에 5,000원입니다.
라흐만: 그럼 이거하고 봉투 하나 주세요.

1) 칫솔 | 다섯 개, 5,000원   2) 컵라면 | 일곱 개, 7,350원

2 친구와 물건을 사는 대화를 해 보세요.

○이/가 얼마예요?   ○개에 ○원이에요.

마트에서 후엔 씨가 직원과 이야기해요. 잘 듣고 답해 보세요.

1) 닭 한 마리에 얼마예요?
   5,000원입니다.

2) 후엔 씨가 산 것을 골라 보세요.

❶   ❷   ❸

단어장
봉투
닭
닭고기
계란

88 사회통합프로그램(KIIP) 한국어와 한국문화 초급 1

물건 사기

1 대화문 연습

1. 마트에서 물건 사는 것에 대해 이야기하며 교재의 그림을 이용해 어떤 상황인지 추측해 보도록 한다.
   🎤 라흐만 씨는 어디에 있어요? 무엇을 사요?

2. 지시문을 이용하여 대화 상황을 학생들에게 명확하게 알려 준다.

3. 대화를 들려주고 간단한 질문을 하여 대화 내용을 이해했는지 확인한다.
   🎤 라흐만 씨는 무엇을 사요? 얼마예요?

4. 교사와 함께 대화문을 읽으면서 자연스럽게 말하는 연습을 한다. 두 번 정도 반복해서 연습한다.

5. 교체 어휘를 활용하여 짝과 함께 연습하게 한다.

6. 연습이 끝나면 한두 팀을 발표시키거나 교사가 전체 학생을 대상으로 확인한다.

2 확장 연습

1. 물건 사기에 대해 말하기를 한다고 알려 준다.

2. 짝과 같이 마트에서 무슨 물건을 사고 싶은지 이야기하게 한다. 대화를 할 때는 다음과 같은 내용을 포함하여 말하도록 지시한다.
   🎤 무엇을 사고 싶어요? 얼마예요? 이야기해 보세요.

3. 이야기가 끝나면 한두 팀을 발표시키거나 교사가 전체 학생을 대상으로 확인하고 오류를 수정해 준다.

물건 가격 듣기

1. 지시문을 이용하여 등장인물과 대화 상황을 설명한다.

2. 문제를 읽고 들어야 하는 정보를 파악하게 한다.
   🎤 두 사람은 어디에 있어요? 무엇을 사요? 얼마예요?

3. 듣기 파일을 두 번 듣고 문제를 풀게 한다.

4. 교재 질문의 답을 확인한 후 해당 대화를 같이 읽으며 내용을 확인한다. 필요한 경우 새로운 어휘, 표현을 설명한다.

86 사회통합프로그램(KIIP) 한국어와 한국문화 초급 1

1 다음 글을 읽고 질문에 답해 보세요.

이번 주 할인 상품

칫솔 5개	치약 120g X 3개	샴푸	휴지
8,000원 → 6,600원	6,000원 → 4,800원	12,000원 → 9,600원	12,900원 → 10,320원

- **할인:** 칫솔 5개가 8,000원이에요. 오늘은 6,600원이에요. 칫솔을 할인을 해요.
- **상품:** 칫솔, 치약, 샴푸, 휴지를 팔아요. 칫솔, 치약, 샴푸, 휴지는 상품이에요.

1) 맞으면 ○, 틀리면 X 하세요.

❶ 샴푸는 세 병에 9,900원입니다.　　(X)

❷ 치약은 할인을 합니다.　　(○)

❸ 휴지는 12,900원입니다.　　(X)

2 여러분은 어디에서 쇼핑을 합니까? 써 보세요.

1) 어디에서 쇼핑을 합니까?　_____

2) 무엇을 삽니까?　_____

3) 그것은 얼마입니까?　_____

4) 모두 얼마입니까?　_____

저는 _____에서 쇼핑을 합니다.

_____

_____

단어장
할인
상품

쇼핑 전단지 읽기

1. 그림을 보며 글의 내용을 유추하게 한다.

🎤 이것은 뭐예요? 얼마예요?

2. 글을 훑어 읽게 한 후 주제, 중심 내용 등을 간단히 말해 보도록 한다.

🎤 칫솔은 얼마예요? 휴지는 얼마예요?

3. 글을 다시 읽으면서 문제를 풀게 한다.

4. 답을 같이 확인한 후, 본문을 다시 읽으며 모르는 어휘가 없는지 확인한다. 필요한 경우 새로운 어휘, 표현을 설명한다.

쇼핑에 대한 글 쓰기

1. 어떤 글을 쓸지 알려 주고 글에 들어갈 내용을 생각해 보게 한다.

🎤 여러분은 어디에서 쇼핑을 해요?

2. 교재 질문에 대해 자신이 쓸 내용을 간단히 메모하도록 한다. 교사는 학생들이 쓴 메모에 오류가 없는지 확인해 준다.

메모 무엇을 사요? 얼마예요?

3. 메모한 내용을 바탕으로 글을 완성하게 한다.

문화와 정보

 한국의 현금 카드 vs 신용 카드

- **현금 카드**
  : 상품이나 서비스를 구입하면 은행 계좌에서 바로 지불되는 카드

- **신용 카드**
  : 상품이나 서비스를 구입하면 일정 기간 후에 지불되는 카드

한국의 화폐

한국의 화폐에는 지폐와 동전이 있어요. 지폐는 네 가지 종류가 있어요. 1,000원, 5,000원, 10,000원, 50,000원이에요. 동전도 네 가지가 있어요. 10원, 50원, 100원, 500원이에요. 그리고 현금 이외에 수표, 신용 카드가 있어요.

1) 한국의 지폐는 모두 몇 가지 있어요?
2) 한국의 동전 중에서 무엇이 가장 커요?
3) 한국의 10,000원은 여러분 나라 돈으로 얼마예요?

한국의 화폐

1. 이 단원의 문화와 정보가 무엇에 대한 것인지 알려 준다.

🎤 한국에는 지폐와 동전이 있어요. 오늘은 '한국의 화폐'에 대해 알아봅시다.

2. 교재의 그림(사진)을 보면서 주제에 대해 알고 있는 것을 상기시키고 말해 보게 한다. 이때 관련 시각 자료를 추가로 활용할 수 있다.

🎤 이 지폐는 얼마예요?

3. 교재를 같이 읽으면서 내용을 설명한다. 이때 중요한 정보가 있는 부분에 밑줄을 긋거나 표시하게 하는 것도 좋다.

4. 질문 1, 2의 답을 찾아보고 답하게 한다.

🎤 한국의 지폐는 모두 몇 가지 있어요?
한국의 동전 중에서 무엇이 가장 커요?

5. 3번 질문을 이용하여 학습자 자신의 경험을 말해 보도록 한다.

🎤 한국의 10,000원은 여러분 나라 돈으로 얼마예요?

발음

1. 다음을 듣고 따라 읽으세요.
   1) 칫솔[칟쏠]
   2) 다섯 개[다섣 깨]
   3) 닭[닥]
   4) 닭고기[닥꼬기]

2. 다음을 듣고 연습해 보세요.
   1) 가: 닭 한 마리에 얼마입니까?
      나: 육천오백 원입니다.
   2) 가: 칫솔 다섯 개하고 봉투 하나 주세요.
      나: 네, 여기 있습니다.
   3) 가: 닭고기를 좋아해요?
      나: 네, 닭고기를 자주 먹어요.

한국의 동전

십 원

오십 원

백 원

오백 원

배운 어휘 확인

□ 대	□ 사진
□ 잔	□ 노트북
□ 장	□ 녹차
□ 권	□ 채소
□ 마리	□ 청소기
□ 명	□ 빠르다
□ 개	□ 봉투
□ 조각	□ 닭
□ 병	□ 닭고기
□ 물	□ 계란
□ 커피	□ 할인
□ 강아지	□ 상품
□ 잡지	

• **경음화**
  – 받침 'ㄱ, ㄷ, ㅂ' 뒤에 연결되는 'ㄱ, ㄷ, ㅂ, ㅅ, ㅈ'은 [ㄲ, ㄸ, ㅃ, ㅆ, ㅉ]로 발음한다.

• **음절의 끝소리 규칙, 겹받침의 발음**
  – 모든 받침은 'ㄱ, ㄴ, ㄷ, ㄹ, ㅁ, ㅂ, ㅇ'로 발음한다. 겹받침 'ㄺ, ㄻ, ㄼ'은 어말 또는 자음 앞에서 각각 [ㄱ, ㅁ, ㅂ]으로 발음한다.

• 이 단원에서 배운 어휘 중 기억나는 것을 말해 보세요.
• 이 단원에서 배운 문법은 뭐예요? 어떻게 사용해요?
• 우리 교실에 무엇이 몇 개 있어요?
• 가격을 어떻게 물어봐요?
• 한국의 지폐는 모두 몇 가지가 있어요?

8과 칫솔하고 치약을 삽니다 **91**

발음 　10분

1. 교재 1번 발음을 들려주고 어떻게 들리는지 학습자 스스로 확인해 보도록 한다.

2. '칫솔'처럼 'ㄱ, ㄷ, ㅂ'로 소리 나는 받침 뒤에 연결되는 'ㄱ, ㄷ, ㅂ, ㅅ, ㅈ'은 [ㄲ, ㄸ, ㅃ, ㅆ, ㅉ]로 발음된다는 것을 알려 준다.

3. 교재 1번 발음을 다시 듣고 교사를 따라 말해 본다.

4. 교재 2번 대화를 듣고 따라 말해 본다.

5. 짝과 함께 대화를 읽으며 연습하게 한 후에 확인한다.

마무리 　10분

1. 단원에서 학습한 어휘 중 기억하는 것을 먼저 말해 보게 한다.

2. 배운 어휘 목록의 어휘들을 읽으면서 의미를 상기시킨다.

3. 단원에서 학습한 문법(명하고 명, 통형-습니다, -습니까?)을 상기시키며 의미와 사용법을 기억하는지 확인한다.

4. 단원의 목표와 성취도를 확인한다.

5. 익힘책을 과제로 제시하고 마무리한다.

9

지난 주말에 친구를 만났어요

수업 목표 및 내용

- **주제:** 주말

- **어휘와 문법**
  - 어휘: 주말 활동을 말할 때 유용한 어휘를 익힌다.
  - 문법: '동형-었-', '명도'의 의미와 형태를 익혀 사용할 수 있다.

- **활동**
  - 말하기: 주말에 한 일을 이야기할 수 있다.
  - 듣기: 주말에 한 일에 대한 대화를 듣고 이해할 수 있다.
  - 읽기: 주말에 한 일에 대한 글을 읽고 이해할 수 있다.
  - 쓰기: 주말에 한 일에 대해 글을 쓸 수 있다.

- **문화와 정보:** 한국인의 주말 활동

1	2	3	4
주제	어휘와 문법	활동	문화와 정보
주말	주말 활동 / 동형-었- / 명도	주말에 한 일 이야기하기 / 주말에 한 일 읽고 쓰기	한국인의 주말 활동

수업 전개

도입 / 어휘와 문법 1 — 1차시
- 주말에 하는 일
- 동형-었-

익힘책 pp.58-61

어휘와 문법 2 — 2차시
- 주말 활동
- 명도

익힘책 pp.58-61

①

②

③

• 이 사람들은 주말에 뭐 해요?
• 여러분은 주말에 뭐 해요?

도입

1. 교재 그림을 이용하여 학생들과 이야기하며 이 과의 주제를 노출한다.

그림❶ 🎤 제이슨 씨가 주말에 뭐 해요?

그림❷ 🎤 라민 씨가 주말에 뭐 해요?

그림❸ 🎤 후엔 씨가 주말에 뭐 해요?
　　　　　여러분은 주말에 뭐 해요?

2. 대화 내용을 정리하며 이 단원에서는 '주말을 지낸 이야기, 주말에 주로 하는 여러 가지 활동'에 대해 공부한다는 것을 알려 준다.

이 단원을 지도할 때는…

주말에 활발하게 활동을 하는 학습자가 있는 반면, 특별한 활동을 하지 않는 학습자가 있을 수도 있습니다. 이때 활동이 많은 학습자의 발언 비중이 높아지지 않도록 잘 조절하여 이끌어 가야 합니다.

말하기와 듣기 3차시	읽기와 쓰기 4차시	문화와 정보 / 발음 / 마무리 5차시
·주말에 한 일 말하기 ·주말에 한 일 듣기	·주말에 한 일에 대한 글 읽기 ·주말에 한 일 쓰기	·한국인의 주말 활동
익힘책 p.62	익힘책 p.63	

어휘와 문법 1

• **토요일, 일요일이 주말이에요. 여러분은 주말에 뭐 해요?**

• **집에서 쉬다**: 일을 안 해요. 집에서 쉬어요.

• **청소를 하다**: 청소를 해요.

• **빨래를 하다**: 빨래를 해요.
  발음 집에서[지베서]

• **축구를 하다**: 축구를 해요.

• **산에 가다**: 산에 가요.

• **산책하다**: 공원에서 걸어요. 산책해요.
  발음 산책해요[산채캐요]

• **친구를 만나다**: 잠시드 씨가 친구를 만나요.

• **아르바이트를 하다**: 회사원이에요. 그런데 주말에 카페에서 일해요. 아르바이트를 해요.

• **한국어를 배우다**: 교실에서 한국어를 공부해요. 한국어를 배워요.
  발음 한국어[한구거]

🔍 주말에 뭐 해요? 이야기해 보세요.

집에서 쉬다

청소를 하다

빨래를 하다

축구를 하다

산에 가다

산책하다

친구를 만나다

아르바이트를 하다

한국어를 배우다

🔍 여러분은 주말에 뭐 해요? 이야기해 보세요.

주말에 뭐 해요?

한국어를 배워요.

어휘 1 (주말에 하는 일)

1 도입, 제시

1. 단원 도입의 주말에 하는 일을 다시 한번 이야기하며 오늘 배우는 어휘가 주말 활동과 관련된 표현임을 알려 준다.

   🎤 여러분은 주말에 보통 뭐 해요? 오늘은 주말 활동을 공부해요.

2. 교사를 따라 어휘를 소리 내어 한 번 읽는다. 한 명씩 읽도록 시켜 본다.

3. 어휘의 의미를 설명한다. 어휘가 사용된 문장을 예로 제시하거나 의미를 풀어서 설명해 준다. 상황에 따라 유의어나 반의어 등을 추가로 설명할 수 있다.

4. 배운 어휘를 소리 내어 읽도록 한다. 이때 교사는 기본형으로 말하고 학생은 활용형으로 말하도록 해 본다.

2 연습

1. 주말에 무엇을 하는지 질문을 한다.

2. 짝과 함께 주말에 하는 일에 대해 말해 보도록 한다.

3. 학생들끼리 이야기한 것을 교사가 정리해 주며 같이 이야기한다.

   🎤 OO 씨는 주말에 뭐 해요? 어디에 가요?

익힘책 58쪽을 풀게 하거나 과제로 제시한다. 익힘책은 연습 활동 난이도에 따라 교재 연습 문제 전후로 활용한다.

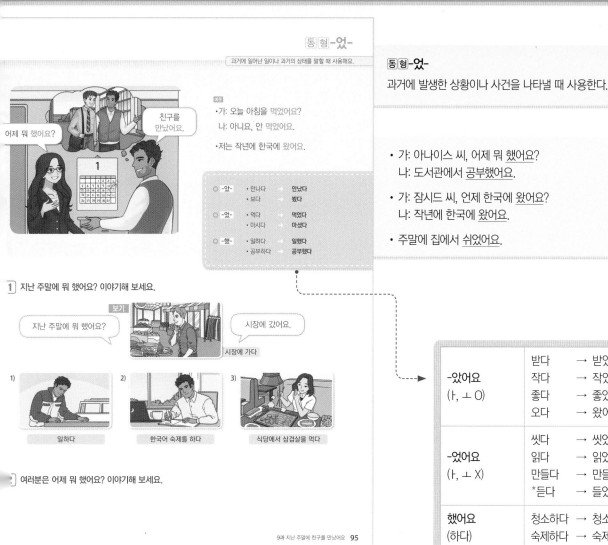

문법 1 (동형-었-)

1 도입, 제시

1. 도입 그림과 대화를 통해 문법이 사용되는 상황을 인지시킨다.

   🎤 잠시드 씨가 어제 뭐 했어요?

2. 교재의 대표 예문을 보면서 문법의 의미를 설명한다.

   🎤 선생님이 잠시드 씨에게 질문해요. 지금 아니에요. 어제 일이에요.
   "잠시드 씨, 어제 뭐 해요." 아니에요. "잠시드 씨, 어제 뭐 했어요?"라고
   말해요. "여러분, 우리 지금 뭐 해요?", "한국어를 공부해요.", "우리 어제
   뭐 했어요?", "한국어를 공부했어요."

3. 학생들과 교재의 예문들을 읽으면서 문법의 의미를 설명하고
   이해시킨다.

4. 문법의 형태 정보를 제시하고 설명한다.

5. 추가 예문을 제시하고 문법의 의미와 사용법을 정확하게 이해시킨다.

2 연습 1

1. 〈보기〉의 대화를 교사와 함께 완성해 본다.

2. 나머지 문제를 〈보기〉의 대화처럼 짝과 완성하도록 한다.

3. 연습한 것을 발표하게 하거나 교사가 전체 학생 대상으로 답하게 하여
   확인한다. 그리고 오류가 있으면 수정해 준다.

3 연습 2

1. 어제 무엇을 했는지 질문하고 대답하면서 '-었-'을 활용하여 자신의
   이야기를 하도록 한다.

2. 친구와 대화한 것을 발표하게 하고 오류가 있으면 수정해 준다.

   익힘책 60쪽을 풀게 하거나 과제로 제시한다. 익힘책은 연습 활동
   난이도에 따라 교재 연습 문제 전후로 활용한다.

• 장소가 어디인지 묻고 무엇을 하는지 질문한다.

교사: 여기는 어디예요?
학생: 공원이에요.
교사: 공원에서 뭐 해요?
학생: 자전거를 타요. 공을 가지고 놀아요. 공놀이를 해요.
교사: 여기는 어디예요?
학생: 시장이에요.
교사: 시장에서 뭐 해요?
학생: 과일을 사요, 신발을 사요.
발음 공놀이[공노리], 신발을[신바를]

교사: 여기는 어디예요?
학생: 백화점이에요.
교사: 백화점에서 뭐 해요?
학생: 쇼핑해요, 저녁을 먹어요.
교사: 여기는 어디예요?
학생: 카페예요.
교사: 카페에서 뭐 해요?
학생: 이야기를 해요, 차를 마셔요.
발음 백화점[배콰점], 저녁을[저녀글]

교사: 여기는 어디예요?
학생: 집이에요.
교사: 집에서 뭐 해요?
학생: 식사를 해요. 텔레비전을 봐요.
교사: 여기는 어디예요?
학생: 회사예요.
교사: 회사에서 뭐 해요?
학생: 일해요. 전화를 받아요.

 사람들이 어디에서 뭐 해요? 이야기해 보세요.

공원
 자전거를 타다 공놀이를 하다

시장
과일을 사다 신발을 사다

백화점
 쇼핑하다   저녁을 먹다

카페
 이야기를 하다   차를 마시다

집
 식사를 하다   텔레비전을 보다

회사
 일하다   전화를 받다

다음 장소에서 뭐 해요? 두 가지 이상 말해 보세요.

1) 카페
2) 공원
3) 집
4) 백화점

어휘 2 (주말에 하는 일)

1 도입, 제시

1. 사람들이 어디에서 무엇을 하는지 물어보고 오늘 배우는 어휘가 주말에 할 수 있는 활동에 관한 표현임을 알려 준다.

🎤 (그림을 가리키며) 사람들이 주말에 어디에서 뭐 해요?
오늘은 주말에 하는 활동에 대한 표현을 공부해요.

2. 교사를 따라 어휘를 소리 내어 한 번 읽는다. 이때 발음에 주의하게 한다.

3. 어휘의 의미를 설명한다. 어휘가 사용된 문장을 예로 제시하거나 의미를 풀어서 설명해 준다. 상황에 따라 유의어나 반의어 등을 추가로 설명할 수 있다.

4. 배운 어휘를 소리 내어 읽도록 한다.

2 연습

1. 주말에 주로 가는 장소(카페, 공원, 집, 백화점 등)에서 무엇을 하는지 질문을 한다.

2. 짝과 함께 주말에 주로 가는 장소(카페, 공원, 집, 백화점 등)에서 하는 일에 대해 말해 보도록 한다.

3. 학생들끼리 이야기한 것을 교사가 정리해 주며 같이 이야기한다.

🎤 OO 씨는 공원에서 뭐 해요?

익힘책 59쪽을 풀게 하거나 과제로 제시한다.

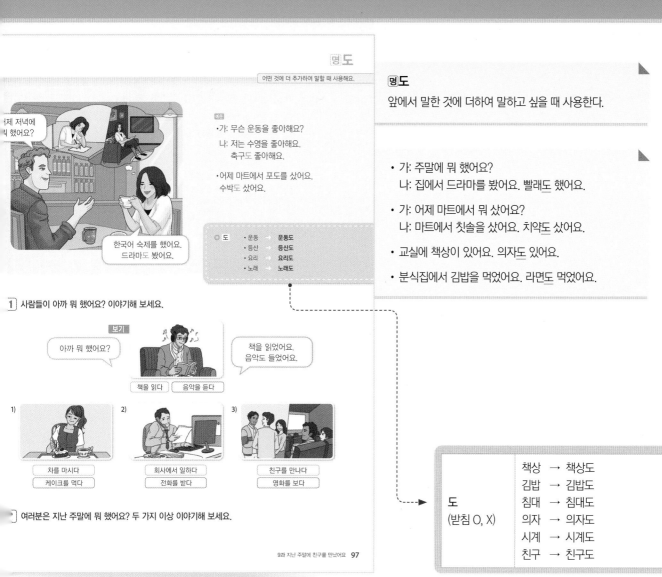

명 도
앞에서 말한 것에 더하여 말하고 싶을 때 사용한다.

- 가: 주말에 뭐 했어요?
  나: 집에서 드라마를 봤어요. 빨래도 했어요.

- 가: 어제 마트에서 뭐 샀어요?
  나: 마트에서 칫솔을 샀어요. 치약도 샀어요.

- 교실에 책상이 있어요. 의자도 있어요.

- 분식집에서 김밥을 먹었어요. 라면도 먹었어요.

도 (받침 O, X)	책상 → 책상도
	김밥 → 김밥도
	침대 → 침대도
	의자 → 의자도
	시계 → 시계도
	친구 → 친구도

문법 2 (명 도)

■ 도입, 제시

1. 도입 그림과 대화를 통해 문법이 사용되는 상황을 인지시킨다. '도'를 조금 강조해서 말한다.

🎙 이링 씨가 어제 뭐 했어요? 한국어 숙제를 했어요. 드라마를 봤어요.
이링 씨는 어제 한국어 숙제를 했어요. 드라마도 봤어요.

2. 교재의 대표 예문을 보면서 문법의 의미를 설명한다.

🎙 이링 씨는 어제 두 가지 일을 했어요. 그리고 두 가지 일을 말해요.
이렇게 두 가지를 모두 말할 때 '도'를 사용해요. 수영을 좋아해요.
축구를 좋아해요. 두 가지를 좋아해요. 이럴 때 "수영을 좋아해요.
축구도 좋아해요."라고 말해요.

3. 학생들과 교재의 예문들을 읽으면서 문법의 의미를 설명하고 이해시킨다.

4. 문법의 형태 정보를 제시하고 설명한다.

5. 추가 예문을 제시하고 문법의 의미와 사용법을 정확하게 이해시킨다.

② 연습 1

1. 〈보기〉의 대화를 교사와 함께 완성해 본다.

2. 나머지 문제를 〈보기〉의 대화처럼 짝과 완성하도록 한다.

3. 연습한 것을 발표하게 하거나 교사가 전체 학생 대상으로 답하게 하여 확인한다. 그리고 오류가 있으면 수정해 준다.

③ 연습 2

1. 지난 주말에 두 가지 이상 뭐 했는지 묻고 대답하면서 '도'를 활용하여 자신의 이야기를 하도록 한다.

2. 친구와 대화한 것을 발표하게 하고 오류가 있으면 수정해 준다.

익힘책 61쪽을 풀게 하거나 과제로 제시한다. 익힘책은 연습 활동 난이도에 따라 교재 연습 문제 전후로 활용한다.

1-9 EBOOK

1 2)
잠시드: 라흐만 씨, 주말에 뭐 했어요?
라흐만: 주말에 집 근처 식당에 갔어요.
잠시드: 거기에서 뭐 했어요?
라흐만: 친구들을 만났어요. 한국 음식도 먹었어요.

9-L.mp3

이링(여): 후엔 씨, 주말 잘 보냈어요?
후엔(여): 네, 우리 집에 친구들이 왔어요. 그래서 한국 음식을 많이 먹었어요.
이링(여): 그래요? 어떤 음식을 먹었어요?
후엔(여): 떡볶이를 먹었어요. 만두도 먹었어요.

---

1 잠시드 씨와 라흐만 씨가 이야기해요. 다음과 같이 이야기해 보세요.

잠시드: 라흐만 씨, 주말에 뭐 했어요?
라흐만: 주말에 **친구 집**에 갔어요.
잠시드: 거기에서 뭐 했어요?
라흐만: **고향 음식을 만들었어요. 영화도 봤어요.**

1) 친구 집 | 고향 음식을 만들다, 영화를 보다
2) 집 근처 식당 | 친구들을 만나다, 한국 음식을 먹다

2 여러분은 지난 주말에 뭐 했어요? 이야기해 보세요.

주말에 어디에 갔어요?

거기에서 뭐 했어요?

9-L.mp3

이링 씨와 후엔 씨가 이야기해요. 잘 듣고 답해 보세요.

1) 주말에 후엔 씨 집에 누가 왔어요?
   친구들이 왔어요.

2) 후엔 씨는 무엇을 먹었어요?
   떡볶이를 먹었어요. 만두도 먹었어요.

98 사회통합프로그램(KIIP) 한국어와 한국문화 초급 1

주말에 한 일 말하기

1 대화문 연습

1. 주말에 한 일에 대해 이야기하며 교재의 그림을 이용해 어떤 상황인지 추측해 보도록 한다.

   🎤 라흐만 씨는 주말에 뭐 했어요?

2. 지시문을 이용하여 대화 상황을 학생들에게 명확하게 알려 준다.

3. 대화를 들려주고 간단한 질문을 하여 대화 내용을 이해했는지 확인한다.

   🎤 라흐만 씨는 주말에 친구 집에 갔어요. 친구 집에서 뭐 했어요?

4. 교사와 함께 대화문을 읽으면서 자연스럽게 말하는 연습을 한다. 두 번 정도 반복해서 연습한다.

5. 교체 어휘를 활용하여 짝과 함께 연습하게 한다.

6. 연습이 끝나면 한두 팀을 발표시키거나 교사가 전체 학생을 대상으로 확인한다.

2 확장 연습

1. 주말에 무엇을 했는지에 대해 말하기를 한다고 알려 준다.

2. 짝과 같이 주말에 무엇을 했는지 이야기하게 한다. 대화를 할 때는 다음과 같은 내용을 포함하여 말하도록 지시한다.

   🎤 여러분들은 주말에 어디에 갔어요? 거기에서 뭐 했어요? 친구하고 이야기해 보세요.

3. 이야기가 끝나면 한두 팀을 발표시키거나 교사가 전체 학생을 대상으로 확인하고 오류를 수정해 준다.

주말에 한 일 듣기

1. 지시문을 이용하여 등장인물과 대화 상황을 설명한다.

2. 문제를 읽고 들어야 하는 정보를 파악하게 한다.

   🎤 주말에 후엔 씨 집에 누가 왔어요? 후엔 씨는 무엇을 먹었어요?

3. 듣기 파일을 두 번 듣고 문제를 풀게 한다.

4. 교재 질문의 답을 확인한 후 해당 대화를 같이 읽으며 내용을 확인한다. 필요한 경우 새로운 어휘, 표현을 설명한다.

1 다음 글을 읽고 질문에 답해 보세요.

저는 지난주 토요일에 친구와 함께 전주에 갔습니다. 우리는 점심에 비빔밥을 먹었습니다. 정말 맛있었습니다. 오후에 한옥 마을에 갔습니다. 우리는 한복을 입었습니다. 사진도 많이 찍었습니다. 우리는 아침부터 저녁까지 많이 걸었습니다. 그래서 다리가 아팠습니다. 그렇지만 정말 즐거웠습니다.

• **그렇지만**[그러치만]: 그렇지만 정말 즐거웠습니다.

1) 이 사람은 토요일 오후에 어디에 갔어요?   전주 한옥 마을에 갔어요.

2) 이 사람은 뭐 했어요? 모두 고르세요.

❶ 등산을 했습니다.　　　　❷ 사진을 찍었습니다.
❸ 한복을 입었습니다.　　　　❹ 비빔밥을 먹었습니다.

3) 맞으면 ○, 틀리면 X 하세요.

❶ 이 사람은 많이 걸었습니다.　　(○)
❷ 이 사람은 배가 아팠습니다.　　(X)

2 여러분은 지난 주말에 뭐 했어요? 주말에 한 일을 써 보세요.

저는 지난 주말에

단어장	
전주	다리
한옥 마을	그렇지만
한복을 입다	즐겁다
걷다	

주말에 한 일에 대한 글 읽기

1. 그림을 보며 글의 내용을 유추하게 한다.

🎤 여기는 어디예요? 두 사람이 뭐 해요?
무엇에 대한 이야기예요?

2. 글을 훑어 읽게 한 후 주제, 중심 내용 등을 간단히 말해 보도록 한다.

🎤 이 사람은 토요일에 어디에 갔어요? 거기에서 뭐 했어요?

3. 글을 다시 읽으면서 문제를 풀게 한다.

4. 답을 같이 확인한 후, 본문을 다시 읽으며 모르는 어휘가 없는지 확인한다. 필요한 경우 새로운 어휘, 표현을 설명한다.

주말에 한 일 쓰기

1. 어떤 글을 쓸지 알려 주고 글에 들어갈 내용을 생각해 보게 한다.

🎤 오늘은 지난 주말에 뭐 했는지 글을 써요.
주말에 한 일을 써요. 어떤 내용을 써요?

2. 교재 질문에 대해 자신이 쓸 내용을 간단히 메모하도록 한다. 교사는 학생들이 쓴 메모에 오류가 없는지 확인해 준다.

메모 지난 주말에 어디에 갔어요? 거기에서 뭐 했어요? 기분이 어땠어요?

3. 메모한 내용을 바탕으로 글을 완성하게 한다.

문화와 정보

한국인의 주말 활동

한국 사람들은 주말에 쉬거나 취미를 즐겨요. 한국 사람들이 주말에 제일 많이 하는 일은 쉬면서 텔레비전을 보는 일이에요. 다음으로는 컴퓨터 게임이나 인터넷 검색을 해요. 그리고 영화나 연극을 보는 사람도 많아요. 어떤 사람들은 친구를 만나서 운동을 해요.

1) 한국 사람들이 주말에 제일 많이 하는 일은 뭐예요?
2) 한국 사람들은 주말에 누구와 운동을 해요?
3) 여러분은 주말에 뭐 해요?

한국인의 주말 활동

1. 이 단원의 문화와 정보가 무엇에 대한 것인지 알려 준다.

   🎤 (그림을 가리키며) 이 사람들이 지금 뭐 해요? 언제 이것을 해요?
   오늘은 '한국인의 주말 활동'에 대해 알아봅시다.

2. 교재의 그림(사진)을 보면서 주제에 대해 알고 있는 것을 상기시키고 말해 보게 한다. 이때 관련 시각 자료를 추가로 활용할 수 있다.

   🎤 한국 사람들은 주말에 무엇을 많이 할까요?

3. 교재를 같이 읽으면서 내용을 설명한다. 이때 중요한 정보가 있는 부분에 밑줄을 긋거나 표시하게 하는 것도 좋다.

4. 질문 1, 2의 답을 찾아보고 답하게 한다.

   🎤 한국 사람들이 주말에 제일 많이 하는 일은 뭐예요?
   한국 사람들은 주말에 누구와 운동을 해요?

5. 3번 질문을 이용하여 학습자 자신의 경험을 말해 보도록 한다.

   🎤 여러분은 주말에 뭐 해요? 여러분 나라에서는 주말에 주로 뭐 해요?

단원 마무리

20분

발음 9-P.mp3

1. 다음을 듣고 따라 읽으세요.
1) 만났어요[만나써요]
2) 재미있었어요[재미이써써요]
3) 샀어요[사써요]

2. 다음을 듣고 연습해 보세요.
1) 가: 주말에 뭐 했어요?
   나: 고향 친구를 만났어요.
2) 가: 어제 뭐 했어요?
   나: 드라마를 봤어요. 재미있었어요.
3) 가: 시장에서 뭘 샀어요?
   나: 포도를 샀어요. 수박도 샀어요.

• 연음 9-P.mp3
– 받침 뒤에 모음이 올 경우 연음이 된다.

배운 어휘 확인

□ 집에서 쉬다	□ 과일을 사다	□ 전화를 받다
□ 청소를 하다	□ 신발을 사다	□ 전주
□ 빨래를 하다	□ 백화점	□ 한옥 마을
□ 축구를 하다	□ 쇼핑하다	□ 한복을 입다
□ 산에 가다	□ 저녁을 먹다	□ 걷다
□ 산책하다	□ 카페	□ 다리
□ 친구를 만나다	□ 이야기를 하다	□ 그렇지만
□ 아르바이트를 하다	□ 차를 마시다	□ 즐겁다
□ 한국어를 배우다	□ 집	
□ 공원	□ 식사를 하다	
□ 자전거를 타다	□ 텔레비전을 보다	
□ 공놀이를 하다	□ 회사	
□ 시장	□ 일하다	

- 이 단원에서 배운 어휘 중 기억나는 것을 말해 보세요.
- 이 단원에서 배운 문법은 뭐예요? 어떻게 사용해요?
- 여러분은 주말에 뭐 해요?
- 여러분은 지난 주말에 뭐 했어요?
- 한국 사람들이 주말에 제일 많이 하는 일은 뭐예요?

9과 지난 주말에 친구를 만났어요 **101**

발음 10분

1. 교재 1번 발음을 들려주고 어떻게 들리는지 학습자 스스로 확인해 보도록 한다.
2. '만났어요', '재미있었어요', '샀어요'에서 받침 뒤에 모음이 올 경우 연음된다는 것을 알려 준다.
3. 교재 1번 발음을 다시 듣고 교사를 따라 말해 본다.
4. 교재 2번 대화를 듣고 따라 말해 본다.
5. 짝과 함께 대화를 읽으며 연습하게 한 후에 확인한다.

마무리 10분

1. 단원에서 학습한 어휘 중 기억하는 것을 먼저 말해 보게 한다.
2. 배운 어휘 목록의 어휘들을 읽으면서 의미를 상기시킨다.
3. 단원에서 학습한 문법(동형-었-, 명도)을 상기시키며 의미와 사용법을 기억하는지 확인한다.
4. 단원의 목표와 성취도를 확인한다.
5. 익힘책을 과제로 제시하고 마무리한다.

10

아버지는 요리를 잘하세요

수업 목표 및 내용

- **주제:** 가족
- **어휘와 문법**
  - 어휘: 가족 호칭, 높임말을 익힌다.
  - 문법: '동형-으시-', '동형-지만'의 의미와 형태를 익혀 사용할 수 있다.
- **활동**
  - 말하기: 가족을 소개할 수 있다.
  - 듣기: 가족 소개에 관한 대화를 듣고 이해할 수 있다.
  - 읽기: 가족을 소개하는 글을 읽고 이해할 수 있다.
  - 쓰기: 가족을 소개하는 글을 쓸 수 있다.
- **문화와 정보:** 가족 호칭

1	2	3	4
주제	어휘와 문법	활동	문화와 정보
가족	가족 관계, 높임말 동형-으시- 동형-지만	가족 소개하기 가족 소개 글 읽고 쓰기	가족 호칭

수업 전개

도입 / 어휘와 문법 1	1차시	어휘와 문법 2	2차시
	·가족 호칭 ·동형-으시-		·높임말 ·동형-지만
	익힘책 pp.64-67		익힘책 pp.64-67

❶

❷

❸

• 가족들이 지금 뭐 해요?
• 여러분 가족은 지금 어디에서 뭐 해요?

1. 교재 그림을 이용하여 학생들과 이야기하며 이 과의 주제를 노출한다.

그림❶ 🎙 가족들이 지금 뭐 해요?

그림❷ 🎙 슬기하고 누가 있어요? 두 사람은 뭐 해요?

그림❸ 🎙 두 사람은 지금 어디에서 뭐 해요?
여러분 가족은 지금 어디에서 뭐 해요?

2. 대화 내용을 정리하며 이 단원에서는 '가족 호칭, 높임말'에 대해 공부한다는 것을 알려 준다.

이 단원을 지도할 때는…

결혼 이민자의 경우 며느리로서, 사위로서 배우자의 부모나 형제, 자매를 부르는 호칭이 다양하게 나올 수 있으므로 어휘가 크게 확장되지 않도록 이끌어 가야 합니다. 또 객체 높임까지 확장되지 않도록 주의합니다.

말하기와 듣기 3차시	읽기와 쓰기 4차시	문화와 정보 / 발음 / 마무리 5차시
·가족 소개하기 ·가족 소개 듣기	·가족을 소개하는 글 읽기 ·가족을 소개하는 글 쓰기	·가족 호칭
익힘책 p.68	익힘책 p.69	

어휘와 문법 1

가족이에요.
나의 아버지(아빠)가 있어요.

• **할머니:** 나의 아버지의 어머니는 할머니예요.

• **할아버지:** 나의 아버지의 아버지는 할아버지에요.

가족이에요.
나의 어머니(엄마)가 있어요.

• **외할머니:** 나의 어머니의 어머니는 외할머니예요.

• **외할아버지:** 나의 어머니의 아버지는 외할아버지예요.

발음 할아버지[하라버지]

• **오빠:** 나는 여자예요. 나보다 나이가 많아요. 남자예요.
오빠예요.

• **언니:** 나는 여자예요. 나보다 나이가 많아요. 여자예요.
언니예요.

• **동생:** 나보다 나이가 적어요. 남자예요. 남동생이에요.
나보다 나이가 적어요. 여자예요. 여동생이에요.

• **형:** 나는 남자예요. 나보다 나이가 많아요. 남자예요.
형이에요.

• **누나:** 나는 남자예요. 나보다 나이가 많아요. 여자예요.
누나예요.

🔍 가족 호칭을 알아요? 이야기해 보세요.

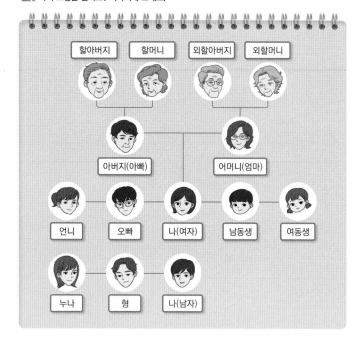

🔍 여러분의 가족은 몇 명이에요? 누가 있어요?

가족이 몇 명이에요?

언니가 있어요?

네 명이에요.

네, 한 명 있어요.

114 사회통합프로그램(KIIP) 한국어와 한국문화 초급 1

어휘 1 (가족 호칭)

1 도입, 제시

1. 가족 호칭에 대한 어휘를 노출하고 오늘 배우는 어휘가 가족에 대한 호칭임을 알려 준다.

🎤 (그림을 가리키며) 가족이에요. 여기 내(나)가 있어요. 아버지예요. 아버지의 어머니예요. 할머니예요. 오늘은 가족을 부르는 이름을 공부해요.

2. 교사를 따라 어휘를 소리 내어 한 번 읽는다. 이때 발음에 주의하게 한다.

3. 어휘의 의미를 설명한다.

4. 배운 어휘를 소리 내어 읽도록 한다.

5. 학습자들이 가지고 있는 사진으로 가족 호칭을 말해 보게 한다.

2 연습

1. 가족이 몇 명인지, 누가 있는지 질문한다.

2. 짝과 함께 가족의 인원과 구성원에 대해 말해 보도록 한다.

3. 학생들끼리 이야기한 것을 교사가 정리해 주며 같이 이야기한다.

🎤 OO 씨 가족이 몇 명이에요? 형이 있어요? 동생이 있어요?

익힘책 64쪽을 풀게 하거나 과제로 제시한다. 익힘책은 연습 활동 난이도에 따라 교재 연습 문제 전후로 활용한다.

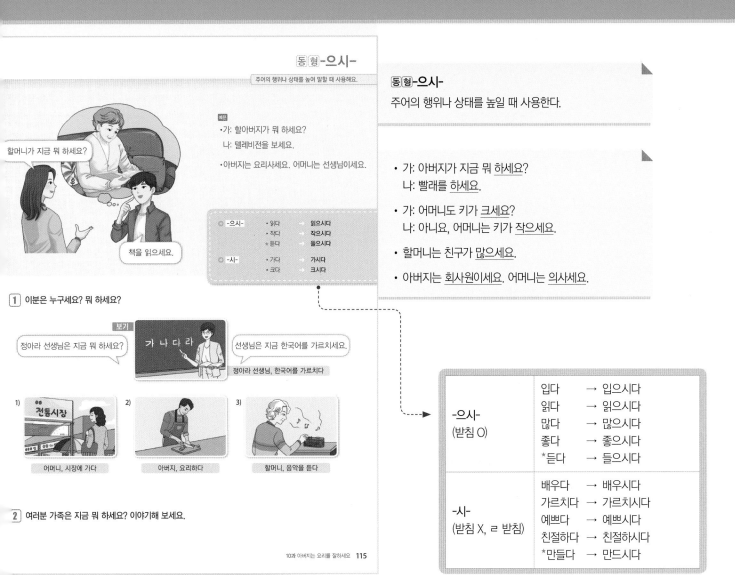

동 형 -으시-

주어의 행위나 상태를 높일 때 사용한다.

- 가: 아버지가 지금 뭐 하세요?
  나: 빨래를 하세요.

- 가: 어머니도 키가 크세요?
  나: 아니요, 어머니는 키가 작으세요.

- 할머니는 친구가 많으세요.

- 아버지는 회사원이세요. 어머니는 의사세요.

-으시- (받침 O)	입다 → 입으시다 읽다 → 읽으시다 많다 → 많으시다 좋다 → 좋으시다 *듣다 → 들으시다
-시- (받침 X, ㄹ 받침)	배우다 → 배우시다 가르치다 → 가르치시다 예쁘다 → 예쁘시다 친절하다 → 친절하시다 *만들다 → 만드시다

문법 1 (동 형 -으시-)

1 도입, 제시

1. 도입 그림과 대화를 통해 문법이 사용되는 상황을 노출하고 인지시킨다.

    🎤 할머니가 지금 뭐 하세요? 책을 읽으세요.

2. 교재의 대표 예문을 보면서 문법의 의미를 설명한다.

    🎤 할머니가 지금 책을 읽어요. 할머니는 나보다 나이가 많아요.
    그래서 '책을 읽어요'라고 안 해요. '책을 읽으세요'라고 말해요.

3. 학생들과 교재의 예문들을 읽으면서 문법의 의미를 설명하고 이해시킨다.

4. 문법의 형태 정보를 제시하고 설명한다.

5. 추가 예문을 제시하고 문법의 의미와 사용법을 정확하게 이해시킨다.

2 연습 1

1. 〈보기〉의 대화를 교사와 함께 완성해 본다.

2. 나머지 문제를 〈보기〉의 대화처럼 짝과 완성하도록 한다.

3. 연습한 것을 발표하게 하거나 교사가 전체 학생 대상으로 답하게 하여 확인한다. 그리고 오류가 있으면 수정해 준다.

3 연습 2

1. 가족들이 지금 뭐 하는지 묻고 대답하면서 '-으시-'를 활용하여 자신의 이야기를 하도록 한다.

2. 친구와 대화한 것을 발표하게 하고 오류가 있으면 수정해 준다.

    익힘책 66쪽을 풀게 하거나 과제로 제시한다. 익힘책은 연습 활동 난이도에 따라 교재 연습 문제 전후로 활용한다.

- **이름(성함):** 이름이 어떻게 돼요? / 할아버지 성함이 어떻게 되세요?
- **나이(연세):** 나이가 어떻게 돼요? / 할아버지 연세가 어떻게 되세요?
- **생일(생신):** 내일은 동생 생일이에요. / 오늘은 할아버지 생신이에요.
- **사람/명(분):** 동생이 몇 명이에요? / 할머니가 몇 분이세요?

- **있다(계시다):** 슬기가 집에 있어요. / 할아버지가 집에 계세요.
- **있다(있으시다):** 슬기는 동생이 있어요. / 할아버지는 동생이 있으세요.
- **먹다/마시다(드시다, 잡수시다):** 슬기가 저녁을 먹어요 / 할아버지가 저녁을 드세요. 할아버지가 저녁을 잡수세요.
- **자다(주무시다):** 지금 슬기가 자요. / 지금 할아버지가 주무세요.

- **죽다(돌아가시다):** 강아지가 죽었어요. / 할아버지가 돌아가셨어요.
- **말하다(말씀하시다):** 슬기가 말해요 / 할아버지가 말씀하세요.

🔍 높임말을 알아보세요.

높임말
이름 → 성함
나이 → 연세
생일 → 생신
사람/명 → 분
있다 → 계시다
먹다, 마시다 → 드시다, 잡수시다
자다 → 주무시다
죽다 → 돌아가시다
말하다 → 말씀하시다

이분은 정아라 선생님이세요.
정아라 선생님은 한국어를 가르치세요.
선생님이 빵을 드세요.

할머니가 방에 계세요.
할머니가 주무세요.

오늘은 할아버지 생신이에요.

할아버지 연세가 어떻게 되세요?

할아버지 성함이 어떻게 되세요?

어휘 2 (높임말)

1 도입, 제시

1. 학습자와 학습자의 주변 사람들에 대해 질문하면서 오늘 배우는 어휘가 높임말임을 알려 준다.

   🎤 OO 씨는 나이가 어떻게 돼요? OO 씨 아버지는 연세가 어떻게 되세요? 오늘은 높임말을 공부해요.

2. 교사를 따라 어휘를 소리 내어 한 번 읽는다. 이때 발음에 주의하게 한다.

3. 어휘의 의미를 설명한다. 어휘가 사용된 문장을 예로 제시하거나 의미를 풀어서 설명해 준다. 상황에 따라 학생들이 알고 싶어 하는 높임말을 추가로 알려 줄 수 있다.

4. 배운 어휘를 소리 내어 읽도록 한다.

2 연습

1. 다양한 인물(할아버지, 할머니, 아버지, 어머니, 친구, 동생 등)을 보여 주고 동사와 형용사를 제시해서 높이거나 높이지 않는 연습을 한다.

   🎤 동생이　💬 먹어요
   🎤 할머니가　💬 드세요

2. 짝과 함께 주변 사람들에 대해 말해 보도록 한다.

   🎤 OO 씨 할머니는 연세가 어떻게 되세요? OO 씨 할머니는 성함이 어떻게 되세요?

3. 학생들끼리 이야기한 것을 교사가 정리해 주며 같이 이야기한다.

   🎤 OO 씨 어머니는 성함이 어떻게 되세요? OO 씨 동생은 이름이 어떻게 돼요?

   익힘책 65쪽을 풀게 하거나 과제로 제시한다.

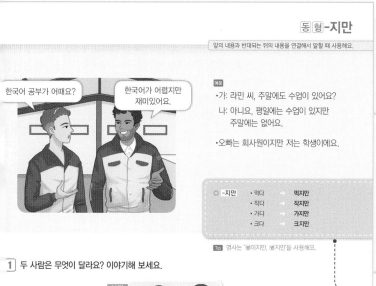

동 형 -지만

앞의 내용과 반대되는 뒤의 내용을 연결해서 말할 때 사용해요.

한국어 공부가 어때요?

한국어가 어렵지만 재미있어요.

예문
- 가: 라민 씨, 주말에도 수업이 있어요?
- 나: 아니요, 평일에는 수업이 있지만 주말에는 없어요.

- 오빠는 회사원이지만 저는 학생이에요.

-지만	
• 먹다	먹지만
• 작다	작지만
• 가다	가지만
• 크다	크지만

Tip 명사는 '명이지만, 명지만'을 사용해요.

1 두 사람은 무엇이 달라요? 이야기해 보세요.

보기

안젤라는 머리가 길지만 언니는 머리가 짧아요.

안젤라, 머리가 길다 언니, 머리가 짧다

1) 민호, 운동을 좋아하다 / 형, 운동을 안 좋아하다

2) 이링, 키가 작다 / 남동생, 키가 크다

3) 아버지, 안경을 썼다 / 어머니, 안경을 안 썼다

여러분의 가족은 무엇이 달라요? 이야기해 보세요.

동 형 -지만

앞 절과 반대되는 내용이나 사실을 뒤 절에서 말할 때 사용한다. '그렇지만', '하지만'으로 연결된 두 문장을 한 문장으로 연결할 때 쓴다. 과거형과 결합할 수 있다.

- 가: 후엔 씨는 언니가 있어요?
  나: 아니요, 오빠는 있지만 언니는 없어요.

- 가: 후엔 씨, 남편도 운동을 좋아해요?
  나: 아니요, 저는 운동을 좋아하지만 남편은 안 좋아해요.

- 평일에는 바쁘지만 주말에는 안 바빠요.

- 저는 학생이지만 언니는 회사원이에요.

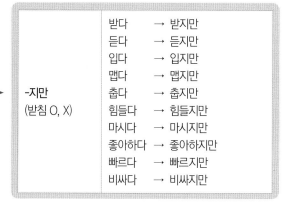

-지만 (받침 O, X)		
받다	→	받지만
듣다	→	듣지만
입다	→	입지만
맵다	→	맵지만
춥다	→	춥지만
힘들다	→	힘들지만
마시다	→	마시지만
좋아하다	→	좋아하지만
빠르다	→	빠르지만
비싸다	→	비싸지만

문법 2 (동 형 -지만)

1 도입, 제시

1. 도입 그림과 대화를 통해 문법이 사용되는 상황을 인지시킨다.

   🎤 잠시드 씨와 라흐만 씨가 한국어 공부에 대해 이야기해요. 잠시드 씨는 한국어가 어려워요. 그렇지만 재미있어요. 잠시드 씨는 한국어가 어렵지만 재미있어요.

2. 교재의 대표 예문을 보면서 문법의 의미를 설명한다.

   🎤 잠시드 씨와 라흐만 씨가 한국어 공부에 대해 이야기해요. 잠시드 씨는 한국어가 어려워요. 그렇지만 재미있어요. 이렇게 반대되는 내용을 말할 때 '-지만'을 사용해요.

3. 학생들과 교재의 예문들을 읽으면서 문법의 의미를 설명하고 이해시킨다.

4. 문법의 형태 정보를 제시하고 설명한다.

5. 추가 예문을 제시하고 문법의 의미와 사용법을 정확하게 이해시킨다.

2 연습 1

1. 〈보기〉의 대화를 교사와 함께 완성해 본다.

2. 나머지 문제를 〈보기〉의 대화처럼 짝과 완성하도록 한다.

3. 연습한 것을 발표하게 하거나 교사가 전체 학생 대상으로 답하게 하여 확인한다. 그리고 오류가 있으면 수정해 준다.

3 연습 2

1. 두 사람이 자신의 가족이 어떻게 다른지, 무엇이 다른지 묻고 대답하면서 '-지만'을 활용하여 가족 이야기를 하도록 한다.

2. 친구와 대화한 것을 발표하게 하고 오류가 있으면 수정해 준다.

   익힘책 67쪽을 풀게 하거나 과제로 제시한다. 익힘책은 연습 활동 난이도에 따라 교재 연습 문제 전후로 활용한다.

1 이링 씨와 히에우 씨가 이야기하고 있어요. 다음과 같이 이야기해 보세요.

이　링: 히에우 씨는 가족이 몇 명이에요?

히에우: 다섯 명이에요. 할아버지, 아버지, 어머니, 누나가 있어요.

이　링: 할아버지는 연세가 많으세요?

히에우: 네, 연세가 많으시지만 아주 건강하세요. 이링 씨는 가족이 어떻게 되세요?

이　링: 우리 가족은 부모님과 언니가 있어요.

1) 다섯 명, 할아버지, 아버지, 어머니, 누나 | 할아버지 | 부모님, 언니

2) 네 명, 아버지, 어머니, 형 | 아버지 | 할머니, 아버지, 어머니, 동생

2 여러분의 가족을 소개해 보세요.

 가족이 몇 명이에요?

다섯 명이에요. 할아버지, 아버지, 어머니, 여동생이 있어요.

---

1 2)

 1-10 EBOOK

이　링: 히에우 씨는 가족이 몇 명이에요?

히에우: 네 명이에요. 아버지, 어머니, 형이 있어요.

이　링: 아버지는 연세가 많으세요?

히에우: 네, 연세가 많으시지만 아주 건강하세요. 이링 씨는 가족이 어떻게 되세요?

이　링: 우리 가족은 할머니, 아버지, 어머니, 동생이 있어요.

 제이슨 씨가 가족을 소개하고 있어요. 잘 듣고 답해 보세요.

1) 제이슨 씨 부모님은 어디에 계세요?

　미국에 계세요.

2) 제이슨 씨 어머니는 지금 뭐 하세요?

　학교에서 학생들을 가르치세요.

118　사회통합프로그램(KIIP) 한국어와 한국문화 초급 1

 10-L.mp3

제이슨(남): 우리 가족은 아버지, 어머니, 남동생, 저 모두 4명이에요.

부모님은 미국에 계시지만 저는 한국에 있어요. 아버지는 회사에서 일을 하세요. 어머니는 학교에서 학생들을 가르치세요. 남동생은 고등학생이에요. 저는 초등학교 영어 선생님이에요.

가족 소개하기

1 대화문 연습

1. 가족에 대해 이야기하며 교재의 그림을 이용해 어떤 상황인지 추측해 보도록 한다.

🎤 히에우 씨는 가족이 누구누구예요?

2. 지시문을 이용하여 대화 상황을 학생들에게 명확하게 알려 준다.

3. 대화를 들려주고 간단한 질문을 하여 대화 내용을 이해했는지 확인한다.

🎤 히에우 씨는 가족이 몇 명이에요? 가족이 누구누구예요? 히에우 씨 할아버지는 어떠세요? 이링 씨는 가족이 어떻게 돼요?

4. 교사와 함께 대화문을 읽으면서 자연스럽게 말하는 연습을 한다. 두 번 정도 반복해서 연습한다.

5. 교체 어휘를 활용하여 짝과 함께 연습하게 한다.

6. 연습이 끝나면 한두 팀을 발표시키거나 교사가 전체 학생을 대상으로 확인한다.

2 확장 연습

1. 가족에 대해 말하기를 한다고 알려 준다.

2. 짝과 같이 가족이 몇 명인지, 누가 있는지 이야기하게 한다. 대화를 할 때는 다음과 같은 내용을 포함하여 말하도록 지시한다.

🎤 여러분은 가족이 몇 명이에요? 여러분 가족은 누구누구예요? 여러분 가족은 무슨 일을 해요? 이야기해 보세요.

3. 이야기가 끝나면 한두 팀을 발표시키거나 교사가 전체 학생을 대상으로 확인하고 오류를 수정해 준다.

가족 소개 듣기

1. 지시문을 이용하여 등장인물과 대화 상황을 설명한다.

2. 문제를 읽고 들어야 하는 정보를 파악하게 한다.

🎤 제이슨 씨 부모님은 어디에 계세요? 제이슨 씨 어머니는 지금 뭐 하세요?

3. 듣기 파일을 두 번 듣고 문제를 풀게 한다.

4. 교재 질문의 답을 확인한 후 해당 대화를 같이 읽으며 내용을 확인한다. 필요한 경우 새로운 어휘, 표현을 설명한다.

1 다음 글을 읽고 질문에 답해 보세요.

우리 가족사진입니다.
할머니, 부모님과 남동생, 저입니다.
아버지는 요리사십니다. 그래서 음식을 잘 만드십니다.
어머니는 선생님이십니다. 남동생은 고등학생입니다.
동생은 안경을 썼지만 저는 안경을 안 썼습니다.
할머니께서는 연세가 많으십니다.
오늘은 할머니 생신입니다.
그래서 할머니가 많이 보고 싶습니다.

• **많으십니다**[마느심니다]: 할머니는 연세가 많으십니다.

1) 이 사람의 가족은 모두 몇 명이에요?　　　5명

2) 맞으면 ○, 틀리면 X 하세요.
　❶ 아버지는 요리를 잘하십니다.　　　(○)
　❷ 동생은 안경을 안 썼습니다.　　　(X)

3) 이 사람은 오늘 왜 할머니가 보고 싶어요?
　오늘은 할머니 생신이에요. 그래서 할머니가 보고 싶어요.

2 여러분의 가족을 소개해 보세요.
가족이 몇 명이에요? 부모님은 어디에 계세요? 무엇을 좋아하세요?

단어장
부모님
고등학생

10과 아버지는 요리를 잘하세요 119

가족을 소개하는 글 읽기

1. 그림을 보며 글의 내용을 유추하게 한다.
　🎤 무슨 사진이에요? 가족이 몇 명이에요?

2. 글을 훑어 읽게 한 후 주제, 중심 내용 등을 간단히 말해 보도록 한다.
　🎤 이 사람의 가족은 몇 명이에요? 이 사람의 아버지는 무엇을 잘하세요?
　어머니는 무엇을 하세요? 이 사람은 오늘 왜 할머니가 보고 싶어요?

3. 글을 다시 읽으면서 문제를 풀게 한다.

4. 답을 같이 확인한 후, 본문을 다시 읽으며 모르는 어휘가 없는지 확인한다. 필요한 경우 새로운 어휘, 표현을 설명한다.

가족을 소개하는 글 쓰기

1. 어떤 글을 쓸지 알려 주고 글에 들어갈 내용을 생각해 보게 한다.
　🎤 오늘은 가족 소개의 글을 쓸 거예요.
　가족 소개에 필요한 내용은 뭐예요?

2. 교재 질문에 대해 자신이 쓸 내용을 간단히 메모하도록 한다. 교사는 학생들이 쓴 메모에 오류가 없는지 확인해 준다.
　메모 가족이 몇 명이에요? 가족들은 어디에 있어요? 무엇을 잘해요?
　무엇을 좋아해요?

3. 메모한 내용을 바탕으로 글을 완성하게 한다.

문화와 정보

가족 호칭

여러분은 가족을 어떻게 부릅니까? 한국 사람들은 나보다 아랫사람은 이름을 부릅니다. 나보다 윗사람은 이름을 부르지 않습니다. '할머니', '형'처럼 가족 호칭을 부릅니다. 가족이 아니지만 가족처럼 친한 사람을 부를 때 '오빠', '형', '누나', '언니'라고 부르기도 합니다.

1) 한국에서는 아랫사람을 어떻게 불러요?
2) 한국에서는 윗사람을 어떻게 불러요?
3) 여러분 고향에서는 가족을 어떻게 불러요?

수민아!

할머니~

할아버지~

참고

전통적으로 가족이나 친족 관계에서만 사용되었던 호칭을 가족이나 친족이 아닌 사람에게도 적용하는 경우가 많아졌습니다. 친한 여성을 '언니, 누나'로 친한 남성을 '오빠, 형'이라고 부른다든지, 식당 등에서 종업원을 '이모'라고 부르는 것이 그 예입니다.

가족 호칭

1. 이 단원의 문화와 정보가 무엇에 대한 것인지 알려 준다.

   🎤 (어머니가 아이를 부르는 그림을 가리키며) 어머니가 아이를 어떻게 불러요? '수민아' 이름을 불러요. 오늘은 한국의 가족 호칭에 대해 알아봅시다.

2. 교재의 그림(사진)을 보면서 주제에 대해 알고 있는 것을 상기시키고 말해 보게 한다. 이때 관련 시각 자료를 추가로 활용할 수 있다.

   🎤 (어머니가 아이를 부르는 그림을 가리키며) 이 사람은 왜 이름을 불러요? (아이들이 할아버지, 할머니를 부르는 그림을 가리키며) 아이들은 왜 '할머니', '할아버지'라고 불러요?

3. 교재를 같이 읽으면서 내용을 설명한다. 이때 중요한 정보가 있는 부분에 밑줄을 긋거나 표시하게 하는 것도 좋다.

4. 질문 1, 2의 답을 찾아보고 답하게 한다.

   🎤 한국에서는 아랫사람을 어떻게 불러요?
   한국에서는 윗사람을 어떻게 불러요?

5. 3번 질문을 이용하여 학습자 자신의 경험을 말해 보도록 한다.

   🎤 여러분 나라에서는 가족을 어떻게 불러요?

발음

1. 다음을 듣고 따라 읽으세요.
1) 들으세요[드르세요]
2) 어떻게[어떠케]
3) 생신이에요[생시니에요]

2. 다음을 듣고 연습해 보세요.
1) 가: 할머니는 뭘 하세요?
   나: 음악을 들으세요.
2) 가: 할아버지는 연세가 어떻게 되세요?
   나: 일흔 둘이세요.
3) 내일이 할머니 생신이에요.

- **연음**
  – 받침 뒤에 모음이 올 경우 연음이 된다.

- **격음화**
  – 'ㄱ' 앞뒤에 'ㅎ'가 올 경우 [ㅋ]로 발음된다.

배운 어휘 확인

☐ 할머니	☐ 높임말
☐ 할아버지	☐ 성함
☐ 외할머니	☐ 연세
☐ 외할아버지	☐ 생신
☐ 어머니(엄마)	☐ 분
☐ 아버지(아빠)	☐ 계시다
☐ 언니	☐ 드시다/잡수시다
☐ 오빠	☐ 주무시다
☐ 나	☐ 돌아가시다
☐ 여동생	☐ 말씀하시다
☐ 남동생	☐ 부모님
☐ 누나	☐ 고등학생
☐ 형	

- 이 단원에서 배운 어휘 중 기억나는 것을 말해 보세요.
- 이 단원에서 배운 문법은 뭐예요? 어떻게 사용해요?
- 여러분 가족은 누가 있어요?
- 여러분 가족은 지금 뭐 하세요?
- 한국에서는 아랫사람과 윗사람을 어떻게 불러요?

10과 아버지는 요리를 잘하세요 **121**

발음 ⏱ **10분**

1. 교재 1번 발음을 들려주고 어떻게 들리는지 학습자 스스로 확인해 보도록 한다.

2. '들으세요', '생신이에요'에서 받침 뒤에 모음이 올 경우 연음된다는 것을 알려 준다. 그리고 '어떻게'에서 받침 'ㅎ' 뒤에 'ㄱ'가 올 경우 [ㅋ]로 발음된다는 것을 알려 준다.

   주의 'ㄱ, ㄷ, ㅂ, ㅈ' 앞뒤로 'ㅎ'가 올 경우 격음 [ㅋ, ㅌ, ㅍ, ㅊ]로 발음되는 규칙에 대해 간단히 설명할 수 있다. 그러나 이 발음 규칙은 여러 번 반복해서 학습하게 되므로 '어떻게' 발음에만 집중하는 것이 좋다.

3. 교재 1번 발음을 다시 듣고 교사를 따라 말해 본다.

4. 교재 2번 대화를 듣고 따라 말해 본다.

5. 짝과 함께 대화를 읽으며 연습하게 한 후에 확인한다.

마무리 ⏱ **10분**

1. 단원에서 학습한 어휘 중 기억하는 것을 먼저 말해 보게 한다.

2. 배운 어휘 목록의 어휘들을 읽으면서 의미를 상기시킨다.

3. 단원에서 학습한 문법(동형-으시-, 동형-지만)을 상기시키며 의미와 사용법을 기억하는지 확인한다.

4. 단원의 목표와 성취도를 확인한다.

5. 익힘책을 과제로 제시하고 마무리한다.

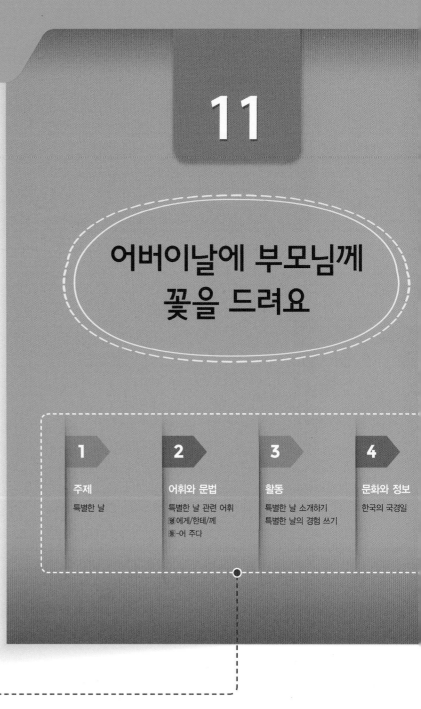

11

어버이날에 부모님께
꽃을 드려요

수업 목표 및 내용

- **주제:** 특별한 날

- **어휘와 문법**
  - 어휘: 특별한 날 축하할 때 유용한 어휘를 익힌다.
  - 문법: '명에게/한테/께', '동-어 주다'의 의미와 형태를 익혀 사용할 수 있다.

- **활동**
  - 말하기: 고향의 특별한 날을 소개할 수 있다.
  - 듣기: 특별한 날에 관한 대화를 듣고 이해할 수 있다.
  - 읽기: 졸업식에 관한 글을 읽고 이해할 수 있다.
  - 쓰기: 특별한 날의 경험에 대해 글을 쓸 수 있다.

- **문화와 정보:** 한국의 국경일

1	2	3	4
주제	어휘와 문법	활동	문화와 정보
특별한 날	특별한 날 관련 어휘 명 에게/한테/께 동-어 주다	특별한 날 소개하기 특별한 날의 경험 쓰기	한국의 국경일

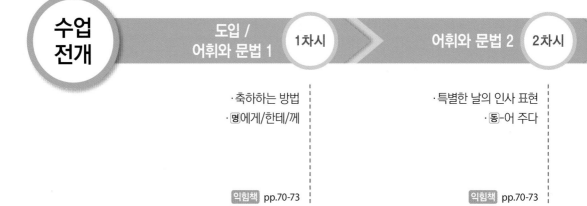

수업 전개

도입 / 어휘와 문법 1	1차시	어휘와 문법 2	2차시
·축하하는 방법 ·명에게/한테/께		·특별한 날의 인사 표현 ·동-어 주다	
익힘책 pp.70-73		익힘책 pp.70-73	

단원 도입

• 이 사람들은 지금 뭐 해요?
• 여러분은 언제 선물을 해요?

도입

1. 교재 그림을 이용하여 학생들과 이야기하며 이 과의 주제를 노출한다.

   그림❶ 🎙 어머니에게 꽃을 드리고 있지요?
   왜 꽃을 드릴까요?

   그림❷ 🎙 오늘은 무슨 날일까요?
   여러분은 이날 보통 무엇을 해요?

   그림❸ 🎙 오늘은 무슨 날일까요?
   여러분은 이런 경험이 있었어요?

2. 대화 내용을 정리하며 이 단원에서는 '특별한 날, 축하하는 방법, 축하 인사 표현' 등에 대해 공부한다는 것을 알려 준다.

이 단원을 지도할 때는…

고향의 특별한 날에 대해 소개하거나 이야기할 때 배우지 않은 표현이나 모국어로 된 표현이 언급될 수 있습니다. 아직 이 주제와 관련된 내용을 충분히 말할 수 있는 수준은 아니므로 학생 수준에 맞는 범위에서 내용을 이끌어 가면 됩니다.

말하기와 듣기 3차시	읽기와 쓰기 4차시	문화와 정보 / 발음 / 마무리 5차시
·고향의 특별한 날 소개하기 ·특별한 날에 대한 대화 듣기	·졸업식에 대한 글 읽기 ·특별한 날의 경험 쓰기	·한국의 국경일
익힘책 p.74	익힘책 p.75	

- **주다/보내다/받다:** 친구 생일이에요. 저는 선물을 줘요. 친구는 선물을 받아요. 그런데 친구가 멀리 있어요. 그래서 우체국에서 선물을 보내요.

  발음 받아요[바다요]

- **초대를 하다/받다:** 제 생일 파티가 있어요. 생일 파티에 친구를 초대해요. 친구는 초대를 받아요.

- **선물을 하다/받다:** 친구 생일이에요. 선물을 줘요. 저는 선물을 해요. 친구는 선물을 받아요.

- **이야기를 하다/듣다:** 아이가 '생일 축하합니다.' 이야기를 해요. 엄마는 이야기를 들어요.

  발음 들어요[드러요]

- **전화를 하다/받다:** 이 남자가 전화를 해요. 친구가 전화를 받아요.

  발음 전화[전화, 저놔]

🔍 가족이나 친구를 축하하고 싶어요. 뭐 해요?

주다 | 보내다 | 받다

초대를 하다 | 초대를 받다 | 선물을 하다 | 선물을 받다

이야기를 하다 | 이야기를 듣다 | 전화를 하다 | 전화를 받다

🔍 친구 생일이에요. 여러분은 뭐 해요? 이야기해 보세요.

친구 생일에 뭐 해요?

선물을 줘요.

어휘 1 (축하하는 방법)

1 도입, 제시

1. 단원 도입의 어버이날, 졸업식, 생일 상황을 다시 한번 이야기하며 오늘 배우는 어휘는 축하할 때 하는 행동과 관련된 표현임을 알려 준다.

   🎤 어버이날, 졸업식, 생일에 가족이나 친구를 축하하고 싶어요. 그럼 뭐 해요? 오늘은 축하하는 방법을 공부해요.

2. 교사를 따라 어휘를 소리 내어 한 번 읽는다. 이때 발음에 주의하게 한다.

3. 어휘의 의미를 설명한다. 어휘가 사용된 문장을 예로 제시하거나 의미를 풀어서 설명해 준다. 상황에 따라 유의어나 반의어 등을 추가로 설명할 수 있다.

4. 배운 어휘를 소리 내어 읽도록 한다. 이때 '-어요' 형태로 단어를 읽는 등 변화를 줄 수 있다.

2 연습

1. 친구 생일에 무엇을 하는지 질문을 한다.

2. 짝과 함께 친구 생일에 하는 행동에 대해 말해 보도록 한다.

3. 학생들끼리 이야기한 것을 교사가 정리해 주며 같이 이야기한다.

   🎤 OO 씨는 친구 생일에 무엇을 해요?

4. 생일 외에 다른 특별한 날에 무엇을 하는지 이야기하는 활동으로 확장할 수 있다.

   익힘책 70쪽을 풀게 하거나 과제로 제시한다.

명에게/한테/께

행위의 영향을 받는 대상임을 나타낼 때 사용해요.

예문
- 가: 아버지께 생신 선물 보냈어요?
  나: 네, 옷을 보냈어요.
- 고향 친구한테 이메일을 썼어요.

에게/한테	• 동생	→	동생에게/동생한테
	• 친구	→	친구에게/친구한테
께	• 선생님	→	선생님께
	• 할머니	→	할머니께

명에게/한테/께

어떤 행동의 대상을 나타낼 때 사용한다. '에게', '한테', '께'의 의미 차이는 없고 '께'는 '에게'의 높임말이다.

- 가: 잠시드에게 우리 약속을 이야기했어요?
  나: 네. 했어요.
- 가: 이 꽃을 누구한테 줘요?
  나: 어머니께 드려요.
- 선생님께 다시 한번 말씀을 드렸어요.

에게/한테 (받침 O, X)	딸 → 딸에게/딸한테
	아이 → 아이에게/아이한테
께 (받침 O, X)	부모님 → 부모님께
	어머니 → 어머니께

1 이 사람은 누구에게 뭐 해요? 이야기해 보세요.

보기
슬기가 누구에게 초대장을 줘요?

친구에게 초대장을 줘요.

슬기 / 친구   초대장을 주다

1)
이링 / 동생   이메일을 보내다

2)
라흐만 / 사장님   전화를 하다

3)
성민 / 어머니   선물을 드리다

여러분은 누구에게 자주 전화해요? 이야기해 보세요.

11과 어버이날에 부모님께 꽃을 드려요 **125**

문법 1 (명에게/한테/께)

1 도입, 제시

1. 도입 그림과 대화를 통해 문법이 사용되는 상황을 인지시킨다.

🎤 안젤라 씨가 지금 뭐 해요? 누구하고 전화해요?

2. 교재의 대표 예문을 보면서 문법의 의미를 설명한다.

🎤 안젤라 씨의 동생이 중국에 있어요. 안젤라 씨가 중국에 전화해요. 동생이 전화를 받아요. 이럴 때 '안젤라 씨가 동생에게 전화해요'라고 말해요.

3. 학생들과 교재의 예문들을 읽으면서 문법의 의미를 설명하고 이해시킨다.

4. 문법의 형태 정보를 제시하고 설명한다.

5. 추가 예문을 제시하고 문법의 의미와 사용법을 정확하게 이해시킨다.

2 연습 1

1. 〈보기〉의 대화를 교사와 함께 완성해 본다.

2. 나머지 문제를 〈보기〉의 대화처럼 짝과 완성하도록 한다.

3. 연습한 것을 발표하게 하거나 교사가 전체 학생 대상으로 답하게 하여 확인한다. 그리고 오류가 있으면 수정해 준다.

3 연습 2

1. 누구에게 자주 전화하는지 묻고 대답하면서 '에게/한테/께'를 활용하여 자신의 이야기를 하도록 한다.

2. 친구와 대화한 것을 발표하게 하고 오류가 있으면 수정해 준다.

익힘책 72쪽을 풀게 하거나 과제로 제시한다. 익힘책은 연습 활동 난이도에 따라 교재 연습 문제 전후로 활용한다.

11과 어버이날에 부모님께 꽃을 드려요 **113**

어휘와 문법 2

- **어버이날(5월 8일):** 아버지, 어머니, 감사합니다.
- **스승의 날(5월 15일):** 선생님, 감사합니다.

- **졸업식:** 졸업을 축하해요.
  발음 축하해요[추카해요]
- **결혼식:** 결혼을 축하드립니다.
  발음 결혼[결혼, 겨론]

- **생일:** 생일을 축하해요.
- **생신:** 할아버지, 생신을 축하드립니다.

🔍 무슨 날이에요? 뭐라고 말해요?

| 어버이날 | 부모님, 감사합니다. | 스승의 날 | 선생님, 감사합니다. |

| 졸업식 | 졸업을 축하해요. | 결혼식 | 결혼을 축하드립니다. |

| 생일/생신 | 생일을 축하해요. | | 생신을 축하드립니다. |

🔍 특별한 날이에요. 뭐라고 말해요?

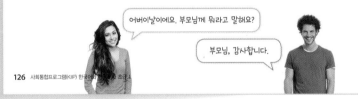

어버이날이에요. 부모님께 뭐라고 말해요?

부모님, 감사합니다.

어휘 2 (특별한 날의 인사 표현)

1 도입, 제시

1. 어떤 날이 특별한 날인지 물으며 오늘 배우는 어휘는 특별한 날과 그날에 사용하는 인사 표현임을 알려 준다.

   🎤 여러분은 어떤 날이 특별해요? 특별한 날에 뭐라고 말해요?
   오늘은 특별한 날과 특별한 날에 사용하는 인사 표현을 공부해요.

2. 교사를 따라 어휘를 소리 내어 한 번 읽는다. 이때 발음에 주의하게 한다.

3. 어휘의 의미를 설명한다. 어휘가 사용된 문장을 예로 제시하거나 의미를 풀어서 설명해 준다. 상황에 따라 유의어나 반의어 등을 추가로 설명할 수 있다.

4. 배운 어휘를 소리 내어 읽도록 한다.

2 연습

1. 어떤 날이 특별한지, 그날 뭐라고 말하는지, 무엇을 하는지 질문을 한다.

2. 짝과 함께 특별한 날에 대해 말해 보도록 한다.

3. 학생들끼리 이야기한 것을 교사가 정리해 주며 같이 이야기한다.

   🎤 OO 씨는 특별한 날에 뭐라고 말해요? 무엇을 해요?

익힘책 71쪽을 풀게 하거나 과제로 제시한다.

동-어 주다

다른 사람을 위해서 어떤 행동을 할 때 사용해요.

딸에게 책을 읽어 줘요.

[예문]
- 가: 잠시드 씨, 창문을 좀 닫아 주세요.
  나: 네, 알겠습니다.
- 오늘은 친구 생일이에요. 그래서 축하해 주었어요.

-아 주다	닫다	→ 닫아 주다
	사다	→ 사 주다
-어 주다	만들다	→ 만들어 주다
	쓰다	→ 써 주다
-해 주다	축하하다	→ 축하해 주다

동-어 주다

다른 사람을 위해서 어떤 행동을 하거나 다른 사람에게 어떤 행동을 요청할 때 사용한다. 높임말은 '-어 드리다'이다

- 가: 가방이 정말 예뻐요.
  나: 친구가 생일 선물로 사 주었어요. = 사 줬어요.
- 가: 저에게 이메일을 보내 주세요.
  나: 네, 알겠습니다.
- 후엔 씨 전화번호 좀 가르쳐 주세요.
- 아버지께 케이크를 만들어 드렸어요.

1 후엔 씨의 생일이에요. 다음 사람들은 후엔 씨에게 뭘 해 줘요? 이야기해 보세요.

보기

박민수 / 생일 선물을 사다
케이크를 만들다 이링
고천 카드를 쓰다
안젤라 생일 축하 노래를 부르다

민수 씨는 뭘 해 줘요?
생일 선물을 사 줘요.

2 여러분은 부모님 생신에 뭘 해 드려요? 이야기해 보세요.

-아 주다 (ㅏ, ㅗ O)	가다	→ 가 주다
	보다	→ 봐 주다
-어 주다 (ㅏ, ㅗ X)	열다	→ 열어 주다
	가르치다	→ 가르쳐 주다
-해 주다 (하다)	소개하다	→ 소개해 주다
	이야기하다	→ 이야기해 주다

11과 어버이날에 부모님께 꽃을 드려요 127

문법 2 (동-어 주다)

1 도입, 제시

1. 도입 그림과 대화를 통해 문법이 사용되는 상황을 인지시킨다.

   🎤 박민수 씨가 뭐 해요? 누구를 위해서 책을 읽어요?

2. 교재의 대표 예문을 보면서 문법의 의미를 설명한다.

   🎤 아빠 박민수 씨는 딸 슬기에게 책을 읽어 줘요. 이렇게 다른 사람을 위해서 어떤 행동을 할 때 '-어 주다'를 사용해요.

3. 학생들과 교재의 예문들을 읽으면서 문법의 의미를 설명하고 이해시킨다.

4. 문법의 형태 정보를 제시하고 설명한다.

5. 추가 예문을 제시하고 문법의 의미와 사용법을 정확하게 이해시킨다.

2 연습 1

1. 〈보기〉의 대화를 교사와 함께 완성해 본다.

2. 나머지 문제를 〈보기〉의 대화처럼 짝과 완성하도록 한다.

3. 연습한 것을 발표하게 하거나 교사가 전체 학생 대상으로 답하게 하여 확인한다. 그리고 오류가 있으면 수정해 준다.

3 연습 2

1. 부모님 생신에 무엇을 해 드렸는지 묻고 대답하면서 '-어 주다'를 활용하여 자신의 이야기를 하도록 한다.

2. 친구와 대화한 것을 발표하게 하고 오류가 있으면 수정해 준다.

익힘책 73쪽을 풀게 하거나 과제로 제시한다. 익힘책은 연습 활동 난이도에 따라 교재 연습 문제 전후로 활용한다.

1 2)

고천: 후엔 씨, 주말 잘 보냈어요? 후엔 씨는 지난주에 뭐 했어요?

후엔: 친구 결혼식이었어요. 그래서 친구에게 축하 노래를 불러 줬어요. 고천 씨는요?

고천: 지난 주말이 아버지 생신이었어요. 그래서 아버지께 케이크를 만들어 드렸어요.

안 젤 라(여): 드미트리 씨, 이 꽃은 뭐예요?

드미트리(남): 선물을 받았어요.

안 젤 라(여): 무슨 날이에요?

드미트리(남): 오늘이 제 생일이에요. 그래서 친구가 저에게 꽃을 사 주었어요.

안 젤 라(여): 아, 그래요? 생일 축하해요.

---

1 고천 씨와 후엔 씨가 이야기해요. 다음과 같이 이야기해 보세요.

고천: 후엔 씨, 주말 잘 보냈어요? 후엔 씨는 지난주에 뭐 했어요?

후엔: 슬기 생일이었어요. 그래서 슬기에게 책을 사 주었어요. 고천 씨는요?

고천: 지난 주말이 중국의 어머니날이었어요. 그래서 어머니께 선물을 보내 드렸어요.

1) 슬기 생일 | 슬기, 책을 사다 | 중국의 어머니날 | 어머니, 선물을 보내다
2) 친구 결혼식 | 친구, 축하 노래를 부르다 | 아버지 생신 | 아버지, 케이크를 만들다

2 여러분 나라의 특별한 날은 언제예요? 그날 뭐 해요? 이야기해 보세요.

 베트남은 여성의 날에 여자에게 꽃을 선물해 줘요.

한국은 어린이날에 아이에게 선물을 사 줘요.

 안젤라 씨와 드미트리 씨가 이야기해요. 잘 듣고 답해 보세요.

1) 오늘은 무슨 날이에요?
   드미트리 씨 생일이에요.

2) 드미트리 씨에게 누가, 무엇을 줬어요?
   친구가 드미트리 씨에게 꽃을 줬어요.

단어장
여성의 날
어린이날

고향의 특별한 날 소개하기

1 대화문 연습

1. 특별한 날에 대해 이야기하며 교재의 그림을 이용해 어떤 상황인지 추측해 보도록 한다.

   🎤 후엔 씨는 지난 주말에 뭐 한 것 같아요? 무슨 날인 것 같아요?

2. 지시문을 이용하여 대화 상황을 학생들에게 명확하게 알려 준다.

3. 대화를 들려주고 간단한 질문을 하여 대화 내용을 이해했는지 확인한다.

   🎤 후엔 씨는 지난 주말에 무슨 일이 있었어요? 후엔 씨는 슬기에게 뭘 사 줬어요? 고천 씨는 지난 주말에 무슨 일이 있었어요? 고천 씨는 뭐 했어요?

4. 교사와 함께 대화문을 읽으면서 자연스럽게 말하는 연습을 한다. 두 번 정도 반복해서 연습한다.

5. 교체 어휘를 활용하여 짝과 함께 연습하게 한다.

6. 연습이 끝나면 한두 팀을 발표시키거나 교사가 전체 학생을 대상으로 확인한다.

2 확장 연습

1. 고향의 특별한 날에 대해 말하기를 한다고 알려 준다.

2. 짝과 같이 어떤 특별한 날이 있는지, 그날 무엇을 하는지 이야기하게 한다. 대화를 할 때는 다음과 같은 내용을 포함하여 말하도록 지시한다.

   🎤 여러분 나라의 특별한 날은 언제예요? 그날 무엇을 해요? 이야기해 보세요.

3. 이야기가 끝나면 한두 팀을 발표시키거나 교사가 전체 학생을 대상으로 확인하고 오류를 수정해 준다.

특별한 날에 대한 대화 듣기

1. 지시문을 이용하여 등장인물과 대화 상황을 설명한다.

2. 문제를 읽고 들어야 하는 정보를 파악하게 한다.

   🎤 드미트리 씨는 무슨 선물을 받았어요? 왜 선물을 받았어요?

3. 듣기 파일을 두 번 듣고 문제를 풀게 한다.

4. 교재 질문의 답을 확인한 후 해당 대화를 같이 읽으며 내용을 확인한다. 필요한 경우 새로운 어휘, 표현을 설명한다.

1 다음 글을 읽고 질문에 답해 보세요.

어제는 제 졸업식이었습니다.
친구들이 축하해 주었습니다.
어머니는 저에게 꽃하고 시계를 선물해 주었습니다.
그리고 동생은 사진을 찍어 주었습니다.
졸업식 후에 우리 가족은 한국 식당에 갔습니다.
아버지께서 불고기를 사 주셨습니다.
불고기가 정말 맛있었습니다.
저는 기분이 아주 좋았습니다.

1) 어제는 무슨 날이었어요? __어제는 졸업식이었습니다.__

2) 누가 무엇을 해 주었어요? 알맞은 것을 연결하세요.

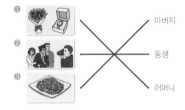

❶ ⎯⎯⎯⎯⎯ 아버지

❷ ⎯⎯⎯⎯⎯ 동생

❸ ⎯⎯⎯⎯⎯ 어머니

3) 이 사람은 어제 기분이 어땠어요? __기분이 아주 좋았습니다.__

2 여러분은 특별한 날(생일, 졸업식, 어버이날 등)을 어떻게 보냈어요? 글로 써 보세요.

단어장

기분이 좋다

11과 어버이날에 부모님께 꽃을 드려요 **129**

• **기분이 좋다**[조타]: 오늘은 제 생일이라서 기분이 좋아요.

졸업식에 대한 글 읽기

1. 그림을 보며 글의 내용을 유추하게 한다.

🎤 여기는 어디예요? 무슨 날일까요? 왜 꽃을 받았어요?
무엇에 대한 내용이에요?

2. 글을 훑어 읽게 한 후 주제, 중심 내용 등을 간단히 말해 보도록 한다.

🎤 어제는 무슨 날이었어요? 이 사람은 그날 무엇을 했어요? 어땠어요?

3. 글을 다시 읽으면서 문제를 풀게 한다.

4. 답을 같이 확인한 후, 본문을 다시 읽으며 모르는 어휘가 없는지 확인한다. 필요한 경우 새로운 어휘, 표현을 설명한다.

특별한 날의 경험 쓰기

1. 어떤 글을 쓸지 알려 주고 글에 들어갈 내용을 생각해 보게 한다.

🎤 오늘은 특별한 날에 한 일을 쓸 거예요.
특별한 날에 대해 써요. 무슨 내용을 써요?

2. 교재 질문에 대해 자신이 쓸 내용을 간단히 메모하도록 한다. 교사는 학생들이 쓴 메모에 오류가 없는지 확인해 준다.

메모 그날 무엇을 했어요? 무슨 선물을 받았어요? 기분이 어땠어요?

3. 메모한 내용을 바탕으로 글을 완성하게 한다.

문화와 정보

참고 **국경일 vs 휴일**

• **국경일**
  : 나라의 좋은 일을 축하하기 위해 법으로 정한 날

• **공휴일**
  : 법으로 정한 휴일

한국의 국경일

한국에는 모두 5일의 국경일이 있습니다. 3월 1일은 3·1절입니다. 한국 사람들은 1919년 3월 1일에 독립운동을 했습니다. 7월 17일은 제헌절입니다. 1948년 7월 17일에 헌법을 공포했습니다. 8월 15일은 광복절입니다. 한국은 1945년 8월 15일에 나라를 다시 찾았습니다. 10월 3일은 개천절입니다. 기원전(B.C.) 2333년에 한국 최초의 국가, 고조선을 세웠습니다. 10월 9일은 한글날입니다. 한글은 세종대왕이 만들었습니다.

1) 광복절은 언제예요?
2) 10월 9일은 무슨 날이에요?
3) 여러분 나라의 국경일은 언제예요?

한국의 국경일

1. 이 단원의 문화와 정보가 무엇에 대한 것인지 알려 준다.

🎤 (달력의 빨간색의 국경일 표시를 가리키며) 이날은 한국의 특별한 날이에요. 이날을 축하하고 싶어요. 이런 날을 '국경일'이라고 해요. 오늘은 '한국의 국경일'에 대해 알아봅시다.

2. 교재의 그림(사진)을 보면서 주제에 대해 알고 있는 것을 상기시키고 말해 보게 한다. 이때 관련 시각 자료를 추가로 활용할 수 있다.

🎤 3·1절/제헌절/광복절은 무슨 날인 것 같아요?

3. 교재를 같이 읽으면서 내용을 설명한다. 이때 중요한 정보가 있는 부분에 밑줄을 긋거나 표시하게 하는 것도 좋다.

4. 질문 1, 2의 답을 찾아보고 답하게 한다.

🎤 광복절은 언제예요?
   10월 9일은 무슨 날이에요?

5. 3번 질문을 이용하여 학습자 자신의 경험을 말해 보도록 한다.

🎤 여러분 나라의 국경일은 언제예요?

10월 9일
한글날

10월 3일
개천절

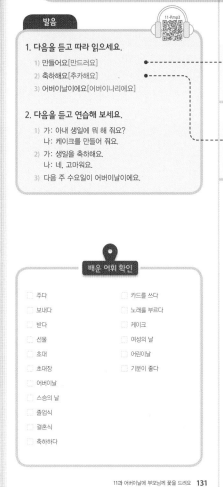

발음

11-P.mp3

1. 다음을 듣고 따라 읽으세요.
   1) 만들어요[만드러요]
   2) 축하해요[추카해요]
   3) 어버이날이에요[어버이나리에요]

2. 다음을 듣고 연습해 보세요.
   1) 가: 아내 생일에 뭐 해 줘요?
      나: 케이크를 만들어 줘요.
   2) 가: 생일을 축하해요.
      나: 네, 고마워요.
   3) 다음 주 수요일이 어버이날이에요.

• **연음**
   – 받침 뒤에 모음이 올 경우 연음이 된다.

• **격음화**
   – 'ㄱ' 앞뒤에 'ㅎ'가 올 경우 [ㅋ]로 발음된다.

배운 어휘 확인

☐ 주다   ☐ 카드를 쓰다
☐ 보내다   ☐ 노래를 부르다
☐ 받다   ☐ 케이크
☐ 선물   ☐ 여성의 날
☐ 초대   ☐ 어린이날
☐ 초대장   ☐ 기분이 좋다
☐ 어버이날
☐ 스승의 날
☐ 졸업식
☐ 결혼식
☐ 축하하다

• 이 단원에서 배운 어휘 중 기억나는 것을 말해 보세요.
• 이 단원에서 배운 문법은 뭐예요? 어떻게 사용해요?
• 여러분은 누구에게 자주 전화해요?
• 여러분은 친구 생일에 무엇을 해 줘요?
• 10월 9일은 무슨 날이에요?

11과 어버이날에 부모님께 꽃을 드려요 **131**

발음   10분

1. 교재 1번 발음을 들려주고 어떻게 들리는지 학습자 스스로 확인해 보도록 한다.

2. '만들어요', '어버이날이에요'에서 받침 뒤에 모음이 올 경우 연음된다는 것을 알려 준다. 그리고 '축하해요'에서 받침 'ㄱ' 뒤에 'ㅎ'가 올 경우 [ㅋ]로 발음된다는 것을 알려 준다.

   주의 'ㄱ, ㄷ, ㅂ, ㅈ' 앞뒤로 'ㅎ'가 올 경우 격음 [ㅋ, ㅌ, ㅍ, ㅊ]로 발음되는 규칙에 대해 간단히 설명할 수 있다. 그러나 이 발음 규칙은 여러 번 반복해서 학습하게 되므로 '축하하다' 발음에만 집중하는 것이 좋다.

3. 교재 1번 발음을 다시 듣고 교사를 따라 말해 본다.

4. 교재 2번 대화를 듣고 따라 말해 본다.

5. 짝과 함께 대화를 읽으며 연습하게 한 후에 확인한다.

마무리   10분

1. 단원에서 학습한 어휘 중 기억하는 것을 먼저 말해 보게 한다.

2. 배운 어휘 목록의 어휘들을 읽으면서 의미를 상기시킨다.

3. 단원에서 학습한 문법(명에게/한테/께, 동-어 주다)을 상기시키며 의미와 사용법을 기억하는지 확인한다.

4. 단원의 목표와 성취도를 확인한다.

5. 익힘책을 과제로 제시하고 마무리한다.

12

이번 휴가에
뭐 할 거예요?

수업 목표 및 내용

- **주제:** 휴가 계획
- **어휘와 문법**
  - 어휘: 휴일, 휴가 활동을 말할 때 유용한 어휘를 익힌다.
  - 문법: '통-을 거예요, '통형-고(나열)'의 의미와 형태를 익혀 사용할 수 있다.
- **활동**
  - 말하기: 휴가 계획을 이야기할 수 있다.
  - 듣기: 방학 계획에 관한 대화를 듣고 이해할 수 있다.
  - 읽기: 휴가 계획에 관한 글을 읽고 이해할 수 있다.
  - 쓰기: 휴가(방학) 계획에 대해 글을 쓸 수 있다.
- **문화와 정보:** 한국의 인기 여행지

1	2	3	4
주제	어휘와 문법	활동	문화와 정보
휴가 계획	휴일, 휴가 관련 어휘 통-을 거예요 통형-고(나열)	휴가 계획 이야기하기 휴가 계획 글 읽고 쓰기	한국의 인기 여행지

수업 전개

	도입 / 어휘와 문법 1	1차시	어휘와 문법 2	2차시
	·휴일 활동 ·통-을 거예요		·휴가 계획 ·통형-고(나열)	
	익힘책 pp.76-79		익힘책 pp.76-79	

• 이 사람들은 휴가에 무슨 계획이 있어요?
• 여러분은 휴가에 무슨 계획이 있어요?

도입

1. 교재 그림을 이용하여 학생들과 이야기하며 이 과의 주제를 노출한다.

그림❶ 🎤 후엔 씨 가족은 휴가에 뭐 해요?

그림❷ 🎤 후엔 씨는 휴가에 어디 가요?
거기에서 뭐 해요?

그림❸ 🎤 라흐만 씨는 휴가에 무슨 계획이 있어요?
여러분은 휴가에 무슨 계획이 있어요?

2. 대화 내용을 정리하며 이 단원에서는 '휴일 활동, 휴가 계획'에 대해 공부한다는 것을 알려 준다.

이 단원을 지도할 때는…

휴가나 방학 계획에 대해 말할 때 배우지 않은 표현이나 모국어로 된 표현이 언급될 수 있습니다. 아직 이 주제와 관련된 내용을 충분히 말할 수 있는 수준은 아니므로 학생 수준에 맞는 범위에서 내용을 이끌어 가면 됩니다. 또 특별한 계획이 없는 사람이 있을 수도 있으므로 소외되지 않게 잘 배려해야 합니다.

말하기와 듣기	3차시	읽기와 쓰기	4차시	문화와 정보 / 발음 / 마무리	5차시
·휴가 계획 말하기 ·휴가 계획에 대한 대화 듣기		·휴가 계획에 대한 글 읽기 ·휴가(방학) 계획 쓰기		·한국의 인기 여행지	
익힘책 p.80		익힘책 p.81			

- **공원에서 농구를 하다:** 공원에서 농구를 해요.
- **컴퓨터 게임을 하다:** (그림을 가리키며) 컴퓨터 게임을 해요.
- **여행을 가다:** 기차, 비행기, 버스를 타요. 제주도, 부산에 가요. 여행을 가요.

- **가족하고 외식을 하다:** 가족하고 집에서 밥을 안 먹어요. 밖에서 먹어요. 가족하고 외식을 해요.
- **아이하고 놀이공원에 가다:** (그림을 가리키며) 아이하고 놀이공원에 가요.
- **한국어를 열심히 공부하다:** 한국어 공부를 많이 해요. 날마다 공부해요. 한국어를 열심히 공부해요.

- **한국 요리를 배우다:** 김치, 잡채, 불고기, 한국 음식을 만들고 싶어요. 그래서 한국 요리 선생님께 배워요. 한국 요리를 배워요.
  - 발음 한국 요리[한궁 뇨리]
- **낮잠을 자다:** 밤이 아니에요. 낮에 잠을 자요. 낮잠을 자요.
  - 발음 낮잠[낟짬]
- **친구 집에 놀러 가다:** 친구하고 놀고 싶어요. 그래서 친구 집에 가요. 친구 집에 놀러 가요.

🔍 휴일에 뭐 해요? 이야기해 보세요.

공원에서 농구를 하다

컴퓨터 게임을 하다

여행을 가다

가족하고 외식하다

아이하고 놀이공원에 가다

한국어를 열심히 공부하다

한국 요리를 배우다

낮잠을 자다

친구 집에 놀러 가다

🔍 여러분은 휴일에 뭐 해요? 친구하고 이야기해 보세요.

> 저는 아이하고 놀이공원에 가요.

> 휴일에 뭐 해요?

134 사회통합프로그램(KIIP) 한국어와 한국문화 초급 1

어휘 1 (휴일에 하는 일)

1 도입, 제시

1. 단원 도입의 휴일, 휴가, 방학에 하는 일을 다시 한번 이야기하며 오늘 배우는 어휘가 휴일, 휴가, 방학에 하는 일과 관련된 활동임을 알려 준다.
   - 🎤 여러분은 토요일, 일요일에 뭐 해요? 휴일에 뭐 해요?
     오늘은 휴일에 주로 하는 일을 공부해요.

2. 교사를 따라 어휘를 소리 내어 한 번 읽는다. 이때 발음에 주의하게 한다.

3. 어휘의 의미를 설명한다. 어휘가 사용된 문장을 예로 제시하거나 의미를 풀어서 설명해 준다. 상황에 따라 유의어나 반의어 등을 추가로 설명할 수 있다.

4. 배운 어휘를 소리 내어 읽도록 한다. 이때 '-어요' 형태로 단어를 읽는 등 변화를 줄 수 있다.

2 연습

1. 휴일에 무엇을 하는지 질문을 한다.

2. 짝과 함께 휴일에 무엇을 하는지 말해 보도록 한다.

3. 학생들끼리 이야기한 것을 교사가 정리해 주며 같이 이야기한다.
   - 🎤 OO 씨는 휴일에 뭐 해요? 어디에 가요?

익힘책 76쪽을 풀게 하거나 과제로 제시한다. 익힘책은 연습 활동 난이도에 따라 교재 연습 문제 전후로 활용한다.

동 **-을 거예요**

미래의 일이나 계획을 말할 때 사용해요.

이번 휴일에 뭐 할 거예요?

놀이공원에 갈 거예요.

예문

• 가: 저녁에 뭐 먹을 거예요?

　나: 김치찌개를 먹을 거예요.

• 제이슨 씨는 방학에 태권도를 배울 거예요.

-을 거예요	• 먹다	→ 먹을 거예요
	• 입다	→ 입을 거예요
	*★ 듣다	→ 들을 거예요
-ㄹ 거예요	• 가다	→ 갈 거예요
	• 보다	→ 볼 거예요
	*★ 만들다	→ 만들 거예요

1 후엔 씨는 다음 주에 무엇을 할 거예요? 이야기해 보세요.

다음 주 목요일에 뭐 할 거예요?

 보기

문화 센터에서 한국 음식을 만들 거예요.

한국 음식을 만들다

1)  금요일

친구 집에 놀러 가다

2)  토요일

가족하고 외식하다

3)  일요일

마트에서 장을 보다

2 여러분은 다음 주에 뭐 할 거예요? 이야기해 보세요.

동 **-을 거예요**

정해지지 않은 미래의 일이나 계획을 말할 때 사용한다.

• 가: 주말에 뭐 할 거예요?

　나: 친구를 만날 거예요.

• 가: 일요일에 집에 있을 거예요?

　나: 아니요, 친구하고 등산을 갈 거예요.

• 이번 휴가에 제주도에 갈 거예요.

-을 거예요 (받침 O)	찌다	→ 찔 거예요
	읽다	→ 읽을 거예요
	씻다	→ 씻을 거예요
	*걷다	→ 걸을 거예요
-ㄹ 거예요 (받침 X, ㄹ 받침)	타다	→ 탈 거예요
	만나다	→ 만날 거예요
	공부하다	→ 공부할 거예요
	*살다	→ 살 거예요

문법 1 (동 -을 거예요)

1 도입, 제시

1. 도입 그림과 대화를 통해 문법이 사용되는 상황을 인지시킨다.

🎤 후엔 씨는 휴일에 놀이공원에 가요. 그런데 지금이 아니에요.
후엔 씨는 이번 주 일요일, 이번 휴일에 놀이공원에 갈 거예요.

2. 교재의 대표 예문을 보면서 문법의 의미를 설명한다.

🎤 후엔 씨는 휴일에 놀이공원에 가요. 그런데 지금이 아니에요. 미래의
일이에요. 이럴 때 '휴일에 놀이공원에 갈 거예요.'라고 말해요.

3. 학생들과 교재의 예문들을 읽으면서 문법의 의미를 설명하고
이해시킨다.

4. 문법의 형태 정보를 제시하고 설명한다.

5. 추가 예문을 제시하고 문법의 의미와 사용법을 정확하게 이해시킨다.

2 연습 1

1. 〈보기〉의 대화를 교사와 함께 완성해 본다.

2. 나머지 문제를 〈보기〉의 대화처럼 짝과 완성하도록 한다.

3. 연습한 것을 발표하게 하거나 교사가 전체 학생 대상으로 답하게 하여
확인한다. 그리고 오류가 있으면 수정해 준다.

3 연습 2

1. 다음 주에 뭘 할 계획인지 묻고 대답하면서 '-을 거예요'를 활용하여
자신의 이야기를 하도록 한다.

2. 친구와 대화한 것을 발표하게 하고 오류가 있으면 수정해 준다.

익힘책 78쪽을 풀게 하거나 과제로 제시한다. 익힘책은 연습 활동
난이도에 따라 교재 연습 문제 전후로 활용한다.

휴가 때 바다에 갈 거예요. 거기에서 뭐 할 거예요?
- **수영을 하다:** 수영을 해요. / 수영을 할 거예요.
- **배를 타다:** 배를 타요. / 배를 탈 거예요.
- **낚시를 하다:** 고기를 잡아요. 낚시를 해요. / 낚시를 할 거예요.

휴가 때 산에 갈 거예요. 거기에서 뭐 할 거예요?
- **등산을 하다:** 산에 올라가요. 등산을 해요. / 등산을 할 거예요.
- **캠핑을 하다:** 산, 바닷가에서 잠을 자요. 캠핑을 해요. / 캠핑을 할 거예요.
- **꽃구경을 하다:** 꽃을 봐요. 꽃구경을 해요. / 꽃구경을 할 거예요.
  발음 꽃구경[꼳꾸경]

휴가 때 고향에 갈 거예요. 거기에서 뭐 할 거예요?
- **고향 친구들을 만나다:** 고향 친구들을 만나요. / 고향 친구들을 만날 거예요.
- **부모님을 만나다:** 부모님을 만나요. / 부모님을 만날 거예요.
- **고향 음식을 먹다:** 고향 음식을 먹어요. / 고향 음식을 먹을 거예요.

휴가 때 놀이공원에 갈 거예요. 거기에서 뭐 할 거예요?
- **동물을 구경하다:** 동물을 봐요. 동물을 구경해요. / 동물을 구경할 거예요.
- **놀이 기구를 타다:** (그림을 가리키며) 놀이 기구를 타요. / 놀이 기구를 탈 거예요.
- **불꽃놀이를 보다:** (그림을 가리키며) 불꽃놀이를 봐요. / 불꽃놀이를 볼 거예요.
  발음 불꽃놀이[불꼰노리], 놀이 기구[노리 기구]

🔍 휴가 때 어디에 갈 거예요? 거기에서 뭐 할 거예요? 이야기해 보세요.

바다 / 수영을 하다 / 배를 타다 / (바다) 낚시를 하다
산 / 등산을 하다 / 캠핑을 하다 / 꽃구경을 하다
놀이공원 / 동물을 구경하다 / 놀이 기구를 타다 / 불꽃놀이를 보다
고향 / 고향 친구들을 만나다 / 부모님을 만나다 / 고향 음식을 먹다

🔍 여러분은 휴가 때 어디에 갈 거예요? 거기에서 뭐 할 거예요?

> 휴가 때 어디에 갈 거예요? 거기에서 뭐 할 거예요?

> 휴가 때 바다에 갈 거예요. 바다에서 수영을 할 거예요.

어휘 2 (휴가 때 하는 일)

1 도입, 제시

1. 휴가에 어디에 갈 것인지, 또 거기에서 무엇을 할 것인지를 물으며 오늘 배우는 어휘가 휴가 때 많이 가는 곳, 거기에서 하는 활동임을 알려 준다.

   🎤 여러분은 휴가 때 어디에 갈 거예요? 거기에서 뭐 할 거예요?

2. 교사를 따라 어휘를 소리 내어 한 번 읽는다. 이때 발음에 주의하게 한다.

3. 어휘의 의미를 설명한다. 어휘가 사용된 문장을 예로 제시하거나 의미를 풀어서 설명해 준다. 상황에 따라 유의어나 반의어 등을 추가로 설명할 수 있다.

4. 배운 어휘를 소리 내어 읽도록 한다. 또 현재형과 미래형으로도 바꾸어 읽어 보도록 한다.

2 연습

1. 휴가 때 어디에 갈 것인지, 거기에서 무엇을 할 것인지를 질문한다.

2. 짝과 함께 휴가 때 무엇을 할 것인지에 대해 말해 보도록 한다.

3. 학생들끼리 이야기한 것을 교사가 정리해 주며 같이 이야기한다.

   🎤 OO 씨는 휴가 때 어디에 갈 거예요? 고향에 갈 거예요?

   익힘책 77쪽을 풀게 하거나 과제로 제시한다. 익힘책은 연습 활동 난이도에 따라 교재 연습 문제 전후로 활용한다.

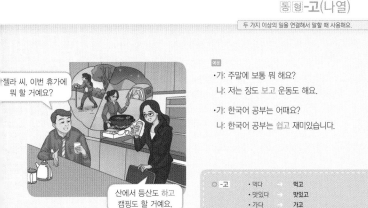

동 형 **-고(나열)**

두 가지 이상의 일을 연결해서 말할 때 사용해요.

예문

- 가: 주말에 보통 뭐 해요?
  나: 저는 장도 보고 운동도 해요.

- 가: 한국어 공부는 어때요?
  나: 한국어 공부는 쉽고 재미있습니다.

젤라 씨, 이번 휴가에 뭐 할 거예요?

산에서 등산도 하고 캠핑도 할 거예요.

※ -고		
• 먹다	→	먹고
• 맛있다	→	맛있고
• 가다	→	가고
• 크다	→	크고

1 휴가 때 뭐 할 거예요? 이야기해 보세요.

휴가 때 뭐 할 거예요?

저는 낮잠도 자고 텔레비전도 볼 거예요.

집에서 낮잠을 자다 │ 텔레비전을 보다

1)
공원에서 사진을 찍다 │ 꽃구경을 하다

2)
운동을 하다 │ 한국어를 열심히 공부하다

3)
부모님을 만나다 │ 고향 음식을 먹다

2 여러분은 휴가 때 뭐 할 거예요? 두 가지 이상 이야기해 보세요.

동 형 **-고(나열)**

두 가지 이상의 사실이나 행동, 상태를 나열할 때 사용한다.

- 가: 주말에 뭐 할 거예요?
  나: 영화도 보고 친구도 만날 거예요.

- 가: 아나이스 씨 남자 친구는 어때요?
  나: 성격도 좋고 멋있어요.

- 저는 바나나도 좋아하고 수박도 좋아해요.

- 이 가방은 싸고 예뻐요.

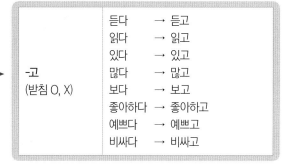

-고 (받침 O, X)	듣다 → 듣고
	읽다 → 읽고
	있다 → 있고
	많다 → 많고
	보다 → 보고
	좋아하다 → 좋아하고
	예쁘다 → 예쁘고
	비싸다 → 비싸고

문법 2 (동 형 -고(나열))

1 도입, 제시

1. 도입 그림과 대화를 통해 문법이 사용되는 상황을 인지시킨다.

   🎙 안젤라 씨는 휴가에 등산을 할 거예요. 그리고 캠핑도 할 거예요. 안젤라 씨는 휴가에 등산도 하고 캠핑도 할 거예요.

2. 교재의 대표 예문을 보면서 문법의 의미를 설명한다.

   🎙 안젤라 씨는 휴가에 등산을 할 거예요. 그리고 캠핑도 할 거예요. 이렇게 두 가지 이상의 행동을 말할 때 '-고'를 사용해요

3. 학생들과 교재의 예문들을 읽으면서 문법의 의미를 설명하고 이해시킨다.

4. 문법의 형태 정보를 제시하고 설명한다.

5. 추가 예문을 제시하고 문법의 의미와 사용법을 정확하게 이해시킨다.

2 연습 1

1. 〈보기〉의 대화를 교사와 함께 완성해 본다.

2. 나머지 문제를 〈보기〉의 대화처럼 짝과 완성하도록 한다.

3. 연습한 것을 발표하게 하거나 교사가 전체 학생 대상으로 답하게 하여 확인한다. 그리고 오류가 있으면 수정해 준다.

3 연습 2

1. 휴가 때 어디에 가서 무엇을 할 것인지를 묻고 대답하면서 '-고'를 활용하여 두 가지 이상 이야기를 하도록 한다.

2. 친구와 대화한 것을 발표하게 하고 오류가 있으면 수정해 준다.

   익힘책 79쪽을 풀게 하거나 과제로 제시한다. 익힘책은 연습 활동 난이도에 따라 교재 연습 문제 전후로 활용한다.

1 2)
고　천: 이번 휴가에 뭐 할 거예요?
라흐만: 강원도에 갈 거예요.
고　천: 그래요? 거기에서 뭐 할 거예요?
라흐만: 등산도 하고 캠핑장에서 캠핑도 할 거예요.

1 고천 씨와 라흐만 씨가 휴가 계획을 이야기해요. 다음과 같이 이야기해 보세요.

고　천: 이번 휴가에 뭐 할 거예요?
라흐만: 부산에 여행을 갈 거예요.
고　천: 그래요? 거기에서 뭐 할 거예요?
라흐만: 바다에서 수영도 하고 사진도 찍을 거예요.

1) 부산에 여행을 가다 | 바다에서 수영을 하다, 사진을 찍다
2) 강원도에 가다 | 등산을 하다, 캠핑장에서 캠핑을 하다

2 여러분은 휴가에 뭐 할 거예요? 어디에 갈 거예요? 이야기해 보세요.

제이슨(남): 라민 씨, 방학에 뭐 할 거예요?
라　민(남): 친구하고 한국어 말하기 연습을 할 거예요.
　　　　　제이슨 씨는요?
제이슨(남): 저는 한국 요리도 배우고 운동도 할 거예요.
라　민(남): 그래요? 재미있겠어요. 제이슨 씨, 방학 잘
　　　　　보내세요.
제이슨(남): 라민 씨도 방학 잘 보내세요.

제이슨 씨와 라민 씨가 이야기해요. 잘 듣고 답해 보세요.

1) 라민 씨의 방학 계획이에요. 맞으면 ○, 틀리면 X 하세요.
　❶ 한국어 말하기를 연습해요.　　　(○)
　❷ 고향 친구를 만나요.　　　　　　(X)

2) 제이슨 씨는 방학에 무엇을 배울 거예요?
　❶ 한국말　　　　　　　　　❷ 한국 춤
　❸ 한국 노래　　　　　　　　❹ 한국 요리

138 사회통합프로그램(KIIP) 한국어와 한국문화 초급 1

휴가 계획 말하기

1 대화문 연습

1. 휴가에 무엇을 할 것인지에 대해 이야기하며 교재의 그림을 이용해 어떤 상황인지 추측해 보도록 한다.

🎤 라흐만 씨는 휴가에 무엇을 할 거예요?

2. 지시문을 이용하여 대화 상황을 학생들에게 명확하게 알려 준다.

3. 대화를 들려주고 간단한 질문을 하여 대화 내용을 이해했는지 확인한다.

🎤 라흐만 씨는 휴가에 어디에 갈 거예요? 거기에서 뭐 할 거예요?

4. 교사와 함께 대화문을 읽으면서 자연스럽게 말하는 연습을 한다. 두 번 정도 반복해서 연습한다.

5. 교체 어휘를 활용하여 짝과 함께 연습하게 한다.

6. 연습이 끝나면 한두 팀을 발표시키거나 교사가 전체 학생을 대상으로 확인한다.

2 확장 연습

1. 휴가에 하고 싶은 일에 대해 말하기를 한다고 알려 준다.

2. 짝과 같이 휴가에 뭐 할 것인지, 어디에 갈 것인지 이야기하게 한다. 대화를 할 때는 다음과 같은 내용을 포함하여 말하도록 지시한다.

🎤 여러분은 휴가에 뭐 할 거예요? 어디에 갈 거예요?
거기에서 뭐 할 거예요?

3. 이야기가 끝나면 한두 팀을 발표시키거나 교사가 전체 학생을 대상으로 확인하고 오류를 수정해 준다.

방학 계획에 대한 대화 듣기

1. 지시문을 이용하여 등장인물과 대화 상황을 설명한다.

2. 문제를 읽고 들어야 하는 정보를 파악하게 한다.

🎤 라민 씨는 방학에 무슨 계획이 있어요?
제이슨 씨는 방학에 무엇을 배울 거예요?

3. 듣기 파일을 두 번 듣고 문제를 풀게 한다.

4. 교재 질문의 답을 확인한 후 해당 대화를 같이 읽으며 내용을 확인한다. 필요한 경우 새로운 어휘, 표현을 설명한다.

1 다음 글을 읽고 질문에 답해 보세요.

제 고향은 베트남 하노이입니다. 하노이에 부모님하고 오빠, 언니가 있습니다. 저는 다음 주에 하노이에 갈 겁니다. 그래서 부모님 선물을 샀습니다. 인삼차와 화장품을 샀습니다. 고향에서 친척들도 만나고 고향 친구들도 만날 겁니다. 빨리 하노이에 가고 싶습니다.

1) 후엔 씨는 베트남 가족에게 무엇을 줄 거예요? <u>인삼차와 화장품을 줄 거예요.</u>

2) 후엔 씨는 휴가 때 하노이에서 무엇을 할 거예요? <u>친척들도 만나고 고향 친구들도 만날 거예요.</u>

저는 작년에 한국에 왔습니다. 지금 안산에서 일합니다. 주말에는 한국어도 배웁니다. 다음 달에 제 고향 친구가 한국에 올 겁니다. 저는 친구와 같이 여행도 하고 한국 음식도 먹을 겁니다. 빨리 친구를 만나고 싶습니다.

1) 잠시드 씨는 주말에 뭐 해요?
❶ 일해요   ❷ 여행을 가요   ❸ 한국어를 배워요   ❹ 한국 친구를 만나요

2) 잠시드 씨는 고향 친구하고 한국에서 무엇을 할 거예요?
<u>여행도 하고 한국 음식도 먹을 거예요.</u>

2 여러분의 휴가(방학) 계획을 써 보세요.

_____ 부터 _____ 까지 휴가(방학)입니다. 저는 휴가(방학)에 _____

_____

_____ .

단어장
인삼차
화장품
친척
빨리
안산

• 갈 겁니다[갈 껌니다]: 다음 주에 하노이에 갈 겁니다.

• 먹을 겁니다[머글 껌니다]: 한국 음식도 먹을 겁니다.

휴가 계획에 대한 글 읽기

1. 그림을 보며 글의 내용을 유추하게 한다.
🎤 후엔 씨는 휴가에 무엇을 할 거예요? 누구를 만날 거예요?

2. 글을 훑어 읽게 한 후 주제, 중심 내용 등을 간단히 말해 보도록 한다.
🎤 후엔 씨는 가족이 어떻게 돼요? 후엔 씨는 가족에게 무엇을 줄 거예요? 후엔 씨는 하노이에서 뭐 할 거예요?

3. 글을 다시 읽으면서 문제를 풀게 한다.

4. 답을 같이 확인한 후, 본문을 다시 읽으며 모르는 어휘가 없는지 확인한다. 필요한 경우 새로운 어휘, 표현을 설명한다

---

1. 그림을 보며 글의 내용을 유추하게 한다.
🎤 잠시드 씨는 누구를 만날 거예요?

2. 글을 훑어 읽게 한 후 주제, 중심 내용 등을 간단히 말해 보도록 한다.
🎤 잠시드 씨는 주말에 뭐 해요? 잠시드 씨는 친구하고 뭐 할 거예요?

3. 글을 다시 읽으면서 문제를 풀게 한다.

4. 답을 같이 확인한 후, 본문을 다시 읽으며 모르는 어휘가 없는지

확인한다. 필요한 경우 새로운 어휘, 표현을 설명한다.

휴가(방학) 계획 쓰기

1. 어떤 글을 쓸지 알려 주고 글에 들어갈 내용을 생각해 보게 한다.
🎤 오늘은 휴가(방학) 계획을 쓸 거예요. 무슨 내용을 써요?

2. 교재 질문에 대해 자신이 쓸 내용을 간단히 메모하도록 한다. 교사는 학생들이 쓴 메모에 오류가 없는지 확인해 준다.

메모 휴가(방학)가 언제예요? 어디에 갈 거예요? 거기에서 뭐 할 거예요?

3. 메모한 내용을 바탕으로 글을 완성하게 한다.

한국의 인기 여행지

- 한국관광공사(http://www.knto.or.kr)에 들어가면 한국의 여행 정보에 대해 알 수 있습니다. 영어 외에 12개 언어로 번역이 되어 있습니다.

한국의 인기 여행지

여러분은 한국에서 어디에 가 봤습니까? 제주도는 자연 경치가 아름답습니다. 부산은 바다가 아름답습니다. 한국의 전통과 역사를 알고 싶습니까? 그러면 전주와 경주에 가세요. 전주에는 한옥 마을이 있고 경주에는 불국사가 있습니다. 그리고 사람들은 서울에서 많이 여행합니다. 남산 서울 타워와 한강 공원, 경복궁에 많이 갑니다.

1) 한국의 인기 여행지는 어디예요?
2) 사람들은 서울에서 어디에 가요?
3) 여러분은 한국에서 어디에 가고 싶어요?

남산 서울 타워

한옥 마을

불국사

140 사회통합프로그램(KIIP) 한국어와 한국문화 초급 1

한국의 인기 여행지

1. 이 단원의 문화와 정보가 무엇에 대한 것인지 알려 준다.

🎤 (그림을 가리키며) 여러분, 여기가 어디예요? 여기에 가 봤어요? 오늘은 사람들이 많이 여행하는 인기 여행지에 대해 알아봅시다.

2. 교재의 그림(사진)을 보면서 주제에 대해 알고 있는 것을 상기시키고 말해 보게 한다. 이때 관련 시각 자료를 추가로 활용할 수 있다.

🎤 한국의 전통과 역사를 알고 싶어요. 어디에 가요?

3. 교재를 같이 읽으면서 내용을 설명한다. 이때 중요한 정보가 있는 부분에 밑줄을 긋거나 표시하게 하는 것도 좋다.

4. 질문 1, 2의 답을 찾아보고 답하게 한다.

🎤 한국의 인기 여행지는 어디예요? 사람들은 서울에서 어디에 가요?

5. 3번 질문을 이용하여 학습자 자신의 경험을 말해 보도록 한다.

🎤 여러분 나라의 인기 여행지는 어디예요?

단원 마무리

20분

제주도

발음

12-1.mp3

1. 다음을 듣고 따라 읽으세요.

1) 쉴 거예요[쉴 꺼예요]
2) 마실 거예요[마실 꺼예요]
3) 갈 거예요[갈 꺼예요]

2. 다음을 듣고 연습해 보세요.

1) 가: 주말에 뭐 할 거예요?
   나: 집에서 쉴 거예요.
2) 가: 뭐 마실 거예요?
   나: 저는 오렌지 주스를 마실 거예요.
3) 가: 금요일에 친구 집에 갈 거예요?
   나: 아니요, 토요일에 갈 거예요.

배운 어휘 확인

- 휴일
- 공원에서 농구를 하다
- 컴퓨터 게임을 하다
- 여행을 가다
- 가족하고 외식하다
- 아이하고 놀이공원에 가다
- 한국어를 열심히 공부하다
- 한국 요리를 배우다
- 낮잠을 자다
- 친구 집에 놀러 가다
- 문화 센터
- 휴가
- 수영을 하다
- 배를 타다
- (바다) 낚시를 하다
- 등산을 하다
- 캠핑을 하다
- 꽃구경을 하다
- 동물을 구경하다
- 놀이 기구를 타다
- 불꽃놀이를 보다
- 고향 친구들을 만나다
- 부모님을 만나다
- 고향 음식을 먹다
- 인삼차
- 화장품
- 친척
- 빨리
- 안산

12과 이번 휴가에 뭐 할 거예요? **141**

12-P.mp3

• 경음화

– 관형사형 '-(으)ㄹ' 뒤에 연결되는 자음 'ㄱ, ㄷ, ㅂ, ㅅ, ㅈ'는 경음 [ㄲ, ㄸ, ㅃ, ㅆ, ㅉ]로 발음한다.

- 이 단원에서 배운 어휘 중 기억나는 것을 말해 보세요.
- 이 단원에서 배운 문법은 뭐예요? 어떻게 사용해요?
- 여러분은 다음 주에 뭐 할 거예요?
- 여러분은 휴가 때 어디에 갈 거예요?
- 한국의 인기 여행지는 어디예요?

발음 　　10분

1. 교재 1번 발음을 들려주고 어떻게 들리는지 학습자 스스로 확인해 보도록 한다.

2. '쉴 거예요', '마실 거예요', '갈 거예요'에서 관형사형 '-ㄹ' 뒤에 연결되는 자음 'ㄱ'는 경음 [ㄲ]로 발음된다는 것을 알려 준다.

   주의 관형사형 '-(으)ㄹ' 뒤에 연결되는 자음 'ㄱ, ㄷ, ㅂ, ㅅ, ㅈ'가 경음 [ㄲ, ㄸ, ㅃ, ㅆ, ㅉ]로 발음되는 규칙에 대해 간단히 설명할 수 있다. 그러나 이 발음 규칙은 여러 번 반복해서 학습하게 되므로 [ㄲ] 발음에만 집중하는 것이 좋다.

3. 교재 1번 발음을 다시 듣고 교사를 따라 말해 본다.

4. 교재 2번 대화를 듣고 따라 말해 본다.

5. 짝과 함께 대화를 읽으며 연습하게 한 후에 확인한다.

마무리 　　10분

1. 단원에서 학습한 어휘 중 기억하는 것을 먼저 말해 보게 한다.

2. 배운 어휘 목록의 어휘들을 읽으면서 의미를 상기시킨다.

3. 단원에서 학습한 문법(툉-을 거예요, 툉톙-고(나열))을 상기시키며 의미와 사용법을 기억하는지 확인한다.

4. 단원의 목표와 성취도를 확인한다.

5. 익힘책을 과제로 제시하고 마무리한다.

13과

버스로 공항에 가요

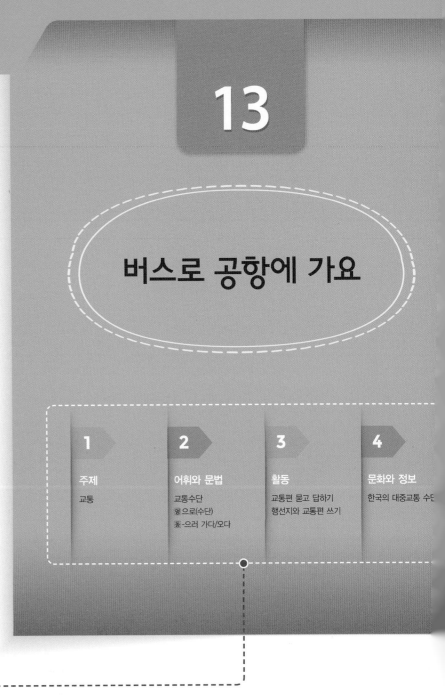

버스로 공항에 가요

1	2	3	4
주제	어휘와 문법	활동	문화와 정보
교통	교통수단 명으로(수단) 동-으러 가다/오다	교통편 묻고 답하기 행선지와 교통편 쓰기	한국의 대중교통 수단

수업 목표 및 내용

• **주제:** 교통

• **어휘와 문법**
 – 어휘: 교통수단을 말할 때 유용한 어휘를
  익힌다.
 – 문법: '명으로(수단)', '동-으러 가다/오다'의
  의미와 형태를 익혀 사용할 수 있다.

• **활동**
 – 말하기: 행선지와 교통편에 대해 말할 수 있다.
 – 듣기: 행선지와 교통편에 관한 대화를 듣고
  이해할 수 있다.
 – 읽기: 주말에 간 곳과 교통편에 관한 글을 읽고
  이해할 수 있다.
 – 쓰기: 주말에 간 곳과 교통편에 대해 글을 쓸
  수 있다.

• **문화와 정보:** 한국의 대중교통 수단

수업 전개

도입 / 어휘와 문법 1	1차시	어휘와 문법 2	2차시
·교통수단 ·명으로(수단)		·교통수단과 이용 장소 ·동-으러 가다/오다	
익힘책 pp.82-85		익힘책 pp.82-85	

- 이 사람은 어디에 가요? 무엇을 탔어요?
- 여러분은 오늘 어디에 가요? 어떻게 가요?

도입

1. 교재 그림을 이용하여 학생들과 이야기하며 이 과의 주제를 노출한다.

그림 ❶ 🎤 이 사람은 지금 어디에 가요? 무엇을 탔어요?

그림 ❷ 🎤 이 사람은 무엇을 탈 거예요?

그림 ❸ 🎤 (오토바이, 자전거를 가리키며) 이 사람은 무엇을 탔어요? 여러분은 오늘 어디에 가요? 어떻게 가요?

2. 대화 내용을 정리하며 이 단원에서는 '교통수단과 교통수단을 이용하는 곳'에 대해 공부한다는 것을 알려 준다.

이 단원을 지도할 때는…

어떤 학습자의 고향에는 지하철 같은 교통수단이 없을 수 있으므로 교통수단을 이용하는 것에 대해 이야기할 때 이런 학습자가 소외되지 않도록 주의해야 합니다.

말하기와 듣기 3차시	읽기와 쓰기 4차시	문화와 정보 / 발음 / 마무리 5차시
·행선지와 교통편 말하기 ·행선지와 교통편 듣기	·주말에 간 곳과 교통편에 관한 글 읽기 ·주말에 간 곳과 교통편에 관한 글 쓰기	·한국의 대중교통 수단
익힘책 p.86	익힘책 p.87	

어휘와 문법 1

- **자동차**: (삽화를 가리키며) 자동차를 운전해요.
- **지하철**: 학교에 가요. 지하철을 타요.

- **오토바이**: 회사에 가요. 오토바이를 타요.
- **걸어서**: 시장에 가요. 걸어서 가요.
  발음 걸어서[거러서]

- **자전거**: 회사에 가요. 자전거를 타요. 공원에서 자전거를 타요.
- **택시**: 시간이 없어요. 바빠요. 그래서 택시를 타요.
- **버스**: 회사에 가요. 버스를 타요.

여러분은 무엇을 타요?

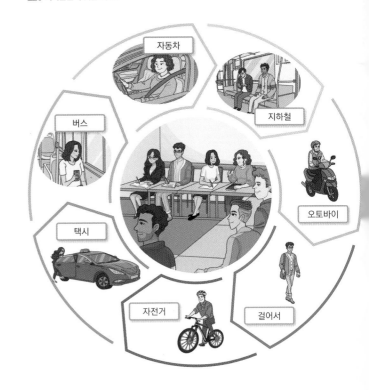

여러분은 무엇을 자주 타요? 이야기해 보세요.

144 사회통합프로그램(KIIP) 한국어와 한국문화 초급 1

어휘 1 (교통수단)

1 도입, 제시

1. 단원 도입의 교통수단에 대해 다시 한번 이야기하며 오늘 배우는 어휘가 교통수단에 관한 것임을 알려 준다.

   🎤 여러분은 회사(학교)에 가요. 무엇을 타요? 오늘은 타는 것을 공부해요.

2. 교사를 따라 어휘를 소리 내어 한 번 읽는다. 이때 발음에 주의하게 한다.

3. 어휘의 의미를 설명한다. 어휘가 사용된 문장을 예로 제시하거나 의미를 풀어서 설명해 준다.

4. 배운 어휘를 소리 내어 읽도록 한다. 이때 '이에요/예요' 형태로 단어를 읽는 등 변화를 줄 수 있다.

2 연습

1. 어떤 교통수단을 자주 이용하는지 질문을 한다.

2. 짝과 함께 자주 이용하는 교통수단에 대해 말해 보도록 한다.

3. 학생들끼리 이야기한 것을 교사가 정리해 주며 같이 이야기한다.

   🎤 OO 씨는 무엇을 자주 타요? 그것을 타고 어디에 가요?

4. 고향에는 어떤 교통수단이 있는지, 무엇을 자주 탔는지를 이야기하는 활동으로 확장할 수 있다.

   익힘책 82쪽을 풀게 하거나 과제로 제시한다. 익힘책은 연습 활동 난이도에 따라 교재 연습 문제 전후로 활용한다.

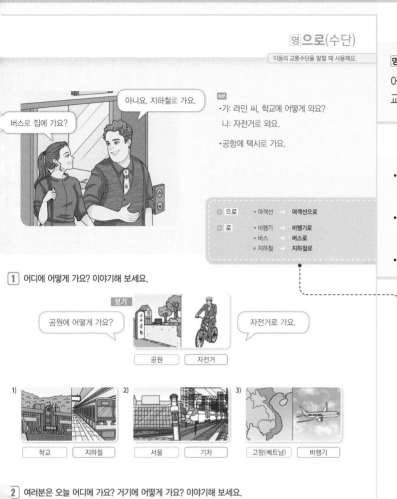

명으로(수단)

이동의 교통수단을 말할 때 사용해요.

아니요, 지하철로 가요.

버스로 집에 가요?

예문
- 가: 라민 씨, 학교에 어떻게 와요?
  나: 자전거로 와요.
- 공항에 택시로 가요.

으로	• 여객선	**여객선으로**
로	• 비행기	**비행기로**
	• 버스	**버스로**
	★ 지하철	**지하철로**

1 어디에 어떻게 가요? 이야기해 보세요.

보기
공원에 어떻게 가요?   자전거로 가요.
[공원] [자전거]

1)
[학교] [지하철]

2)
[서울] [기차]

3)
[고향(베트남)] [비행기]

2 여러분은 오늘 어디에 가요? 거기에 어떻게 가요? 이야기해 보세요.

13과 버스로 공항에 가요 145

명으로(수단)

어떤 행위의 수단을 나타낼 때 사용한다. 여기서는 교통수단(버스, 택시, 자동차 등)을 나타낸다.

- 가: 이링 씨, 회사에 어떻게 가요?
  나: 지하철로 가요.
- 가: 잠시드 씨, 버스로 회사에 가요?
  나: 아니요, 자전거로 가요.
- 비행기로 고향에 가요.

으로 (받침 O)	트럭	→ 트럭으로
로 (받침 X, ㄹ 받침)	자동차 오토바이	→ 자동차로 → 오토바이로

문법 1 (명으로(수단))

1 도입, 제시

1. 도입 그림과 대화를 통해 문법이 사용되는 상황을 인지시킨다.

   🎙 제이슨과 동료가 이야기해요. 제이슨 씨는 어떻게 집에 가요? 제이슨 씨는 지하철로 집에 가요.

2. 교재의 대표 예문을 보면서 문법의 의미를 설명한다.

   🎙 동료가 질문해요. "버스로 집에 가요?" 제이슨 씨가 대답해요. "아니요, 지하철로 가요." 제이슨 씨가 집에 가요. 무엇을 타요? 지하철을 타요. 이럴 때 '제이슨 씨가 지하철로 집에 가요.'라고 말해요.

3. 학생들과 교재의 예문들을 읽으면서 문법의 의미를 설명하고 이해시킨다.

4. 문법의 형태 정보를 제시하고 설명한다.

5. 추가 예문을 제시하고 문법의 의미와 사용법을 정확하게 이해시킨다.

2 연습 1

1. 〈보기〉의 대화를 교사와 함께 완성해 본다.

2. 나머지 문제를 〈보기〉의 대화처럼 짝과 완성하도록 한다.

3. 연습한 것을 발표하게 하거나 교사가 전체 학생 대상으로 답하게 하여 확인한다. 그리고 오류가 있으면 수정해 준다.

3 연습 2

1. 오늘 어떤 교통수단을 이용해서 어디에 갔는지 질문하고 '으로'를 활용하여 자신의 이야기를 하도록 한다.

2. 친구와 대화한 것을 발표하게 하고 오류가 있으면 수정해 준다.

   익힘책 84쪽을 풀게 하거나 과제로 제시한다. 익힘책은 연습 활동 난이도에 따라 교재 연습 문제 전후로 활용한다.

• **정류장/버스**: 버스 정류장에서 버스를 타요.
• **공항/비행기**: 공항에서 비행기를 타요.
  [발음] 정류장[정뉴장]

• **지하철역/지하철**: 지하철역에서 지하철을 타요.
• **기차역/기차**: 기차역에서 기차를 타요.
  [발음] 지하철역[지하철력]

• **고속버스 터미널/고속버스**: 고속버스 터미널에서 고속버스를 타요.
• **택시 타는 곳/택시**: 택시 타는 곳(택시 정류장)에서 택시를 타요.

🔍 어디예요? 여기에서 무엇을 이용해요?

정류장 / 버스

공항 / 비행기

지하철역 / 지하철

기차역 / 기차

고속버스 터미널 / 고속버스

택시 타는 곳 / 택시

🔍 여러분은 무엇을 자주 이용해요? 이야기해 보세요.

146 사회통합프로그램(KIIP) 한국어와 한국문화 초급 1

어휘 2 (교통수단과 이용 장소)

1 도입, 제시

1. 자주 이용하는 교통수단과 그것을 이용하는 장소가 어디인지 물으며 오늘 배우는 것이 교통수단과 그것을 이용하는 장소에 관한 것임을 알려 준다.

   🎤 여러분, 여기는 어디예요? 여기에서 무엇을 타요?
   오늘은 버스, 지하철, 기차 등을 이용하는 것에 대해 공부해요..

2. 교사를 따라 어휘를 소리 내어 한 번 읽는다. 이때 발음에 주의하게 한다.

3. 어휘의 의미를 설명한다. 어휘가 사용된 문장을 예로 제시하거나 의미를 풀어서 설명해 준다. 상황에 따라 교재에 없는 교통수단을 추가로 설명할 수 있다.

4. 배운 어휘를 소리 내어 읽도록 한다. 이때 '이에요/예요' 형태로 단어를 읽는 등 변화를 줄 수 있다.

2 연습

1. 자주 이용하는 교통수단이 무엇인지, 언제 그것을 이용하는지 질문을 한다.

2. 짝과 함께 자주 이용하는 교통수단에 대해 말해 보도록 한다.

3. 학생들끼리 이야기한 것을 교사가 정리해 주며 같이 이야기한다.

   🎤 OO 씨는 어디에 가요? 그때 무엇을 자주 이용해요?

   [익힘책] 83쪽을 풀게 하거나 과제로 제시한다. 익힘책은 연습 활동 난이도에 따라 교재 연습 문제 전후로 활용한다

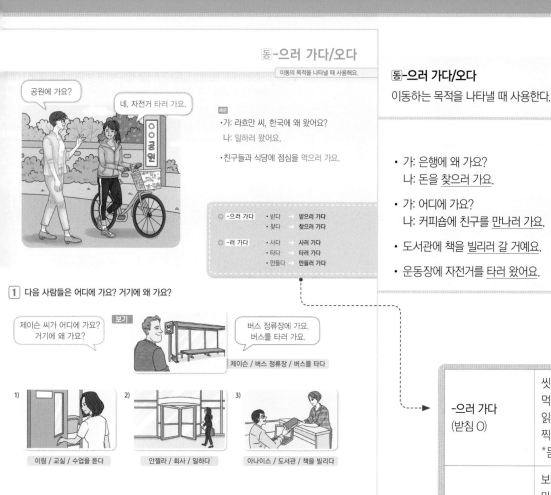

동-으러 가다/오다

이동하는 목적을 나타낼 때 사용한다.

- 가: 은행에 왜 가요?
  나: 돈을 찾으러 가요.
- 가: 어디에 가요?
  나: 커피숍에 친구를 만나러 가요.
- 도서관에 책을 빌리러 갈 거예요.
- 운동장에 자전거를 타러 왔어요.

-으러 가다 (받침 O)	씻다	→ 씻으러 가다
	먹다	→ 먹으러 가다
	읽다	→ 읽으러 가다
	찍다	→ 찍으러 가다
	*듣다	→ 들으러 가다
-러 가다 (받침 X, ㄹ 받침)	보다	→ 보러 가다
	마시다	→ 마시러 가다
	만나다	→ 만나러 가다
	공부하다	→ 공부하러 가다
	*살다	→ 살러 가다

문법 2 (동-으러 가다/오다)

1 도입, 제시

1. 도입 그림과 대화를 통해 문법이 사용되는 상황을 인지시킨다.

   🎤 정아라 선생님과 학생이 이야기해요. 학생이 공원에 왜 가요?
   공원에 자전거를 타러 가요.

2. 교재의 대표 예문을 보면서 문법의 의미를 설명한다.

   🎤 정아라 선생님이 학생에게 질문해요. "공원에 가요?" 학생이 대답해요.
   "네, 공원에 자전거 타러 가요." 여러분, 학생이 왜 공원에 가요?
   공원에서 자전거를 타고 싶어요. 그래서 공원에 가요. 공원에 자전거 타러
   가요. 이렇게 목적을 위해 갈 때, 올 때 '-으러 가다/오다'를 사용해요.

3. 학생들과 교재의 예문들을 읽으면서 문법의 의미를 설명하고
   이해시킨다.

4. 문법의 형태 정보를 제시하고 설명한다.

5. 추가 예문을 제시하고 문법의 의미와 사용법을 정확하게 이해시킨다.

2 연습 1

1. 〈보기〉의 대화를 교사와 함께 완성해 본다.

2. 나머지 문제를 〈보기〉의 대화처럼 짝과 완성하도록 한다.

3. 연습한 것을 발표하게 하거나 교사가 전체 학생 대상으로 답하게 하여
   확인한다. 그리고 오류가 있으면 수정해 준다.

3 연습 2

1. 오늘 어디에 가는지, 왜 거기에 가는지 묻고 대답하면서 '-으러 가다/
   오다'를 활용하여 자신의 이야기를 하도록 한다.

2. 친구와 대화한 것을 발표하게 하고 오류가 있으면 수정해 준다.

   익힘책 85쪽을 풀게 하거나 과제로 제시한다. 익힘책은 연습 활동
   난이도에 따라 교재 연습 문제 전후로 활용한다.

 1 잠시드 씨와 보부르 씨가 이야기해요. 다음과 같이 이야기해 보세요.

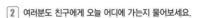

보부르: 잠시드 씨, 어디에 가요?
잠시드: 은행에 가요.
보부르: 은행에 왜 가요?
잠시드: 환전하러 가요.
보부르: 그래요? 지하철로 가요?
잠시드: 아니요, 버스로 가요.

1) 은행 | 환전하다 | 버스 　　　2) 우체국 | 소포를 보내다 | 자전거

---

1 2)
보부르: 잠시드 씨, 어디에 가요?
잠시드: 우체국에 가요.
보부르: 우체국에 왜 가요?
잠시드: 소포를 보내러 가요.
보부르: 그래요? 지하철로 가요?
잠시드: 아니요, 자전거로 가요.

2 여러분도 친구에게 오늘 어디에 가는지 물어보세요.

오늘 어디에 가요?　　　거기에 어떻게 가요?

라 민(남): 안젤라 씨, 어디에 가요?
안젤라(여): 공항에 가요.
라 민(남): 공항에 왜 가요?
안젤라(여): 친구가 한국에 와요. 그래서 친구를 만나러
　　　　　가요.
라 민(남): 그래요? 공항에 어떻게 가요?
안젤라(여): 공항버스로 가요.

 안젤라 씨가 라민 씨와 이야기해요. 잘 듣고 답해 보세요.

1) 안젤라 씨는 공항에 왜 가요?
　　친구와 한국에 와요. 그래서 친구를 만나러 가요.

2) 안젤라 씨는 공항에 어떻게 가요?
　　공항버스로 가요.

단어장
환전하다
소포

148 사회통합프로그램(KIIP) 한국어와 한국문화 초급 1

행선지와 교통편 말하기

1 대화문 연습

1. 행선지와 교통수단에 대해 이야기하며 교재의 그림을 이용해 어떤 상황인지 추측해 보도록 한다.

　🎤 잠시드 씨가 어디에 가요? 왜 거기에 가요?

2. 지시문을 이용하여 대화 상황을 학생들에게 명확하게 알려 준다.

3. 대화를 들려주고 간단한 질문을 하여 대화 내용을 이해했는지 확인한다.

　🎤 잠시드 씨는 어디에 가요? 은행에 왜 가요? 어떻게 가요?

4. 교사와 함께 대화문을 읽으면서 자연스럽게 말하는 연습을 한다. 두 번 정도 반복해서 연습한다.

5. 교체 어휘를 활용하여 짝과 함께 연습하게 한다.

6. 연습이 끝나면 한두 팀을 발표시키거나 교사가 전체 학생을 대상으로 확인한다.

2 확장 연습

1. 행선지와 이용하는 교통수단에 대해 말하기를 한다고 알려 준다.

2. 짝과 같이 어디에 가는지, 그곳에 어떻게 가는지, 왜 가는지 이야기하게 한다. 대화를 할 때는 다음과 같은 내용을 포함하여 말하도록 지시한다.

　🎤 여러분은 오늘 어디에 갈 거예요? 거기에 어떻게 가요? 왜 가요?
　　친구하고 이야기해 보세요.

3. 이야기가 끝나면 한두 팀을 발표시키거나 교사가 전체 학생을 대상으로 확인하고 오류를 수정해 준다.

행선지와 교통편 듣기

1. 지시문을 이용하여 등장인물과 대화 상황을 설명한다.

2. 문제를 읽고 들어야 하는 정보를 파악하게 한다.

　🎤 안젤라 씨는 어디에 가요? 거기에 왜 가요? 어떻게 가요?

3. 듣기 파일을 두 번 듣고 문제를 풀게 한다.

4. 교재 질문의 답을 확인한 후 해당 대화를 같이 읽으며 내용을 확인한다. 필요한 경우 새로운 어휘, 표현을 설명한다.

50분

1 다음 글을 읽고 질문에 답해 보세요.

지난 주말에 아들 유진하고 남산에 갔습니다. 우리는 남산 근처까지 지하철로 갔습니다. 그리고 걸어서 남산으로 올라갔습니다. 조금 힘들었지만 기분은 좋았습니다. 우리는 산책도 하고 사진도 찍었습니다. 그리고 남산 서울 타워 전망대에도 올라갔습니다. 유진은 케이블카를 타고 싶어 했습니다. 그래서 다음에 케이블카를 타러 남산에 다시 갈 겁니다.

1) 이 사람은 지난 주말에 누구와 어디에 갔어요?

아들 유진하고 남산에 갔어요.

2) 맞으면 ○, 틀리면 X 하세요.

❶ 두 사람은 남산까지 버스로 갔습니다. (X)
❷ 두 사람은 케이블카를 타러 갔습니다. (X)
❸ 두 사람은 남산 서울 타워 전망대에 올라갔습니다. (○)
❹ 두 사람은 다시 남산에 갈 겁니다. (○)

2 여러분은 주말에 무엇을 하러 어디에 갔어요? 거기까지 어떻게 갔어요? 글로 써 보세요.

단어장

남산
힘들다
전망대
케이블카

13과 버스로 공항에 가요 **149**

• **찍었습니다**[찌걷씀니다]: 사진을 찍었습니다.

주말에 간 곳과 교통편에 관한 글 읽기

1. 그림을 보며 글의 내용을 유추하게 한다.

🎙 여기는 어디예요? 안젤라 씨와 유진이는 여기에 어떻게 갔을까요?

2. 글을 훑어 읽게 한 후 주제, 중심 내용 등을 간단히 말해 보도록 한다.

🎙 안젤라 씨와 유진이는 주말에 어디에 갔어요? 남산에 어떻게 갔어요?
남산에서 뭐 했어요?

3. 글을 다시 읽으면서 문제를 풀게 한다.

4. 답을 같이 확인한 후, 본문을 다시 읽으며 모르는 어휘가 없는지 확인한다. 필요한 경우 새로운 어휘, 표현을 설명한다.

주말에 간 곳과 교통편에 관한 글 쓰기

1. 어떤 글을 쓸지 알려 주고 글에 들어갈 내용을 생각해 보게 한다.

🎙 오늘은 주말에 한 일을 쓸 거예요.
무슨 내용을 써요?

2. 교재 질문에 대해 자신이 쓸 내용을 간단히 메모하도록 한다. 교사는 학생들이 쓴 메모에 오류가 없는지 확인해 준다.

메모 주말에 어디에 갔어요? 거기에 왜 갔어요? 거기에 어떻게 갔어요? 거기에서 뭐 했어요?

3. 메모한 내용을 바탕으로 글을 완성하게 한다.

참고

- 대중교통
  : 버스, 지하철, 기차, 배, 등 여러 사람이 함께 이용하는 교통수단

한국의 대중교통 수단

한국에는 대중교통 수단이 많습니다. 시내버스, 광역 버스/시외버스, 지하철, 택시, 고속버스, 기차가 있습니다. 사람들이 도시 안에서 이동할 때에는 시내버스, 지하철, 택시를 탑니다. 도시 밖으로 나갈 때에는 지하철을 타거나 광역 버스/시외버스를 탑니다. 먼 곳에 갈 때에는 기차나 고속버스를 탑니다. 한국에는 교통 카드가 있어서 버스, 지하철, 택시를 탈 때 편리합니다.

1) 한국의 대중교통 수단은 무엇이 있어요?
2) 한국 사람들이 먼 곳에 갈 때 무엇을 타요?
3) 여러분은 주로 무엇을 타요?

150 사회통합프로그램(KIIP) 한국어와 한국문화 초급 1

한국의 대중교통 수단

1. 이 단원의 문화와 정보가 무엇에 대한 것인지 알려 준다.

   🎤 (그림을 가리키며) 여기는 어디예요? 이 사람은 여기서 무엇을 타요?
   오늘은 '한국의 대중교통 수단'에 대해 알아봅시다.

2. 교재의 그림(사진)을 보면서 주제에 대해 알고 있는 것을 상기시키고 말해 보게 한다. 이때 관련 시각 자료를 추가로 활용할 수 있다.

   🎤 버스, 지하철은 여러 사람이 타요. 이렇게 여러 사람이 이용하는 교통수단을 '대중교통'이라고 해요. 한국의 대중교통 수단은 뭐가 있어요?

3. 교재를 같이 읽으면서 내용을 설명한다. 이때 중요한 정보가 있는 부분에 밑줄을 긋거나 표시하게 하는 것도 좋다.

4. 질문 1, 2의 답을 찾아보고 답하게 한다.

   🎤 한국의 대중교통 수단은 무엇이 있어요?
   한국 사람들은 먼 곳에 갈 때 무엇을 타요?

5. 3번 질문을 이용하여 학습자 자신의 경험을 말해 보도록 한다.

   🎤 여러분은 주로 무엇을 타요?
   여러분 나라의 대중교통 수단은 무엇이 있어요?

단원 마무리

⏰ 20분

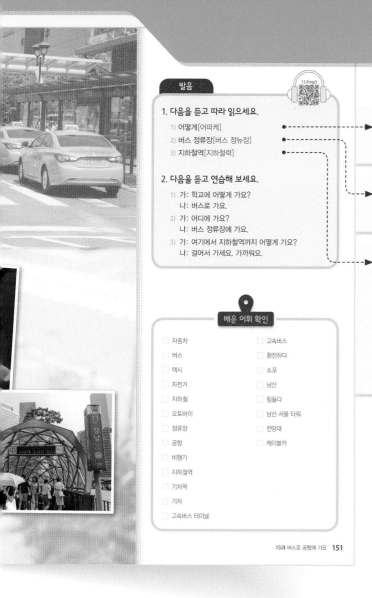

발음

1. 다음을 듣고 따라 읽으세요.
   1) 어떻게[어떠케]
   2) 버스 정류장[버스 정뉴장]
   3) 지하철역[지하철력]

2. 다음을 듣고 연습해 보세요.
   1) 가: 학교에 어떻게 가요?
      나: 버스로 가요.
   2) 가: 어디에 가요?
      나: 버스 정류장에 가요.
   3) 가: 여기에서 지하철역까지 어떻게 가요?
      나: 걸어서 가세요. 가까워요.

배운 어휘 확인

- 자동차
- 버스
- 택시
- 자전거
- 지하철
- 오토바이
- 정류장
- 공항
- 비행기
- 지하철역
- 기차역
- 기차
- 고속버스 터미널
- 고속버스
- 환전하다
- 소포
- 남산
- 힘들다
- 남산 서울 타워
- 전망대
- 케이블카

- **격음화**
  - 'ㄱ' 앞뒤에 'ㅎ'가 올 경우 [ㅋ]로 발음된다.

- **'ㄹ'비음화**
  - 받침 'ㅁ, ㅇ' 뒤에 연결되는 ㄹ은 [ㄴ]로 발음된다.

- **ㄴ첨가**
  - 합성어 및 파생어에서, 앞 단어나 접두사의 끝이 자음이고 뒤 단어나 접미사의 첫음절이 '이, 야, 여, 요, 유'인 경우에는 'ㄴ'음을 첨가하여 [니, 냐, 녀, 뇨, 뉴]로 발음한다.

- **유음화**
  - 'ㄴ'은 'ㄹ'의 앞이나 뒤에서 [ㄹ]로 발음된다.

- 이 단원에서 배운 어휘 중 기억나는 것을 말해 보세요.
- 이 단원에서 배운 문법은 뭐예요? 어떻게 사용해요?
- 여러분은 무엇을 자주 타요?
- 여러분은 오늘 어디에, 어떻게 가요?
- 한국의 대중교통 수단은 무엇이 있어요?

발음 10분

1. 교재 1번 발음을 들려주고 어떻게 들리는지 학습자 스스로 확인해 보도록 한다.

2. '지하철역'에서 '지하철+역'으로 이루어진 합성어에는 'ㄴ'이 첨가된다는 것을 알려 준다. 그리고 'ㄴ'이 첨가된 다음 다시 유음화 규칙이 적용된다는 것을 알려 준다. [지하철녁 → 지하철력]

3. 교재 1번 발음을 다시 듣고 교사를 따라 말해 본다.

4. 교재 2번 대화를 듣고 따라 말해 본다.

5. 짝과 함께 대화를 읽으며 연습하게 한 후에 확인한다.

마무리 10분

1. 단원에서 학습한 어휘 중 기억하는 것을 먼저 말해 보게 한다.

2. 배운 어휘 목록의 어휘들을 읽으면서 의미를 상기시킨다.

3. 단원에서 학습한 문법(몡으로(수단), 통-으러 가다/오다)을 상기시키며 의미와 사용법을 기억하는지 확인한다.

4. 단원의 목표와 성취도를 확인한다.

5. 익힘책을 과제로 제시하고 마무리한다.

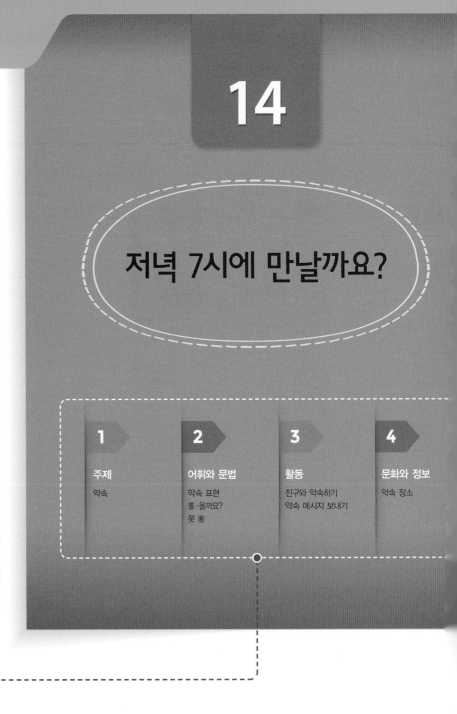

14

저녁 7시에 만날까요?

수업 목표 및 내용

• **주제:** 약속

• **어휘와 문법**

  – 어휘: 약속할 때 유용한 어휘를 익힌다.

  – 문법: '동-을까요?', '못 동'의 의미와 형태를
익혀 사용할 수 있다.

• **활동**

  – 말하기: 친구와 약속을 정할 수 있다.

  – 듣기: 약속 정하는 대화를 듣고 이해할 수 있다.

  – 읽기: 약속 문자 메시지를 읽고 이해할 수 있다.

  – 쓰기: 친구들에게 보내는 약속 문자 메시지를
쓸 수 있다.

• **문화와 정보:** 약속 장소

1	2	3	4
주제	어휘와 문법	활동	문화와 정보
약속	약속 표현 동-을까요? 못 동	친구와 약속하기 약속 메시지 보내기	약속 장소

**수업
전개**

도입 / 어휘와 문법 1	1차시	어휘와 문법 2	2차시

·약속 표현
·동-을까요?

·약속을 못 지킨 이유 표현
·못 동

익힘책 pp.88-91

익힘책 pp.88-91

5분

❶

❷

❸

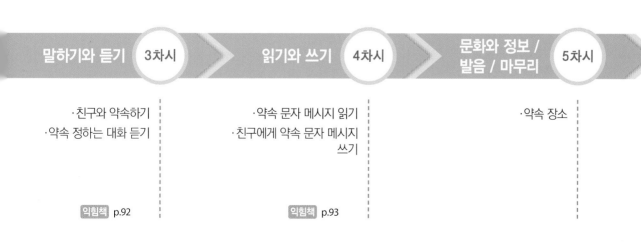

• 이 사람들은 무슨 약속이 있어요?
• 여러분은 오늘 약속이 있어요?
  누구와 약속이 있어요?

도입

1. 교재 그림을 이용하여 학생들과 이야기하며 이 과의 주제를 노출한다.

그림❶ 🎤 두 사람은 무슨 약속이 있어요?

그림❷ 🎤 이링 씨가 지금 어디에 있어요? 이 두 사람은 12월 10일에 무슨 약속이 있어요?

그림❸ 🎤 이 사람들은 어디에 있어요?
사람들이 지금 무엇을 해요?

2. 대화 내용을 정리하며 이 단원에서는 '친구와 약속 정하기, 약속 메시지 보내기' 등에 대해 공부한다는 것을 알려 준다.

이 단원을 지도할 때는…

이 단원을 통해서 학습자들은 약속 장소와 약속 시간 같은 구체적인 정보 교환과 함께 친교의 대화를 할 수 있는 능력을 갖게 됩니다. 활발한 의사소통 환경 조성을 위해 학습자들과 실제로 모임 약속을 해 보는 것도 좋겠습니다.

말하기와 듣기 3차시	읽기와 쓰기 4차시	문화와 정보 / 발음 / 마무리 5차시
·친구와 약속하기 ·약속 정하는 대화 듣기	·약속 문자 메시지 읽기 ·친구에게 약속 문자 메시지 쓰기	·약속 장소
익힘책 p.92	익힘책 p.93	

Q 약속 표현을 알아보세요.

친구 모임(반 모임)

직장 모임(회식)

약속하다
약속을 지키다

약속 시간을 정하다
약속 장소를 정하다

약속 장소를 바꾸다

약속 시간에 늦다

Q 여러분은 약속 장소를 어디로 정해요?

154 사회통합프로그램(KIIP) 한국어와 한국문화 초급 1

- **친구 모임(반 모임)/직장 모임(회식)**
  : 같은 반 친구들이 같이 만나요. 반 모임을 해요.
    같은 직장 동료들이 함께 식사해요. 회식을 해요.
  발음 직장[직짱]

- **약속을 하다/약속을 지키다**
  : 언제 만나요? 어디에서 만나요? 약속을 해요.
    그 시간, 그 장소에 가요. 약속을 지켜요.
  발음 약속[약쏙]

- **약속 시간을 정하다/약속 장소를 정하다**
  : 언제 만나요? 약속 시간, 어디에서 만나요?
    약속 시간과 약속 장소를 정해요.

- **약속 장소를 바꾸다**
  : A식당에서 B식당으로 약속 장소를 바꿔요.

- **약속 시간에 늦다**
  : 약속 시간은 6시예요. 갑자기 일이 생겨서 6시 30분에
    약속 장소에 가요. 약속 시간에 늦어요.
  발음 늦다[늗따]

어휘 1 (약속 표현)

1 도입, 제시

1. 단원 도입의 약속 상황을 다시 한번 이야기하며 오늘 배우는 어휘는
   약속과 관련된 표현임을 알려 준다.

   🎤 여러분 오늘 누구를 만나요? 언제 만나요? 어디에서 만나요?
   　　오늘은 약속 표현을 공부해요

2. 교사를 따라 어휘를 소리 내어 한 번 읽는다. 이때 발음에 주의하게
   한다.

3. 어휘의 의미를 설명한다. 어휘가 사용된 문장을 예로 제시하거나
   의미를 풀어서 설명해 준다. 상황에 따라 유의어나 반의어 등을 추가로
   설명할 수 있다.

4. 배운 어휘를 소리 내어 읽도록 한다. 이때 '어요' 형태로 단어를 읽는 등
   변화를 줄 수 있다.

2 연습

1. 보통 약속 장소를 어디로 정하는지 질문을 한다.

2. 짝과 함께 약속 표현에 대해 말해 보도록 한다.

3. 학생들끼리 이야기한 것을 교사가 정리해 주며 같이 이야기한다.

   🎤 OO 씨는 보통 약속 장소를 어디로 정해요?
   　　OO 씨는 약속 시간을 잘 지켜요?
   　　자주 늦어요? 왜 늦어요?

4. 친구나 직장 모임 이외의 다른 약속에 대해 이야기하는 활동으로 확장
   할 수 있다. 약속을 지키지 못하는 이유에 대한 것은 어휘와 문법 2에
   나오므로 어휘와 문법 1에서는 가볍게 이야기한다.

   익힘책 88쪽을 풀게 하거나 과제로 제시한다.

동 -을까요?

상대방의 생각, 의견을 묻거나 제안할 때 사용해요.

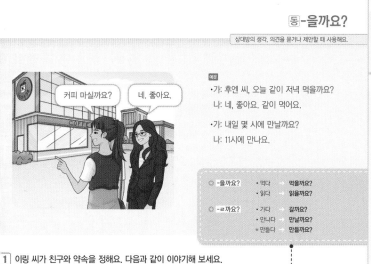

예문
- 가: 후엔 씨, 오늘 같이 저녁 먹을까요?
  나: 네, 좋아요. 같이 먹어요.
- 가: 내일 몇 시에 만날까요?
  나: 11시에 만나요.

-을까요?	• 먹다 → 먹을까요?
	• 읽다 → 읽을까요?
-ㄹ까요?	• 가다 → 갈까요?
	• 만나다 → 만날까요?
	*만들다 → 만들까요?

1 이링 씨가 친구와 약속을 정해요. 다음과 같이 이야기해 보세요.

보기	언제?	토요일 저녁
1)	어디에서?	공원
2)	무엇을?	저녁을 먹다
3)	어디에?	영화관에 가다

보기

언제 만날까요?   토요일 저녁에 만나요.

2 여러분도 친구와 약속을 해 보세요.

 수업 끝나고 무엇을 할까요?   같이 숙제를 해요.

동 -을까요?

상대방의 생각, 의견을 묻거나 제안할 때 사용해요.

- 가: 몇 시에 만날까요?
  나: 2시 어때요?
- 가: 우리 점심에 뭐 먹을까요?
  나: 중국 음식 먹어요.
- 가: 같이 테니스를 칠까요?
  나: 네, 좋아요. 주말에 같이 쳐요.
- 가: 커피 한잔할까요?
  나: 미안해요. 지금은 바빠요. 다음에 같이 마셔요.

-을까요? (받침 O)	찍다 → 찍을까요?
	*듣다 → 들을까요?
-ㄹ까요? (받침 X, ㄹ 받침)	보다 → 볼까요?
	배우다 → 배울까요?
	공부하다 → 공부할까요?

문법 1 (동 -을까요?)

1 도입, 제시

1. 도입 그림과 대화를 통해 문법이 사용되는 상황을 인지시킨다.

   🎤 후엔 씨가 친구를 만났어요.

2. 교재의 대표 예문을 보면서 문법의 의미를 설명한다.

   🎤 (커피숍을 가리키면서) 여기가 어디예요? 후엔 씨는 친구하고 같이 커피를 마시고 싶어요. 이렇게 커피를 같이 마시고 싶을 때 '커피 마실까요?'라고 이야기해요.

3. 학생들과 교재의 예문들을 읽으면서 문법의 의미를 설명하고 이해시킨다.

4. 문법의 형태 정보를 제시하고 설명한다.

5. 추가 예문을 제시하고 문법의 의미와 사용법을 정확하게 이해시킨다.

2 연습 1

1. 〈보기〉의 대화를 교사와 함께 완성해 본다.

2. 나머지 문제를 〈보기〉의 대화처럼 짝과 완성하도록 한다.

3. 연습한 것을 발표하게 하거나 교사가 전체 학생 대상으로 답하게 하여 확인한다. 그리고 오류가 있으면 수정해 준다.

3 연습 2

1. 언제 만날까요? 어디에서 만날까요? 무엇을 할까요? 어디에 갈까요? 질문을 이용해 묻고 대답하면서 '-을까요?'를 활용하여 서로 이야기를 하도록 한다.

2. 친구와 대화한 것을 발표하게 하고 오류가 있으면 수정해 준다.

익힘책 90쪽을 풀게 하거나 과제로 제시한다. 익힘책은 연습 활동 난이도에 따라 교재 연습 문제 전후로 활용한다.

• **일이 많다/야근을 하다**: 회사에 일이 많아요. 그래서 밤늦게까지 일을 해요. 야근을 해요.

발음 많다[만타]

• **회식이 있다**: 회사 사람들과 같이 식사를 해요.

• **몸이 아프다**: 감기에 걸렸어요. 배가 아파요. 머리가 아파요.

• **가족 모임이 있다**: 가족들과 약속이 있어요. 가족들을 만나요.

• **시험이 있다**: 평가가 있어요.

🔍 왜 친구들 모임에 안 갔어요?

일이 많다

야근을 하다

회식이 있다

몸이 아프다

가족 모임이 있다

시험이 있다

이링 씨는 왜 모임에 안 갔어요?

회사 일이 많았어요.

156 사회통합프로그램(KIIP) 한국어와 한국문화 초급 1

어휘 2 (약속을 못 지킨 이유 표현)

1 도입, 제시

1. 약속을 못 지킨 적이 있는지, 그 이유는 무엇이었는지 물어보고 오늘 배우는 어휘는 모임에 못 간 이유에 대한 표현임을 알려 준다.

🎤 약속을 했지만 약속을 못 지킬 때도 있어요.
여러분은 왜 약속을 못 지켰어요?
왜 친구들 모임에 안 갔어요?
이 시간에는 약속을 못 지킬 때, 그 이유에 대한 표현을 공부해요.

2. 교사를 따라 어휘를 소리 내어 한 번 읽는다. 이때 발음에 주의하게 한다.

3. 어휘의 의미를 설명한다. 어휘가 사용된 문장을 예로 제시하거나 의미를 풀어서 설명해 준다. 상황에 따라 유의어나 반의어 등을 추가로 설명할 수 있다.

4. 배운 어휘를 소리 내어 읽도록 한다.

2 연습

1. 친구들 모임에 안 간 적이 있는지, 안 간 이유가 무엇인지에 대한 질문을 한다.

2. 짝과 함께 모임에 못 간 이유에 대해 서로 묻고 답하도록 한다.

3. 학생들끼리 이야기한 것을 교사가 정리해 주며 같이 이야기한다.

🎤 OO 씨는 친구들 모임에 왜 못 갔어요?

익힘책 89쪽을 풀게 하거나 과제로 제시한다.

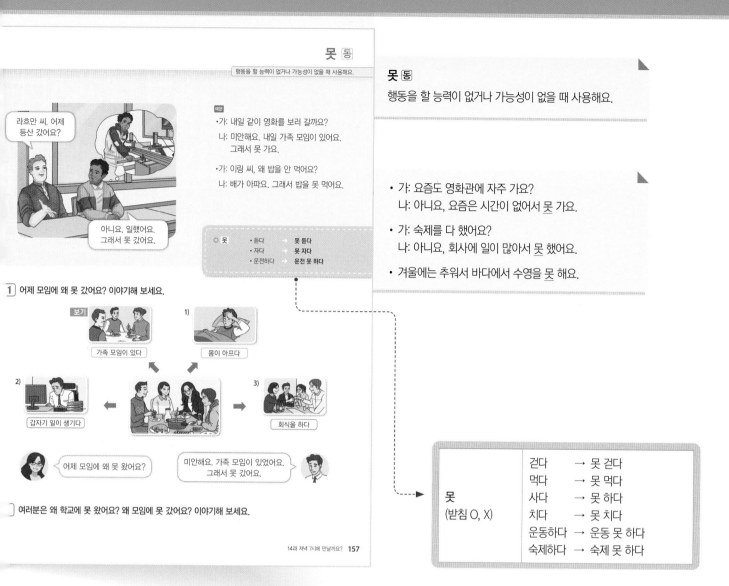

못 동

행동을 할 능력이 없거나 가능성이 없을 때 사용해요.

- 가: 요즘도 영화관에 자주 가요?
  나: 아니요, 요즘은 시간이 없어서 못 가요.
- 가: 숙제를 다 했어요?
  나: 아니요, 회사에 일이 많아서 못 했어요.
- 겨울에는 추워서 바다에서 수영을 못 해요.

못 (받침 O, X)	걷다	→ 못 걷다
	먹다	→ 못 먹다
	사다	→ 못 하다
	치다	→ 못 치다
	운동하다	→ 운동 못 하다
	숙제하다	→ 숙제 못 하다

문법 2 (못 동)

1 도입, 제시

1. 도입 그림과 대화를 통해 문법이 사용되는 상황을 인지시킨다.

   🎙 제이슨 씨와 라흐만 씨가 이야기해요. 제이슨 씨가 라흐만 씨에게 물어요. '어제 등산 갔어요?'

2. 교재의 대표 예문을 보면서 문법의 의미를 설명한다.

   🎙 (교재 그림을 가리키며) 라흐만 씨가 등산했어요? 그럼 뭐 했어요? 라흐만 씨가 등산을 하고 싶었지만 일을 했어요. 이렇게 하고 싶었지만 다른 이유 때문에 안 했을 때 '못 동'을 사용해요.

3. 학생들과 교재의 예문들을 읽으면서 문법의 의미를 설명하고 이해시킨다.

4. 문법의 형태 정보를 제시하고 설명한다.

5. 추가 예문을 제시하고 문법의 의미와 사용법을 정확하게 이해시킨다.

2 연습 1

1. 〈보기〉의 대화를 교사와 함께 완성해 본다.

2. 나머지 문제를 〈보기〉의 대화처럼 짝과 완성하도록 한다.

3. 연습한 것을 발표하게 하거나 교사가 전체 학생 대상으로 답하게 하여 확인한다. 그리고 오류가 있으면 수정해 준다.

3 연습 2

1. 학교에 왜 못 왔는지, 모임에 왜 못 갔는지를 묻고 대답하면서 '못 동'을 활용하여 자신의 이야기를 하도록 한다.

2. 친구와 대화한 것을 발표하게 하고 오류가 있으면 수정해 준다.

   익힘책 91쪽을 풀게 하거나 과제로 제시한다. 익힘책은 연습 활동 난이도에 따라 교재 연습 문제 전후로 활용한다.

말하기와 듣기

1 2)
샤오펜: 이링 씨, 오늘 같이 영화를 볼까요?
이　링: 미안해요. 오늘은 회사 일이 많아요. 그래서 못
　　　 봐요.
샤오펜: 그럼 내일 같이 영화를 볼까요?
이　링: 네, 좋아요. 내일 저녁 7시에 만나요.

잠시드(남): 라흐만 씨, 내일 약속에 못 가요. 정말
　　　　　 미안해요.
라흐만(남): 왜요? 무슨 일 있어요?
잠시드(남): 내일 저녁에 회사에서 회식이 있어요.
라흐만(남): 아, 그래요? 그럼 이번 주 금요일은
　　　　　 어때요?
잠시드(남): 좋아요. 금요일 6시에 만나요.

---

 1 이링 씨와 샤오펜 씨가 약속해요. 다음과 같이 이야기해 보세요.

> 샤오펜: 이링 씨, 오늘 같이 저녁 먹을까요?
> 이　링: 미안해요. 오늘은 약속이 있어요.
> 　　　 그래서 못 먹어요.
> 샤오펜: 그럼 내일 같이 저녁 먹을까요?
> 이　링: 네, 좋아요. 내일 저녁 7시에 만나요.

1) 저녁을 먹다 │ 약속이 있다, 못 먹다　　2) 영화를 보다 │ 회사 일이 많다, 못 보다

2 여러분은 오늘 뭐 하고 싶어요? 친구와 약속을 해 보세요.

 오늘 같이 쇼핑할까요?　　　미안해요. 오늘은 약속이 있어요.

 잠시드 씨와 라흐만이 이야기해요. 잘 듣고 답해 보세요.

1) 잠시드 씨는 왜 약속을 못 지켜요?
　　저녁에 회사에서 회식이 있어요.

2) 잠시드 씨와 라흐만 씨는 언제 만나요?
　❶ (금)요일에 만나요.
　❷ (6)시에 만나요.

158　사회통합프로그램(KIIP) 한국어와 한국문화 초급 1

약속하기

1 대화문 연습

1. 약속 정하기에 대해 이야기하며 교재의 그림을 이용해 어떤 상황인지 추측해 보도록 한다.

🎤 샤오펜 씨는 이링 씨와 오늘 저녁을 먹고 싶어 해요.
　이링 씨 표정을 보세요. 이링 씨가 오늘 같이 저녁 먹을 수 있을까요?

2. 지시문을 이용하여 대화 상황을 학생들에게 명확하게 알려 준다.

3. 대화를 들려주고 간단한 질문을 하여 대화 내용을 이해했는지 확인한다.

🎤 이링 씨는 오늘 샤오펜 씨와 저녁을 먹을 수 있어요? 왜 못 먹어요?
　그럼 두 사람은 언제 만나요?

4. 교사와 함께 대화문을 읽으면서 자연스럽게 말하는 연습을 한다. 두 번 정도 반복해서 연습한다.

5. 교체 어휘를 활용하여 짝과 함께 연습하게 한다.

6. 연습이 끝나면 한두 팀을 발표시키거나 교사가 전체 학생을 대상으로 확인한다.

2 확장 연습

1. 친구와의 약속 정하기에 대해 말하기를 한다고 알려 준다.

2. 짝과 같이 약속 정하기에 대해 이야기하게 한다. 대화를 할 때는 다음과 같은 내용을 포함하여 말하도록 지시한다.

🎤 언제 만날까요? 어디에서 만날까요? 같이 뭐 할까요?
　같이 약속을 만들어 보세요.

3. 이야기가 끝나면 한두 팀을 발표시키거나 교사가 전체 학생을 대상으로 확인하고 오류를 수정해 준다.

약속 정하는 대화 듣기

1. 지시문을 이용하여 등장인물과 대화 상황을 설명한다.

2. 문제를 읽고 들어야 하는 정보를 파악하게 한다.

🎤 잠시드 씨는 왜 내일 약속에 못 가요?
　두 사람은 언제 다시 만날 거예요?

3. 듣기 파일을 두 번 듣고 문제를 풀게 한다.

4. 교재 질문의 답을 확인한 후 해당 대화를 같이 읽으며 내용을 확인한다. 필요한 경우 새로운 어휘, 표현을 설명한다.

1 다음 글을 읽고 질문에 답해 보세요.

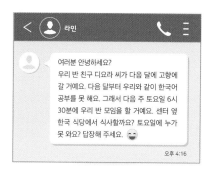

라민

여러분 안녕하세요?
우리 반 친구 디요라 씨가 다음 달에 고향에
갈 거예요. 다음 달부터 우리와 같이 한국어
공부를 못 해요. 그래서 다음 주 토요일 6시
30분에 우리 반 모임을 할 거예요. 센터 옆
한국 식당에서 식사할까요? 토요일에 누가
못 와요? 답장해 주세요. 😊

오후 4:16

1) 왜 반 모임을 해요?
 ❶ 친구가 고향에 가요.   ❷ 고향 친구가 한국에 와요.
 ❸ 새 친구가 우리 반에 왔어요.   ❹ 다음 주에 친구 생일이 있어요.

2) 모임은 언제 해요?
 토요일 6시 30분에 해요.

3) 모임은 어디에서 해요?
 센터 옆 한국 식당에서 해요.

2 여러분은 어떤 모임을 하고 싶어요? 언제, 어디에서 하고 싶어요? 친구들에게 메시지를 써 보세요.

여러분 안녕하세요?

다음 주 토요일이 제 생일이에요. 우리 반 친구들과 생일 파티를 하고 싶어요.

단어장
답장하다
새

• 답장[답짱]: 편지, 메일이나 문자를 읽고 대답으로 답장을
써요. 메일은 답메일, 문자는 답문자라고도 해요.

약속 문자 메시지 읽기

1. 그림을 보며 글의 내용을 유추하게 한다.
   🎤 이게 뭐예요? 누가 이 메시지를 썼어요?
   라민 씨는 왜 이 메시지를 보냈을까요?

2. 글을 훑어 읽게 한 후 주제, 중심 내용 등을 간단히 말해 보도록 한다.
   🎤 디요라 씨가 왜 한국어를 같이 공부 못 해요?
   언제 모임을 해요?
   어디에서 모임을 해요?

3. 글을 다시 읽으면서 문제를 풀게 한다.

4. 답을 같이 확인한 후, 본문을 다시 읽으며 모르는 어휘가 없는지
   확인한다. 필요한 경우 새로운 어휘, 표현을 설명한다.

친구에게 약속 문자 메시지 쓰기

1. 어떤 글을 쓸지 알려 주고 글에 들어갈 내용을 생각해 보게 한다.
   🎤 오늘은 여러분이 하고 싶은 모임에 대하여 친구에게 메시지를 쓸 거예요.

2. 교재 질문에 대해 자신이 쓸 내용을 간단히 메모하도록 한다. 교사는
   학생들이 쓴 메모에 오류가 없는지 확인해 준다.
   메모 무슨 모임을 하고 싶어요?
   언제 모임을 하고 싶어요?
   어디에서 하고 싶어요?

3. 메모한 내용을 바탕으로 글을 완성하게 한다.

문화와 정보

30분

약속 장소

한국 사람들의 약속 장소는 과거와 많이 달라졌습니다. 예전에는 카페나, 지하철역 앞, 극장 앞처럼 사람들이 많은 장소에서 만났습니다. 쉽게 찾을 수 있기 때문입니다. 그러나 요즘에는 휴대 전화가 있어서 약속 장소를 미리 정하지 않는 사람도 많습니다. 요즘은 휴대 전화로 할 일을 먼저 정합니다. 그리고 그 장소에서 만납니다. 영화를 보면, "극장에서 만나요. 도착하면 전화하세요."처럼 말합니다.

| 참고 | **약속 장소를 이야기하는 방법** |

• **카페**: 이름만 말한다.
  예 스타벅스에서 만나.

• **지하철역**: 출구 번호와 함께 말한다.
  예 강남역 3번 출구에서 만나요.

• **극장**: 프랜차이즈 극장이 많아서 지역 이름과 함께 극장을 말한다.
  예 안성 CGV에서 봐요.

1) 예전에 한국 사람들은 어디에서 많이 만났어요?
2) 요즘 한국 사람들은 약속 장소를 어떻게 정해요?
3) 여러분은 친구를 어디에서 주로 만나요?

약속 장소

1. 이 단원의 문화와 정보가 무엇에 대한 것인지 알려 준다.

🎤 친구와 약속을 해요. 약속 장소를 정해야 해요.
   다양한 약속 장소에 대해 알아봅시다.

2. 교재의 그림(사진)을 보면서 주제에 대해 알고 있는 것을 상기시키고 말해 보게 한다. 이때 관련 시각 자료를 추가로 활용할 수 있다.

🎤 (제시된 그림을 보면서) 예전에는 약속 장소를 카페, 지하철역 앞, 영화관
   앞에서 만났어요. 요즘 여러분은 어디로 약속 장소를 정해요?

3. 교재를 같이 읽으면서 내용을 설명한다. 이때 중요한 정보가 있는 부분에 밑줄을 긋거나 표시하게 하는 것도 좋다.

4. 질문 1, 2의 답을 찾아보고 답하게 한다.

🎤 예전에 한국 사람들은 어디에서 많이 만났어요?
   요즘 한국 사람들은 약속 장소를 어떻게 정해요?

5. 3번 질문을 이용하여 학습자 자신의 경험을 말해 보도록 한다.

🎤 여러분은 친구를 어디에서 주로 만나요?
   여러분이 친구와 만나는 장소를 이야기해 보세요.

발음

1. 다음을 듣고 따라 읽으세요.
   1) 먹을까요?[머글까요]
   2) 못 만나요[몬 만나요]
   3) 못 먹어요[몬 머거요]

2. 다음을 듣고 연습해 보세요.
   1) 가: 뭘 먹을까요?
      나: 비빔밥을 먹어요.
   2) 가: 몇 시에 만날까요?
      나: 미안해요. 오늘은 못 만나요.
   3) 가: 삼겹살을 먹을까요?
      나: 전 돼지고기를 못 먹어요.

배운 어휘 확인

- 모임
- 직장 모임
- 약속하다
- 약속을 지키다
- 약속 시간을 정하다
- 약속 장소를 정하다
- 약속 장소를 바꾸다
- 약속 시간에 늦다
- 일이 많다
- 야근을 하다
- 회식이 있다
- 몸이 아프다
- 가족 모임이 있다
- 시험이 있다
- 갑자기 일이 생기다
- 회식을 하다
- 답장하다
- 새

14과 저녁 7시에 만날까요? **161**

· 연음
　– 받침 뒤에 모음이 올 경우 연음이 되어 발음한다.

· 받침 'ㄲ, ㅋ, ㅅ, ㅆ, ㅈ, ㅊ, ㅌ, ㅍ'은 어말 또는 자음 앞에서 각각 대표음 [ㄱ, ㄷ, ㅂ]로 발음한다.

- 이 단원에서 배운 어휘 중 기억나는 것을 말해 보세요.
- 이 단원에서 배운 문법은 뭐예요? 어떻게 사용해요?
- 한국에서 여러분은 약속을 어디로 정해요?
- 약속 문자 메시지를 어떻게 써요?
- 한국 사람들은 어디에서 친구를 많이 만나요?

발음　10분

1. 교재 1번 발음을 들려주고 어떻게 들리는지 학습자 스스로 확인해 보도록 한다.
2. '먹을까요'에서 받침 뒤에 모음이 올 경우 연음된다는 것을 알려 준다. 그리고 '못 만나요. 못 먹어요'에서 '못'의 받침 'ㅅ'이 자음 앞에서 대표음 [ㄷ]로 되고 뒤에 자음 'ㅁ'의 영향으로 [ㄴ]로 발음된다는 것을 알려 준다.
3. 교재 1번 발음을 다시 듣고 교사를 따라 말해 본다.
4. 교재 2번 대화를 듣고 따라 말해 본다.
5. 짝과 함께 대화를 읽으며 연습하게 한 후에 확인한다.

마무리　10분

1. 단원에서 학습한 어휘 중 기억하는 것을 먼저 말해 보게 한다.
2. 배운 어휘 목록의 어휘들을 읽으면서 의미를 상기시킨다.
3. 단원에서 학습한 문법(동-을까요?, 못 동)을 상기시키며 의미와 사용법을 기억하는지 확인한다.
4. 단원의 목표와 성취도를 확인한다.
5. 익힘책을 과제로 제시하고 마무리한다.

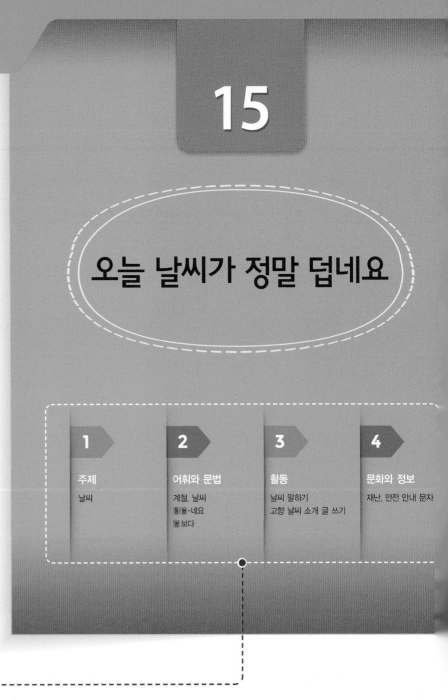

15

오늘 날씨가 정말 덥네요

수업 목표 및 내용

- **주제:** 날씨

- **어휘와 문법**
  - 어휘: 계절과 날씨 표현에 대한 어휘를 익힌다.
  - 문법: '동형-네요', '명보다'의 의미와 형태를 익혀 사용할 수 있다.

- **활동**
  - 말하기: 날씨에 대해 말할 수 있다.
  - 듣기: 날씨 표현에 대한 대화를 듣고 이해할 수 있다.
  - 읽기: 한국의 계절과 날씨에 관한 글을 읽고 이해할 수 있다.
  - 쓰기: 고향의 계절과 날씨를 소개하는 글을 쓸 수 있다.

- **문화와 정보:** 재난, 안전 안내 문자

1	2	3	4
주제	어휘와 문법	활동	문화와 정보
날씨	계절, 날씨	날씨 말하기	재난, 안전 안내 문자
	동형-네요	고향 날씨 소개 글 쓰기	
	명보다		

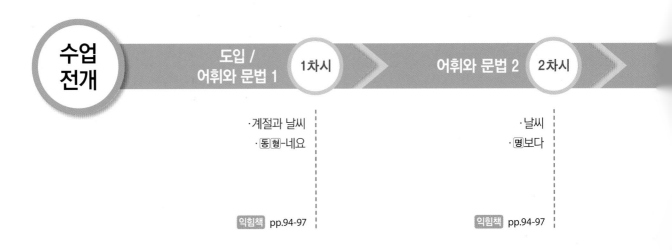

수업
전개

도입 /
어휘와 문법 1 **1차시**

어휘와 문법 2 **2차시**

·계절과 날씨
·동형-네요

·날씨
·명보다

익힘책 pp.94-97

익힘책 pp.94-97

❶

❷

❸

• 무슨 계절이에요? 날씨가 어때요?
• 요즘 날씨가 어때요?

도입

1. 교재 그림을 이용하여 학생들과 이야기하며 이 과의 주제를 노출한다.

   그림❶ 🎤 무슨 계절이에요? / 날씨가 어때요?
   사람들이 무엇을 하고 있어요?

   그림❷ 🎤 무슨 계절이에요? / 날씨가 어때요?
   가족들이 무엇을 하고 놀아요?

   그림❸ 🎤 무슨 계절이에요? / 날씨가 어때요?
   두 사람은 어디를 가고 있어요?

2. 대화 내용을 정리하며 이 단원에서는 '계절과 날씨'를 주제로 공부한다는 것을 알려 준다.

이 단원을 지도할 때는…

날씨 및 계절은 현실과 매우 밀접한 주제입니다. 현실에 맞게, 학습자들이 알고자 하는 관련 어휘를 추가하여 제시해 주시고 계절별 활동, 음식 등으로 자연스럽게 이야깃거리를 확장하는 것도 좋겠습니다.

말하기와 듣기	3차시		읽기와 쓰기	4차시		문화와 정보 / 발음 / 마무리	5차시
·날씨 말하기 ·날씨에 대한 대화 듣기			·한국의 사계절과 날씨에 대한 글 읽기 ·고향의 계절과 날씨 소개하는 글 쓰기			·재난, 안전 안내 문자	
익힘책 p.98			익힘책 p.99				

• 봄 – 따뜻하다

: 봄에 꽃이 피어요. 봄에 두꺼운 옷을 안 입어요.
따뜻해요.

발음 따뜻하다[따뜨타다]

• 여름 – 덥다

: 여름에 밖에서 수영할 수 있어요. (높은 기온을 칠판에
쓰며) 기온이 높아요. (부채질하며) 더워요.

발음 덥다[덥따]

• 가을 – 쌀쌀하다

: 가을에 나뭇잎이 노란색, 빨간색이 돼요. 덥지 않아요.
조금 추워요. 쌀쌀해요.

• 겨울 – 춥다

: (영하의 낮은 기온을 칠판에 쓰며) 기온이 낮아요.
(몸을 웅크리고 떨며) 추워요.

발음 춥다[춥따]

🔍 무슨 계절이에요? 날씨가 어때요?

🔍 여러분 고향은 지금 무슨 계절이에요? 이야기해 보세요.

> 지금 무슨 계절이에요?

> 봄이에요. 따뜻해요.

164　사회통합프로그램(KIIP) 한국어와 한국문화 초급 1

어휘 1 (계절과 날씨)

1 도입, 제시

1. 단원 도입의 계절과 날씨 상황을 다시 한번 이야기하며 오늘 배우는
어휘는 계절과 날씨와 관련된 표현임을 알려 준다.

🎤 오늘 날씨가 어때요?
　오늘은 봄, 여름, 가을, 겨울, 사계절 어휘를 공부해요.

2. 교사를 따라 어휘를 소리 내어 한 번 읽는다. 이때 발음에 주의하게
한다.

3. 어휘의 의미를 설명한다. 어휘가 사용된 문장을 예로 제시하거나
의미를 풀어서 설명해 준다. 상황에 따라 유의어나 반의어 등을 추가로
설명할 수 있다.

4. 배운 어휘를 소리 내어 읽도록 한다. 이때 '어요' 형태로 단어를 읽는 등
변화를 줄 수 있다.

2 연습

1. 고향은 지금 무슨 계절인지 질문을 한다.

2. 짝과 함께 고향의 현재 계절과 날씨에 대해 말해 보도록 한다.

3. 학생들끼리 이야기한 것을 교사가 정리해 주며 같이 이야기한다.

🎤 OO 씨 고향은 지금 무슨 계절이에요?
　OO 씨 고향의 날씨는 어때요?

4. 계절별로 많이 하는 활동은 무엇인지 이야기하는 활동으로 확장할 수
있다.

익힘책 94쪽을 풀게 하거나 과제로 제시한다. 익힘책은 연습 활동
　난이도에 따라 교재 연습 문제 전후로 활용한다.

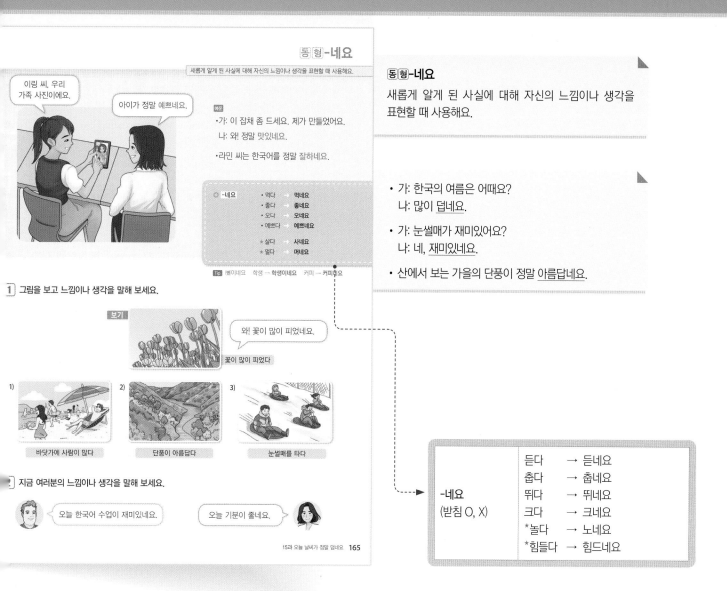

문법 1 (동형-네요)

1 도입, 제시

1. 도입 그림과 대화를 통해 문법이 사용되는 상황을 인지시킨다.

   🎤 무슨 사진이에요? 가족사진에 누가 있어요?

2. 교재의 대표 예문을 보면서 문법의 의미를 설명한다.

   🎤 이링 씨가 후엔 씨의 가족 사진을 보고 '아이가 정말 예쁘네요.'라고 말해요. 이렇게 새롭게 알게 된 것에 대해 자신의 느낌이나 생각을 표현할 때 '-네요'를 사용해요.

3. 학생들과 교재의 예문들을 읽으면서 문법의 의미를 설명하고 이해시킨다.

4. 문법의 형태 정보를 제시하고 설명한다.

5. 추가 예문을 제시하고 문법의 의미와 사용법을 정확하게 이해시킨다.

2 연습 1

1. 〈보기〉의 대화를 교사와 함께 완성해 본다.

2. 나머지 문제를 〈보기〉의 대화처럼 짝과 완성하도록 한다.

3. 연습한 것을 발표하게 하거나 교사가 전체 학생 대상으로 답하게 하여 확인한다. 그리고 오류가 있으면 수정해 준다.

3 연습 2

1. 지금 느낌이나 생각을 말해 보면서 '-네요'를 활용하여 자신의 이야기를 하도록 한다.

2. 친구와 대화한 것을 발표하게 하고 오류가 있으면 수정해 준다.

   익힘책 96쪽을 풀게 하거나 과제로 제시한다. 익힘책은 연습 활동 난이도에 따라 교재 연습 문제 전후로 활용한다.

어휘와 문법 2

• **비가 오다:** (삽화를 가리키고 우산을 쓰는 동작을 하며) 비가 와요.

• **눈이 오다:** 겨울에는 눈이 와요.

• **구름이 끼다:** (삽화를 가리키며) 구름이 있어요. 구름이 끼었어요.

• **맑다:** 비가 와요? 아니요. 구름이 끼었어요? 아니요. 맑아요.

   발음 맑다[막따]

• **흐리다:** 맑아요? 아니요. 흐려요.

• **바람이 불다:** (삽화를 가리키고 몸을 흔들며) 바람이 불어요.

• **천둥/번개가 치다:** (삽화를 가리키며) 우르르 쾅쾅 소리 천둥, 빛 번개. 천둥이 쳐요. 번개가 쳐요.

Q 날씨가 어때요?

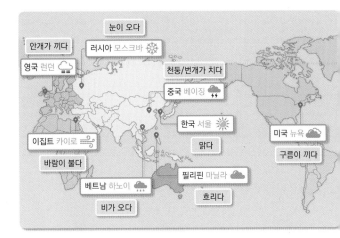

- 눈이 오다
- 안개가 끼다
- 러시아 모스크바
- 영국 런던
- 천둥/번개가 치다
- 중국 베이징
- 한국 서울
- 미국 뉴욕
- 이집트 카이로
- 맑다
- 구름이 끼다
- 바람이 불다
- 필리핀 마닐라
- 베트남 하노이
- 흐리다
- 비가 오다

지금 서울 날씨가 어때요?

맑아요.

Q 요즘 여러분 고향은 날씨가 어때요? 이야기해 보세요.

후엔 씨, 요즘 고향 날씨가 어때요?

요즘 하노이는 비가 많이 와요.

166 사회통합프로그램(KIIP) 한국어와 한국문화 초급 1

어휘 2 (날씨)

① 도입, 제시

1. 단원 도입의 날씨와 오늘의 날씨에 대해 이야기하며 이번 시간에 배우는 어휘는 날씨 표현임을 알려 준다.

  🎙 오늘 날씨가 어때요?
    (삽화를 가리키며) 베트남 하노이 날씨는 어때요?
    오늘은 날씨 어휘를 공부해요.

2. 교사를 따라 어휘를 소리 내어 한 번 읽는다. 이때 발음에 주의하게 한다.

3. 어휘의 의미를 설명한다. 어휘가 사용된 문장을 예로 제시하거나 의미를 풀어서 설명해 준다. 상황에 따라 유의어나 반의어 등을 추가로 설명할 수 있다.

4. 배운 어휘를 소리 내어 읽도록 한다.

② 연습

1. 세계 지도를 보면서 지도에서 보여 준 나라의 날씨가 어떤지 질문한다.

2. 짝과 함께 각 나라의 날씨 표현을 가지고 서로 묻고 답하도록 한다.

3. 학생들끼리 이야기한 것을 교사가 정리해 주며 같이 이야기한다.

  🎙 ○○ 씨 나라의 날씨는 어때요?
    ○○ 씨 지금 한국의 날씨는 어때요?

익힘책 95쪽을 풀게 하거나 과제로 제시한다.

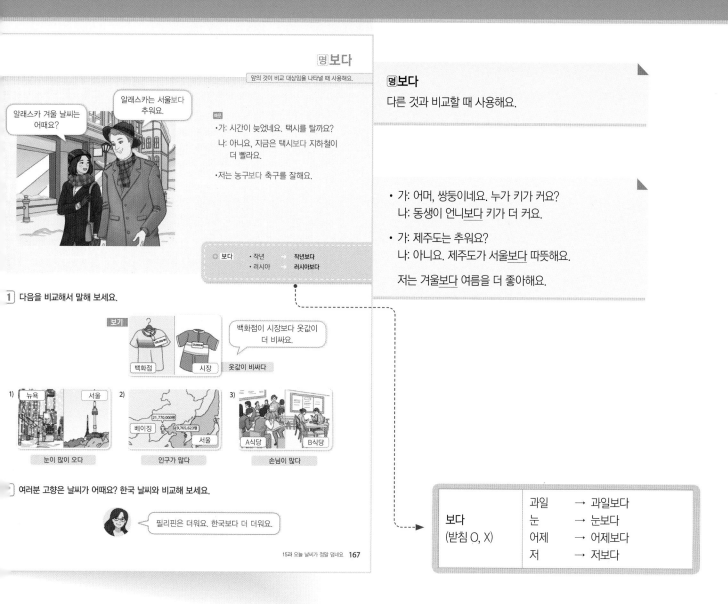

문법 2 (명보다)

1 도입, 제시

1. 도입 그림과 대화를 통해 문법이 사용되는 상황을 인지시킨다.

   🎤 (삽화의 눈을 가리키며) 이게 뭐예요? 무슨 계절이에요?

2. 교재의 대표 예문을 보면서 문법의 의미를 설명한다.

   🎤 서울의 겨울은 추워요. 알래스카의 겨울도 추워요.
   알래스카의 겨울이 서울보다 더 추워요.
   이렇게 다른 것과 비교할 때 '보다'를 사용해요.

3. 학생들과 교재의 예문들을 읽으면서 문법의 의미를 설명하고 이해시킨다.

4. 문법의 형태 정보를 제시하고 설명한다.

5. 추가 예문을 제시하고 문법의 의미와 사용법을 정확하게 이해시킨다.

2 연습 1

1. 〈보기〉의 대화를 교사와 함께 완성해 본다.

2. 나머지 문제를 〈보기〉의 대화처럼 짝과 완성하도록 한다.

3. 연습한 것을 발표하게 하거나 교사가 전체 학생 대상으로 답하게 하여 확인한다. 그리고 오류가 있으면 수정해 준다.

3 연습 2

1. 고향의 날씨를 한국 날씨와 비교하면서 '명보다'를 활용하여 자신의 이야기를 하도록 한다.

2. 친구와 대화한 것을 발표하게 하고 오류가 있으면 수정해 준다.

   익힘책 97쪽을 풀게 하거나 과제로 제시한다. 익힘책은 연습 활동 난이도에 따라 교재 연습 문제 전후로 활용한다.

말하기와 듣기

1️⃣ 2)

라흐만: 오늘 날씨가 정말 덥네요.
이　랑: 맞아요. 이제 여름이네요.
라흐만: 그런데 이링 씨는 무슨 계절을 좋아해요?
이　랑: 저는 여름보다 겨울을 더 좋아해요. 여름은
　　　　너무 더워요.

제이슨(남): 어휴, 요즘 날씨가 너무 덥네요.
후　엔(여): 맞아요. 너무 더워서 어젯밤에 잠을 못
　　　　　잤어요.
제이슨(남): 그런데 후엔 씨 고향은 한국보다 더 덥죠?
후　엔(여): 네, 베트남은 한국보다 비도 많이 오고 더
　　　　　더워요.

1️⃣ 라흐만 씨와 이링 씨가 날씨 이야기를 해요. 다음과 같이 이야기해 보세요.

라흐만: 오늘 날씨가 정말 춥네요.
이　랑: 맞아요. 이제 겨울이에요.
라흐만: 그런데 이링 씨는 무슨 계절을 좋아해요?
이　랑: 저는 겨울보다 여름을 더 좋아해요.
　　　　겨울은 너무 추워요.

1) 춥다 ｜ 겨울 ｜ 겨울보다 여름을 더 좋아하다, 겨울은 너무 춥다
2) 덥다 ｜ 여름 ｜ 여름보다 겨울을 더 좋아하다, 여름은 너무 덥다

2️⃣ 여러분은 무슨 계절을 좋아해요? 왜 좋아해요? 이야기해 보세요.

 제이슨 씨와 후엔 씨가 이야기해요. 잘 듣고 답해 보세요.

1) 요즘 날씨가 어때요?
　　너무 더워요.

2) 후엔 씨 고향의 여름 날씨는 어때요?
　　한국보다 비도 많이 오고 더 더워요.

168 사회통합프로그램(KIIP) 한국어와 한국문화 초급 1

날씨 말하기

1️⃣ 대화문 연습

1. 날씨 표현에 대해 이야기하며 교재의 그림을 이용해 어떤 상황인지 추측해 보도록 한다.

🎤 지금 무슨 계절이에요?
　 이링 씨는 겨울을 좋아할까요?

2. 지시문을 이용하여 대화 상황을 학생들에게 명확하게 알려 준다.

3. 대화를 들려주고 간단한 질문을 하여 대화 내용을 이해했는지 확인한다.

🎤 이링 씨는 겨울을 좋아해요? 여름을 좋아해요?
　 이링 씨는 왜 겨울을 싫어해요?

4. 교사와 함께 대화문을 읽으면서 자연스럽게 말하는 연습을 한다. 두 번 정도 반복해서 연습한다.

5. 교체 어휘를 활용하여 짝과 함께 연습하게 한다.

6. 연습이 끝나면 한두 팀을 발표시키거나 교사가 전체 학생을 대상으로 확인한다.

2️⃣ 확장 연습

1. 각자의 좋아하는 계절에 대해 말하기를 한다고 알려 준다.

2. 짝과 같이 각자 좋아하는 계절이 무엇인지, 왜 좋아하는 지를 이야기하게 한다. 대화를 할 때는 다음과 같은 내용을 포함하여 말하도록 지시한다.

🎤 여러분은 무슨 계절을 좋아해요? 왜 좋아해요? 이야기해 보세요.

3. 이야기가 끝나면 한두 팀을 발표시키거나 교사가 전체 학생을 대상으로 확인하고 오류를 수정해 준다.

날씨에 대한 대화 듣기

1. 지시문을 이용하여 등장인물과 대화 상황을 설명한다.

2. 문제를 읽고 들어야 하는 정보를 파악하게 한다.

🎤 요즘 날씨가 어때요?
　 후엔 씨 고향의 여름 날씨는 어때요?

3. 듣기 파일을 두 번 듣고 문제를 풀게 한다.

4. 교재 질문의 답을 확인한 후 해당 대화를 같이 읽으며 내용을 확인한다. 필요한 경우 새로운 어휘, 표현을 설명한다.

156　사회통합프로그램(KIIP) 한국어와 한국문화 초급 1

1 다음 글을 읽고 질문에 답해 보세요.

한국은 봄, 여름, 가을, 겨울, 사계절이 있습니다. 봄은 3월부터 5월까지입니다. 봄은 따뜻하고 꽃이 많이 핍니다. 사람들은 봄에 꽃을 보러 갑니다. 여름은 6월부터 8월까지입니다. 아주 덥고 비가 많이 옵니다. 그래서 한국 사람은 봄, 가을, 겨울보다 여름에 휴가를 많이 갑니다. 9월부터 11월까지는 가을입니다. 가을은 쌀쌀하고 단풍이 매우 아름답습니다. 그래서 등산을 많이 합니다. 12월부터 2월까지는 겨울입니다. 겨울에는 눈이 오고 춥습니다. 사람들은 겨울에 눈썰매, 스키를 타러 갑니다.

1) 빈칸에 맞는 계절을 쓰세요.

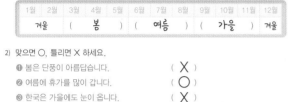

1월	2월	3월	4월	5월	6월	7월	8월	9월	10월	11월	12월
겨울		(봄)		(여름)			(가을)				겨울

2) 맞으면 ○, 틀리면 X 하세요.

❶ 봄은 단풍이 아름답습니다.　　　(X)
❷ 여름에 휴가를 많이 갑니다.　　　(○)
❸ 한국은 가을에도 눈이 옵니다.　　(X)

3) 사람들은 겨울에 무엇을 합니까? _눈썰매, 스키를 타러 가요._

2 여러분 고향의 계절과 날씨는 어때요? 고향의 계절과 날씨를 소개하는 글을 써 보세요.

○○○의 계절

단어장
사계절
매우
스키를 타다

• **사계절:** 봄, 여름, 가을, 겨울, 계절이 4개 있어요. 사계절이 있어요.

• **매우:** 아주. 아주 추워요. 매우 추워요.

• **스키를 타다:** (스키 타는 동작을 하며) 겨울에 눈이 와요. 눈 위에서 스키를 타요.

한국의 사계절과 날씨에 대한 글 읽기

1. 그림을 보며 글의 내용을 유추하게 한다.

🎤 한국은 계절이 몇 개 있어요?
무슨 계절이 있어요?

2. 글을 훑어 읽게 한 후 주제, 중심 내용 등을 간단히 말해 보도록 한다.

🎤 봄은 어때요? 여름은 어때요?
가을은 어때요? 겨울은 어때요?

3. 글을 다시 읽으면서 문제를 풀게 한다.

4. 답을 같이 확인한 후, 본문을 다시 읽으며 모르는 어휘가 없는지 확인한다. 필요한 경우 새로운 어휘, 표현을 설명한다.

고향의 계절과 날씨 소개하는 글 쓰기

1. 어떤 글을 쓸지 알려 주고 글에 들어갈 내용을 생각해 보게 한다.

🎤 오늘은 여러분 고향 계절과 날씨를 소개하는 글을 쓸 거예요.
여러분 고향의 계절과 날씨는 어때요?

2. 교재 질문에 대해 자신이 쓸 내용을 간단히 메모하도록 한다. 교사는 학생들이 쓴 메모에 오류가 없는지 확인해 준다.

메모 고향에 몇 개의 계절이 있어요? 무슨 계절이에요?
그 계절에는 날씨가 어때요? 그때 사람들이 무엇을 많이 해요?

3. 메모한 내용을 바탕으로 글을 완성하게 한다.

문화와 정보

30분

미세 먼지, 폭염, 폭설, 호우의 기준

• **미세 먼지**

구분	등급(㎍/㎥)			
	좋음	보통	나쁨	매우 나쁨
미세 먼지(PM10)	0~30	31~80	81~150	151 이상
초미세 먼지(PM2.5)	0~15	16~35	36~75	76 이상

• **폭염**
: 일 최고 기온 33도 이상인 상태가 2일 이상 지속될 때를 말한다.

• **폭설**
: 하루에 눈이 20cm 이상 내리거나 시간당 3cm의 강한 눈이 지속될 때를 말한다.

• **호우**
: 일 강수량이 연 강수량의 10% 이상 내렸을 때를 말한다. 예를 들어, 연 강수량이 1,200mm인 어느 한 지역에 하루 동안 120mm 이상의 비가 내렸다면 '호우가 내렸다'라고 볼 수 있다.

• **한파**
: 10월~4월의 아침 최저 기온이 전날보다 10℃(15℃) 이상 하강하여 3℃ 이하이고 평년보다 3℃가 낮을 것으로 예상되거나 아침 최저 기온이 -12℃(-15℃) 이하가 2일 이상 지속될 것으로 예상될 때 한파 경보가 발령된다.

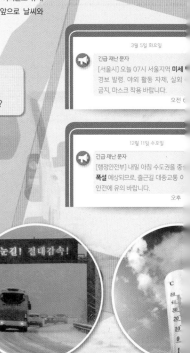

재난, 안전 안내 문자

한국 정부는 재난 시에 모든 국민에게 문자를 보냅니다. 봄에는 미세 먼지, 여름에는 폭염과 호우를 미리 알려 줍니다. 겨울에는 한파, 폭설, 건조 주의보를 알립니다. 여러분도 휴대 전화에서 이런 문자 메시지를 받았습니까? 앞으로 날씨와 재난, 안전 문자를 잘 확인하세요.

1) 정부에서 언제 문자 메시지를 보내요?
2) 어느 계절에 어떤 메시지가 자주 와요?
3) 여러분은 어떤 재난, 안전 문자를 받았어요?

3월 5일 화요일
긴급 재난 문자
[서울시] 오늘 07시 서울지역 **미세** 경보 발령. 야외 활동 자제, 실외 금지, 마스크 착용 바랍니다.
오전 6

12월 11일 수요일
긴급 재난 문자
[행정안전부] 내일 아침 수도권을 중 **폭설** 예상되므로, 출근길 대중교통 안전에 유의 바랍니다.
오후

눈길! 절대감속!

재난, 안전 안내 문자

1. 이 단원의 문화와 정보가 무엇에 대한 것인지 알려 준다.

🎙 한국에서는 특별한 일이 생겼을 때 재난 문자 메시지를 보내요. 다양한 재난 문자에 대해 알아봅시다.

2. 교재의 그림(사진)을 보면서 주제에 대해 알고 있는 것을 상기시키고 말해 보게 한다. 이때 관련 시각 자료를 추가로 활용할 수 있다.

🎙 미세 먼지, 폭염, 호우, 한파, 폭설, 건조 주의보를 알려주는 문자 메시지는 어떤 내용의 문자예요?

3. 교재를 같이 읽으면서 내용을 설명한다. 이때 중요한 정보가 있는 부분에 밑줄을 긋거나 표시하게 하는 것도 좋다.

4. 질문 1, 2의 답을 찾아보고 답하게 한다.

🎙 정부에서 언제 문자 메시지를 보내요? 어떤 계절에 메시지가 자주 와요?

5. 3번 질문을 이용하여 학습자 자신의 경험을 말해 보도록 한다.

🎙 여러분은 요즈음 어떤 재난 안전 문자를 받았어요? 여러분이 받은 재난 안전 문자를 말해 보세요.

단원 마무리

7월 5일 금요일

긴급 재난 문자
[행정안전부] 오늘 10시 서울, 경기 동부,
강원 일부 **폭염** 경보 발령. 야외 활동 자제.
충분한 물마시기 등 건강에 유의 바랍니다.
오전 8:12

7월 26일 금요일

긴급 재난 문자
[행정안전부] 오늘 07시 10분 서울,
인천, 경기 일부 **호우** 경보 발령. 산사태,
상습 침수 등 안전에 주의 바랍니다.
오전 7:17

발음

1. 다음을 듣고 따라 읽으세요.
1) 작년[장년]
2) 춥네요[춤네요]
3) 피었네요[피언네요]

2. 다음을 듣고 연습해 보세요.
1) 가: 이번 여름 날씨가 어때요?
   나: 작년보다 더워요.
2) 가: 올해 많이 추워요?
   나: 작년보다 더 춥네요.
3) 공원에 꽃이 많이 피었네요.

• **비음화**
  – 받침 'ㄱ, ㄷ, ㅂ'의 뒤에 'ㄴ, ㅁ'이 올 경우 [ㅇ, ㄴ,
    ㅁ]로 발음된다.

배운 어휘 확인

☐ 날씨   ☐ 눈썰매를 타다
☐ 계절   ☐ 맑다
☐ 봄   ☐ 흐리다
☐ 여름   ☐ 비가 오다
☐ 가을   ☐ 눈이 오다
☐ 겨울   ☐ 구름이 끼다
☐ 따뜻하다   ☐ 안개가 끼다
☐ 덥다   ☐ 바람이 불다
☐ 쌀쌀하다   ☐ 천둥/번개가 치다
☐ 춥다   ☐ 인구
☐ 꽃이 많이 피다   ☐ 사계절
☐ 바닷가   ☐ 매우
☐ 단풍이 아름답다   ☐ 스키를 타다

• 이 단원에서 배운 어휘 중 기억나는 것을 말해 보세요.
• 이 단원에서 배운 문법은 뭐예요? 어떻게 사용해요?
• 오늘 날씨가 어때요?
• 여러분은 무슨 계절을 좋아해요?
• 한국에서 요즘 자주 받는 재난, 안전 문자는 뭐예요?

15과 오늘 날씨가 정말 덥네요 **171**

발음   10분

1. 교재 1번 발음을 들려주고 어떻게 들리는지 학습자 스스로 확인해 보도록 한다.
2. '작년', '춥네요', '피었네요'에서 받침 'ㄱ, ㅂ, 씨[ㄷ]' 뒤에 'ㄴ'이 올 경우 각각 [ㅇ], [ㅁ], [ㄴ]로 발음된다는 것을 알려 준다.
3. 교재 1번 발음을 다시 듣고 교사를 따라 말해 본다.
4. 교재 2번 대화를 듣고 따라 말해 본다.
5. 짝과 함께 대화를 읽으며 연습하게 한 후에 확인한다.

마무리   10분

1. 단원에서 학습한 어휘 중 기억하는 것을 먼저 말해 보게 한다.
2. 배운 어휘 목록의 어휘들을 읽으면서 의미를 상기시킨다.
3. 단원에서 학습한 문법(통 형 -네요, 명 보다)을 상기시키며 의미와 사용법을 기억하는지 확인한다.
4. 단원의 목표와 성취도를 확인한다.
5. 익힘책을 과제로 제시하고 마무리한다.

15과 오늘 날씨가 정말 덥네요   **159**

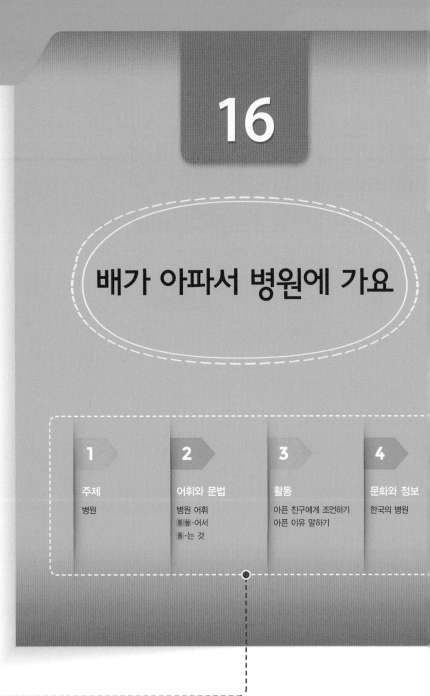

16

배가 아파서 병원에 가요

수업 목표 및 내용

- **주제:** 병원

- **어휘와 문법**
  - 어휘: 신체 부위와 병원에 대한 어휘를 익힌다.
  - 문법: '동형-어서', '동-는 것'의 의미와 형태를 익혀 사용할 수 있다.

- **활동**
  - 말하기: 아픈 곳과 원인을 말할 수 있다.
  - 듣기: 약국에서 하는 대화를 듣고 이해할 수 있다.
  - 읽기: 감기에 걸렸을 때 대처 방법에 대한 글을 읽고 이해할 수 있다.
  - 쓰기: 아플 때 알맞은 대처 방법에 대한 글을 쓸 수 있다.

- **문화와 정보:** 한국의 병원

1	2	3	4
주제	어휘와 문법	활동	문화와 정보
병원	병원 어휘 동형-어서 동-는 것	아픈 친구에게 조언하기 아픈 이유 말하기	한국의 병원

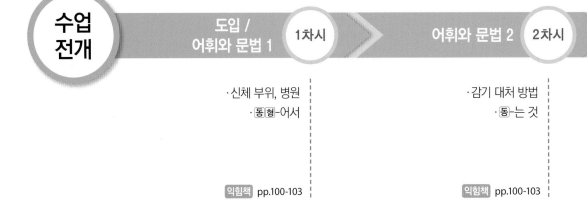

수업 전개

도입 / 어휘와 문법 1	1차시	어휘와 문법 2	2차시
·신체 부위, 병원 ·동형-어서		·감기 대처 방법 ·동-는 것	
익힘책 pp.100-103		익힘책 pp.100-103	

❶

❷

❸

• 이 사람들은 어디가 아파요?
• 여러분은 어느 병원에 가 봤어요?

도입

1. 교재 그림을 이용하여 학생들과 이야기하며 이 과의 주제를 노출한다.

그림❶ 🎤 여기는 어디예요? 라흐만 씨는 어디가 아파요?

그림❷ 🎤 여기는 무슨 병원이에요?
이링 씨는 어디가 아파요?

그림❸ 🎤 슬기는 어디가 아파요?

2. 대화 내용을 정리하며 이 단원에서는 '병원'을 주제로 공부한다는 것을 알려 준다.

이 단원을 지도할 때는…

병원을 주제로 수업을 진행하다 보면 학습자 개개인의 상황에 따라 필요한 어휘가 다를 수 있고 교사가 모르는 병명 등을 학습자가 알고 있을 수도 있습니다. 너무 어려운 어휘, 또는 사용 빈도가 낮은 어휘라고 해도 학습자 각자의 필요는 다를 수 있으므로 필요한 경우에는 번역기 등을 이용하여 신속하게 확인하고 지나가는 것이 좋겠습니다.

말하기와 듣기 3차시	읽기와 쓰기 4차시	문화와 정보 / 발음 / 마무리 5차시
·아픈 이유 설명하기 ·약국에서의 대화 듣기	·감기 걸렸을 때 대처 방법에 대한 글 읽기 ·아플 때 알맞은 대처 방법에 대한 글 쓰기	·한국의 병원
익힘책 p.104	익힘책 p.105	

- **내과**: 배가 아파요. 내과에 가요.
  발음 내과[내꽈]

- **이비인후과**: 귀, 코, 목이 아파요. 이비인후과에 가요.
  발음 이비인후과[이비인후꽈]

- **정형외과**: (삽화를 가리키며) 다리가 아파요. 다리에 깁스를 해요. 여기는 정형외과예요.
  발음 정형외과[정형외꽈]

- **안과**: 눈이 아파요. 안과에 가요.
  발음 안과[안꽈]

- **치과**: 이가 아파요. 치과에 가요.
  발음 치과[치꽈]

🔍 어디가 아파요? 어느 병원에 가요?

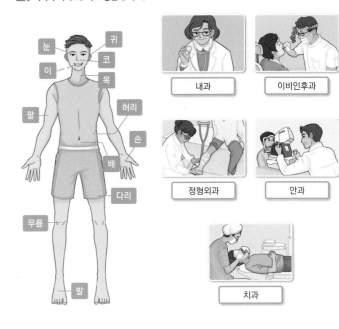

내과	이비인후과
정형외과	안과
	치과

🔍 여러분 친구가 아파요. 어느 병원에 가요? 이야기해 보세요.

이가 아파요.

그럼, 빨리 치과에 가세요.

174 사회통합프로그램(KIIP) 한국어와 한국문화 초급 1

어휘 1 (신체 부위와 병원)

1 도입, 제시

1. 단원 도입의 신체 부위에 따른 병원 선택을 다시 한번 이야기하며 오늘 배우는 어휘는 신체 부위와 병원과 관련된 표현임을 알려 준다.

   🎤 어디가 아파요? 어느 병원에 가요?

2. 교사를 따라 어휘를 소리 내어 한 번 읽는다. 이때 발음에 주의하게 한다.

3. 어휘의 의미를 설명한다. 어휘가 사용된 문장을 예로 제시하거나 의미를 풀어서 설명해 준다. 상황에 따라 유의어나 반의어 등을 추가로 설명할 수 있다.

4. 배운 어휘를 소리 내어 읽도록 한다. 이때 '어요' 형태로 단어를 읽는 등 변화를 줄 수 있다.

2 연습

1. 아픈 곳이 있는지, 아니면 있었는지 질문을 한다.

2. 짝과 함께 신체 부위에 따른 병원 선택에 대해 말해 보도록 한다.

3. 학생들끼리 이야기한 것을 교사가 정리해 주며 같이 이야기한다.

   🎤 OO 씨는 어디가 아파요? 어느 병원에 가요?
   OO 씨는 어디가 아팠어요? 어느 병원에 갔어요?

4. '내과, 이비인후과, 안과, 치과, 정형외과' 외에 '소아과, 산부인과, 피부과, 신경외과, 가정의학과, 한의원' 등 병원 선택의 범위를 넓혀 이야기하는 활동으로 확장할 수 있다.

익힘책 100쪽을 풀게 하거나 과제로 제시한다.

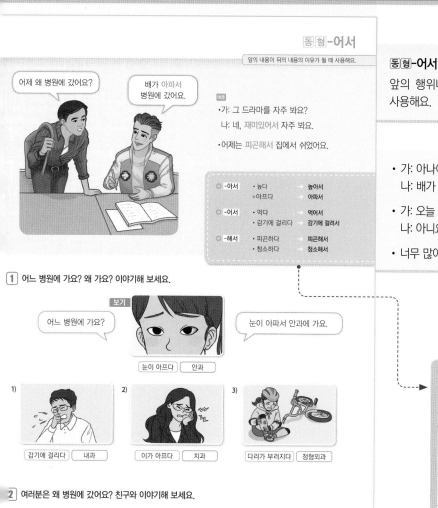

동 형 -어서

앞의 행위나 상태가 원인이나 이유가 됨을 나타낼 때 사용해요.

- 가: 아나이스 씨, 지금 어디에 가요?
  나: 배가 고파서 친구와 같이 식당에 가요.
- 가: 오늘 회사에 자동차로 가요?
  나: 아니요, 눈이 많이 와서 버스를 타고 가요.
- 너무 많이 걸어서 다리가 아파요.

-아서 (ㅏ, ㅗ O)	보다 → 봐서 많다 → 많아서 좋다 → 좋아서
-어서 (ㅏ, ㅗ X)	찍다 → 찍어서 쉬다 → 쉬어서 *걷다 → 걸어서 *예쁘다 → 예뻐서
-해서 (하다)	운동하다 → 운동해서 따뜻하다 → 따뜻해서

문법 1 (동 형 -어서)

1 도입, 제시

1. 도입 그림과 대화를 통해 문법이 사용되는 상황을 인지시킨다.

   🎤 잠시드 씨의 친구가 '어제 왜 병원에 갔어요?' 물어 봐요.

2. 교재의 대표 예문을 보면서 문법의 의미를 설명한다.

   🎤 잠시드 씨는 어제 왜 병원에 갔어요?
   배가 아팠어요. 그래서 병원에 갔어요. 배가 아파서 병원에 갔어요.
   이렇게 이유를 이야기할 때 '동 형 -어서'를 사용해요.

3. 학생들과 교재의 예문들을 읽으면서 문법의 의미를 설명하고 이해시킨다.

4. 문법의 형태 정보를 제시하고 설명한다.

5. 추가 예문을 제시하고 문법의 의미와 사용법을 정확하게 이해시킨다.

2 연습 1

1. 〈보기〉의 대화를 교사와 함께 완성해 본다.

2. 나머지 문제를 〈보기〉의 대화처럼 짝과 완성하도록 한다.

3. 연습한 것을 발표하게 하거나 교사가 전체 학생 대상으로 답하게 하여 확인한다. 그리고 오류가 있으면 수정해 준다.

3 연습 2

1. 왜 병원에 갔는지 묻고 대답하면서 "동 형 -어서"를 활용하여 자신의 이야기를 하도록 한다.

2. 친구와 대화한 것을 발표하게 하고 오류가 있으면 수정해 준다.

익힘책 102쪽을 풀게 하거나 과제로 제시한다. 익힘책은 연습 활동 난이도에 따라 교재 연습 문제 전후로 활용한다.

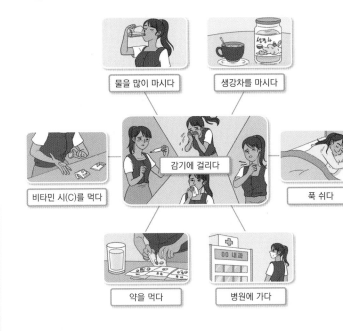

🔍 감기에 걸렸어요. 어떻게 해요?

- **감기에 걸리다:** (삽화를 가리키고 열이 나고, 기침을 하고, 목이 아프고, 콧물이 나는 것을 몸으로 표현한 후) 감기에 걸렸어요.

- **생강차를 마시다:** (생강 그림을 보여 주며) 이게 생강이에요. 이걸로 생강차를 만들어요. 목이 아파요? 기침을 해요? 그럼 생강차를 마셔요.

- **푹 쉬다:** 감기에 걸렸어요? 그럼 회사에 가지 않아요. 학교에 가지 않아요. 집에서 많이 쉬어요. 푹 쉬어요.

- **약을 먹다:** 아파요. 그럼 약국에 약을 사러 가요. 약을 먹어요.

- **병원에 가다:** 많이 아파요. 그럼 병원에 가요.

🔍 여러분이 감기에 걸렸어요. 어떻게 해요? 이야기해 보세요.

> 저는 감기에 걸려서 약을 먹었어요.

176 사회통합프로그램(KIIP) 한국어와 한국문화 초급 1

어휘 2 (감기 대처 방법)

1 도입, 제시

1. 감기에 걸렸을 때 어떻게 하는지 물어보고 오늘 배우는 어휘는 감기에 걸렸을 때 대처 방법에 대한 표현임을 알려 준다.

   🎤 감기에 걸렸어요. 여러분은 어떻게 해요?

2. 교사를 따라 어휘를 소리 내어 한 번 읽는다. 이때 발음에 주의하게 한다.

3. 어휘의 의미를 설명한다. 어휘가 사용된 문장을 예로 제시하거나 의미를 풀어서 설명해 준다. 상황에 따라 유의어나 반의어 등을 추가로 설명할 수 있다.

4. 배운 어휘를 소리 내어 읽도록 한다.

2 연습

1. 감기에 걸렸을 때 어떻게 하는지에 대해 질문을 한다.

2. 짝과 함께 감기 걸렸을 때 어떻게 하는지에 대해 말해 보도록 한다.

3. 학생들끼리 이야기한 것을 교사가 정리해 주며 같이 이야기한다.

   🎤 OO 씨는 감기에 걸렸을 때 어떻게 해요?

   익힘책 101쪽을 풀게 하거나 과제로 제시한다.

통-는 것

동사를 주어나 목적어 등으로 사용하기 위해서 명사로 만들 때 사용해요.

그래요? 그러면 빨리 병원에 가는 것이 좋아요.

선생님, 오늘 배가 아파서 학교에 못 가요. 약을 먹었지만 계속 아파요.

예문

· 가: 잠시드 씨, 노래방에 안 가요?

  나: 네, 저는 노래 부르는 것을 안 좋아해요.

· 잘 먹는 것이 건강에 좋아요.

○ -는 것	· 먹다	→	먹는 것
	· 씻다	→	씻는 것
	· 가다	→	가는 것
	· 쉬다	→	쉬는 것

1 감기에 걸렸어요. 어떻게 하는 것이 좋아요? 이야기해 보세요.

보기

집에서 푹 쉬는 것이 좋아요.

집에서 쉬다

1)

병원에 가다

2)

생강차를 마시다

3)

약을 먹다

2 건강이 안 좋아요. 어떻게 하는 것이 좋아요? 이야기해 보세요.

16과 배가 아파서 병원에 가요 **177**

통-는 것

동사를 주어나 목적어 등으로 사용하기 위해서 명사처럼 만들 때 사용해요.

· 가: 안젤라 씨, 취미가 뭐예요?

  나: 제 취미는 책을 읽는 것이에요.

· 가: 내일 좀 빨리 출발하는 것이 어때요?

  나: 네, 좋아요. 그럼 7시에 출발해요.

· 아침에 물 한 잔 마시는 것이 건강에 좋아요.

-는 것 (받침 O, X)	읽다 → 읽는 것
	보다 → 보는 것
	여행하다 → 여행하는 것
	*알다 → 아는 것

문법 2 (통-는 것)

1 도입, 제시

1. 도입 그림과 대화를 통해 문법이 사용되는 상황을 인지시킨다.

   🎤 후엔 씨가 아파요. 학교에 못 가요. 그래서 선생님에게 전화해요.

2. 교재의 대표 예문을 보면서 문법의 의미를 설명한다.

   🎤 선생님은 많이 아프면 '병원에 가는 것이 좋아요.'라고 말해요. 이렇게 '가다'와 같은 동사를 명사로 만들 때 '통-는 것'을 사용해요.

3. 학생들과 교재의 예문들을 읽으면서 문법의 의미를 설명하고 이해시킨다.

4. 문법의 형태 정보를 제시하고 설명한다.

5. 추가 예문을 제시하고 문법의 의미와 사용법을 정확하게 이해시킨다.

2 연습 1

1. 〈보기〉의 대화를 교사와 함께 완성해 본다.

2. 나머지 문제를 〈보기〉의 대화처럼 짝과 완성하도록 한다.

3. 연습한 것을 발표하게 하거나 교사가 전체 학생 대상으로 답하게 하여 확인한다. 그리고 오류가 있으면 수정해 준다.

3 연습 2

1. 건강이 안 좋을 때 어떻게 하는 것이 좋은지 묻고 대답하면서 '통-는 것'을 활용하여 자신의 이야기를 하도록 한다.

2. 친구와 대화한 것을 발표하게 하고 오류가 있으면 수정해 준다.

익힘책 103쪽을 풀게 하거나 과제로 제시한다. 익힘책은 연습 활동 난이도에 따라 교재 연습 문제 전후로 활용한다.

1 2)
라 민: 안젤라 씨, 얼굴이 안 좋네요. 어디 아파요?
안젤라: 배가 너무 아파서 밥을 못 먹었어요.
라 민: 그러면 병원에 가는 것이 좋아요.
안젤라: 네, 고마워요.

약사(남): 어서 오세요. 어떻게 오셨어요?
이링(여): 머리가 아파서 왔어요.
약사(남): 목도 아프세요?
이링(여): 아니요, 목은 안 아파요.
약사(남): 그럼 이 약을 드시고 푹 쉬세요.
이링(여): 네, 감사합니다.

---

1 라민 씨와 안젤라 씨가 이야기해요. 다음과 같이 이야기해 보세요.

라 민: 안젤라 씨, 얼굴이 안 좋네요. 어디 아파요?
안젤라: 네, 목이 너무 아파서 잠을 못 잤어요.
라 민: 그러면 생강차를 마시는 것이 좋아요.
안젤라: 네, 고마워요.

1) 목이 너무 아프다, 잠을 못 자다 │ 생강차를 마시다
2) 배가 너무 아프다, 밥을 못 먹다 │ 병원에 가다

2 어디가 아플 때, 어떻게 하는 것이 좋아요? 이야기해 보세요.

 이링 씨가 약국에서 이야기해요. 잘 듣고 답해 보세요.

1) 이링 씨는 왜 약국에 갔어요?
   머리가 아파서 약국에 갔어요.

2) 약사는 이링 씨에게 어떻게 하라고 말했어요?
   약을 드시고 푹 쉬세요.

아픈 곳과 이유 말하기

1 대화문 연습

1. 아픈 상황에 대해 이야기하며 교재의 그림을 이용해 어떤 상황인지 추측해 보도록 한다.

   🎤 안젤라 씨는 어디가 아파요? 라민 씨는 안젤라 씨에게 뭐라고 말해요?

2. 지시문을 이용하여 대화 상황을 학생들에게 명확하게 알려 준다.

3. 대화를 들려주고 간단한 질문을 하여 대화 내용을 이해했는지 확인한다.

   🎤 안젤라 씨는 왜 잠을 못 잤어요? 라민 씨는 목이 아플 때 안젤라 씨에게 어떻게 하는 것이 좋다고 해요?

4. 교사와 함께 대화문을 읽으면서 자연스럽게 말하는 연습을 한다. 두 번 정도 반복해서 연습한다.

5. 교체 어휘를 활용하여 짝과 함께 연습하게 한다.

6. 연습이 끝나면 한두 팀을 발표시키거나 교사가 전체 학생을 대상으로 확인한다.

2 확장 연습

1. 아플 때 어떻게 하는 것이 좋은지에 대해 말하기를 한다고 알려 준다.

2. 짝과 같이 아플 때 알맞은 대처 방법에 대해 이야기하게 한다. 대화를 할 때는 다음과 같은 내용을 포함하여 말하도록 지시한다.

   🎤 머리가 아플 때 어떻게 해요? 목이 아플 때 어떻게 해요? 눈, 배, 다리... 아플 때 어떻게 해요? 이야기해 보세요.

3. 이야기가 끝나면 한두 팀을 발표시키거나 교사가 전체 학생을 대상으로 확인하고 오류를 수정한다.

약국에서의 대화 듣기

1. 지시문을 이용하여 등장인물과 대화 상황을 설명한다.

2. 문제를 읽고 들어야 하는 정보를 파악하게 한다.

   🎤 이링 씨는 왜 약국에 갔어요? 약사는 이링 씨에게 어떻게 말했어요?

3. 듣기 파일을 두 번 듣고 문제를 풀게 한다.

4. 교재 질문의 답을 확인한 후 해당 대화를 같이 읽으며 내용을 확인한다. 필요한 경우 새로운 어휘, 표현을 설명한다.

1 다음 글을 읽고 질문에 답해 보세요.

안젤라 씨는 요즘 날씨가 추워서 감기에 걸렸어요. 목이 많이 아파서 생강차를 마셨어요. 그렇지만 계속 아파서 이비인후과에 갔어요. 의사 선생님께서는 "약을 먹고 집에서 푹 쉬는 것이 좋아요. 그리고 물을 많이 마시는 것이 좋아요."라고 말했어요. 그래서 오늘 안젤라 씨는 친구를 만나지 않고 집에서 쉴 거예요.

1) 안젤라 씨는 어디가 아파서 병원에 갔어요? <u>목이 아파서 병원에 갔어요.</u>

2) 맞으면 〇, 틀리면 X 하세요.

  ❶ 이비인후과에 갔어요. (〇)
  ❷ 물을 조금만 마시는 것이 좋아요. (X)
  ❸ 안젤라 씨는 오늘 친구를 만날 거예요. (X)

3) 안젤라 씨는 오늘 뭐 할 거예요? <u>친구를 만나지 않고 집에서 쉴 거예요.</u>

2 이 사람들은 무엇을 왜 못 해요? 어떻게 하는 것이 좋아요? 써 보세요.

1) 라흐만 씨는 팔이 아파서 일을 못 합니다.
   그래서 정형외과에 가는 것이 좋습니다.

2) 라민 씨는 _____.
   _____.

3) 후엔 씨는 _____.

4) 성민이는 _____.

16과 배가 아파서 병원에 가요 **179**

• **요즘**: 어제, 오늘, 이번 주 … 요즘.

• **계속**: 끝나지 않고, 쉬지 않고, 계속. 목이 아파요. 또 목이 아파요. 계속 목이 아파요.

감기 걸렸을 때 대처 방법에 대한 글 읽기

1. 그림을 보며 글의 내용을 유추하게 한다.

  🎤 여기는 어디예요?
    안젤라 씨는 어디가 아파요?

2. 글을 훑어 읽게 한 후 주제, 중심 내용 등을 간단히 말해 보도록 한다.

  🎤 안젤라 씨는 목이 아파서 어느 병원에 갔어요?
    의사 선생님은 뭐라고 해요?
    안젤라 씨는 친구를 만나지 않고 무엇을 할 거예요?

3. 글을 다시 읽으면서 문제를 풀게 한다.

4. 답을 같이 확인한 후, 본문을 다시 읽으며 모르는 어휘가 없는지 확인한다. 필요한 경우 새로운 어휘, 표현을 설명한다.

아플 때 알맞은 대처 방법에 대한 글 쓰기

1. 어떤 글을 쓸지 알려 주고 글에 들어갈 내용을 생각해 보게 한다.

  🎤 오늘은 아플 때 어떻게 하는 것이 좋은지에 대한 글을 쓸 거예요. (삽화를 가리키며) 사람들이 어디가 아파요?

2. 교재 질문에 대해 자신이 쓸 내용을 간단히 메모하도록 한다. 교사는 학생들이 쓴 메모에 오류가 없는지 확인해 준다.

  [메모] 팔이 아플 때 어떻게 하는 것이 좋아요?
    열이 날 때 어떻게 하는 것이 좋아요?
    이가 아플 때 어떻게 하는 것이 좋아요?
    머리가 아플 때 어떻게 하는 것이 좋아요?

3. 메모한 내용을 바탕으로 글을 완성하게 한다.

문화와 정보

한국의 병원

한국의 병원은 세 가지 종류가 있습니다. 의원과 보건소는 1차 병원입니다. 병원과 종합 병원은 2차 병원입니다. 상급 종합 병원은 3차 병원입니다. 먼저 1차, 2차 병원에 갑니다. 의사에게 진료를 받습니다. 진료가 더 필요할 경우, 진료 의뢰서를 받고 3차 병원에 갑니다.

1) 병원의 종류에는 무엇이 있어요?
2) 가장 먼저 어느 병원에 가요?
3) 여러분 고향의 병원을 소개해 보세요.

1. 병원의 종류를 알아보세요.

1차 병원
의원, 보건소

2차 병원
병원, 종합 병원

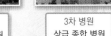

3차 병원
상급 종합 병원

2. 병원 방문 순서를 알아보세요.

1차, 2차 병원 진료   진료 의뢰서 받기   3차 병원 예약   3차 병원 진료

180 사회통합프로그램(KIIP) 한국어와 한국문화 초급 1

참고

- **의원**
  : 진료를 할 수 있는 시설을 갖추고 의사가 의료 행위를 하는 곳

- **보건소**
  : 전염병 등 질병을 예방하거나 진료하고 공중 보건을 향상하는 일을 담당하기 위하여 각 시·군·구에 설치한 공공 의료 기관

- **종합 병원**
  : 여러 가지 진료 과목을 고루 설치하고 그에 따른 인력 및 장비를 갖춘 병원

한국의 병원

1. 이 단원의 문화와 정보가 무엇에 대한 것인지 알려 준다.

🎤 한국의 병원은 1차, 2차, 3차 병원이 있어요.
3차 병원에서 진료받고 싶을 때는 진료 의뢰서가 필요해요.

2. 교재의 그림(사진)을 보면서 주제에 대해 알고 있는 것을 상기시키고 말해 보게 한다. 이때 관련 시각 자료를 추가로 활용할 수 있다.

🎤 의원, 보건소는 몇 차 병원이에요?
병원, 종합 병원은 몇 차 병원이에요?
상급 종합 병원은 몇 차 병원이에요?

3. 교재를 같이 읽으면서 내용을 설명한다. 이때 중요한 정보가 있는 부분에 밑줄을 긋거나 표시하게 하는 것도 좋다.

4. 질문 1, 2의 답을 찾아보고 답하게 한다.

🎤 병원의 종류에는 무엇이 있어요?
가장 먼저 어느 병원에 가요?

5. 3번 질문을 이용하여 학습자 자신의 경험을 말해 보도록 한다.

🎤 여러분 고향의 병원을 소개해 보세요.

발음

1. 다음을 듣고 따라 읽으세요.
1) 내과 [내꽈]
2) 치과 [치꽈]
3) 안과 [안꽈]

2. 다음을 듣고 연습해 보세요.
1) 가: 어제 왜 병원에 갔어요?
   나: 배가 아파서 내과에 갔어요.
2) 가: 이가 아파요.
   나: 그럼 빨리 치과에 가세요.
3) 가: 근처에 안과가 있어요?
   나: 저 아파트 맞은편에 있어요.

• 경음화
– 앞 뒤에 모음이 오는 'ㄱ, ㄷ, ㅂ, ㅅ, ㅈ'는 [ㄲ, ㄸ, ㅃ, ㅆ, ㅉ]로 발음한다.

배운 어휘 확인

☐ 눈	☐ 내과
☐ 코	☐ 이비인후과
☐ 이	☐ 정형외과
☐ 귀	☐ 안과
☐ 목	☐ 치과
☐ 팔	☐ 다리가 부러지다
☐ 허리	☐ 생강차
☐ 배	☐ 비타민 시(C)
☐ 손	☐ 푹 쉬다
☐ 다리	
☐ 무릎	
☐ 발	

• 이 단원에서 배운 어휘 중 기억나는 것을 말해 보세요.
• 이 단원에서 배운 문법은 뭐예요? 어떻게 사용해요?
• 여러분은 감기에 걸렸을 때 어떻게 해요?
• 여러분은 한국에서 감기에 걸렸을 때 어느 병원에 가요?
• 3차 병원 진료를 받고 싶을 때 무엇이 필요해요?

16과 배가 아파서 병원에 가요 **181**

발음 **10분**

1. 교재 1번 발음을 들려주고 어떻게 들리는지 학습자 스스로 확인해 보도록 한다.

2. '내과, 치과, 정형외과'에서 앞과 뒤에 모두 모음이 오는 'ㄱ, ㄷ, ㅂ, ㅅ, ㅈ'는 된소리 [ㄲ, ㄸ, ㅃ, ㅆ, ㅉ]로 발음된다는 것을 알려 준다.

3. 교재 1번 발음을 다시 듣고 교사를 따라 말해 본다.

4. 교재 2번 대화를 듣고 따라 말해 본다.

5. 짝과 함께 대화를 읽으며 연습하게 한 후에 확인한다.

마무리 **10분**

1. 단원에서 학습한 어휘 중 기억하는 것을 먼저 말해 보게 한다.

2. 배운 어휘 목록의 어휘들을 읽으면서 의미를 상기시킨다.

3. 단원에서 학습한 문법(통형-어서, 통-는 것)을 상기시키며 의미와 사용법을 기억하는지 확인한다.

4. 단원의 목표와 성취도를 확인한다.

5. 익힘책을 과제로 제시하고 마무리한다.

17과

사진을 찍지 마세요

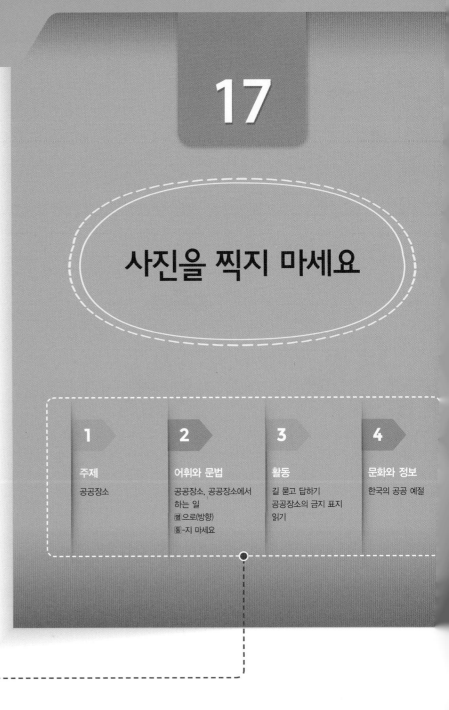

17

사진을 찍지 마세요

1	**2**	**3**	**4**
주제	어휘와 문법	활동	문화와 정보
공공장소	공공장소, 공공장소에서 하는 일 명으로(방향) 동-지 마세요	길 묻고 답하기 공공장소의 금지 표지 읽기	한국의 공공 예절

수업 목표 및 내용

• **주제:** 공공장소

• **어휘와 문법**
  – 어휘: 공공장소와 공공장소에서 하는 일에 대한 어휘를 익힌다.
  – 문법: '명으로(방향)', '동-지 마세요'의 의미와 형태를 익혀 사용할 수 있다.

• **활동**
  – 말하기: 공공장소 길 찾기 대화를 할 수 있다.
  – 듣기: 공항버스 타는 곳 찾는 대화를 듣고 이해할 수 있다.
  – 읽기: 등산 안내문을 읽고 이해할 수 있다.
  – 쓰기: 한국어 수업의 교실 안내문을 쓸 수 있다.

• **문화와 정보:** 한국의 공공 예절

수업 전개

도입 / 어휘와 문법 1	1차시		어휘와 문법 2	2차시
·공공장소 ·명으로(방향)			·공공장소에서 하는 일 ·동-지 마세요	
익힘책 pp.106-109			익힘책 pp.106-109	

① 민원담당

② ○○ 박물관

③ ○○박물관

· 여기는 어디예요? 사람들이 여기에서 뭐 해요?
· 여러분은 언제 여기에 갔어요? 뭐 했어요?

도입

1. 교재 그림을 이용하여 학생들과 이야기하며 이 과의 주제를 노출한다.

    그림❶ 🎤 여기는 어디예요? 사람들이 뭐 해요?

    그림❷ 🎤 여기는 어디예요? 사람들이 무엇을 해요?

    그림❸ 🎤 여기는 어디예요? 이링 씨가 무엇을 해요?

2. 대화 내용을 정리하며 이 단원에서는 '공공장소'를 주제로 공부한다는 것을 알려 준다.

이 단원을 지도할 때는…

이 단원의 '공공장소'는 학습자들이 친숙하게 자주 이용하는 곳입니다. 전체에 걸쳐 공적인 상황 맥락이 제시되는 첫 단원이므로 학습자가 지나치게 어렵게 느끼지 않도록 신경 써 주시는 것이 좋겠습니다.

말하기와 듣기 3차시	읽기와 쓰기 4차시	문화와 정보 / 발음 / 마무리 5차시
·공공장소 길 찾기 ·공항버스 타는 곳에 관한 대화 듣기	·등산 안내문 읽기 ·교실 안내문 쓰기	·한국의 공공 예절
익힘책 p.110	익힘책 p.111	

45분 어휘와 문법 1

- **은행/환전하다:** 한국 돈을 다른 돈으로, 다른 돈을 한국 돈으로 바꿔요. 은행에서 환전해요.
- **백화점/선물을 하다:** 신세계, 롯데, 현대 백화점. 백화점에서 선물을 사요.
- **주차장:** 주차장에 차를 세워요. 주차해요.

- **박물관/역사 공부를 하다:** 국립 박물관에 가면 조선 시대, 고려 시대 같은 옛날의 물건들을 볼 수 있어요. 그래서 박물관에서 옛날의 역사를 공부할 수 있어요.
  발음 박물관[방물관]
- **경찰서/국제 운전면허증을 받다:** 외국에서 운전하고 싶어요? 그럼 국제 운전면허증이 필요해요. 국제 운전면허증은 경찰서에 신청해서 받을 수 있어요.
  발음 국제 운전면허증[국쩨 운전면허쯩]

- **주민 센터/기타반에 등록하다:** 동네마다 그 동네에 사는 사람들에게 행정 서비스를 하는 주민 센터가 있어요. 거기에는 여러 가지 수업도 있는데, 기타 수업을 듣고 싶으면 기타반에 등록을 해야 해요.
  발음 등록하다[등노카다]
- **우체국/소포를 보내다:** 멀리 사는 친구에게 물건을 보내고 싶어요? 그럼 우체국에 가서 소포를 보내요.

Q 어디에 가요? 무엇을 할 거예요?

보기

어디에 가요?

무엇을 할 거예요?

은행에 가요.

환전할 거예요.

은행 | 환전하다

백화점 | 선물을 사다

주차장 | 주차하다

박물관 | 역사 공부를 하다

경찰서 | 국제 운전면허증을 받다

주민 센터 | 수영반에 등록하다

우체국 | 소포를 보내다

184 사회통합프로그램(KIIP) 한국어와 한국문화 초급 1

어휘 1 (공공장소)

1 도입, 제시

1. 단원 도입의 공공장소에서의 상황을 다시 한번 이야기하며 오늘 배우는 어휘는 공공장소와 관련된 표현임을 알려 준다.

   공공장소의 뜻을 알려 주고 은행, 백화점, 주차장, 박물관, 경찰서, 주민 센터, 우체국을 소개하고 공공장소에서 하는 일을 공부해요.

2. 교사를 따라 어휘를 소리 내어 한 번 읽는다. 이때 발음에 주의하게 한다.
3. 어휘의 의미를 설명한다. 어휘가 사용된 문장을 예로 제시하거나 의미를 풀어서 설명해 준다. 상황에 따라 유의어나 반의어 등을 추가로 설명할 수 있다.
4. 배운 어휘를 소리 내어 읽도록 한다. 이때 '어요' 형태로 단어를 읽는 등 변화를 줄 수 있다.

2 연습

1. 어디에 가는지, 무엇을 할 것인지 질문을 한다.
2. 짝과 함께 공공장소에서 하는 일에 대해 말해 보도록 한다.
3. 학생들끼리 이야기한 것을 교사가 정리해 주며 같이 이야기한다.

   OO 씨는 공공장소 어디에 갔어요?
   거기에서 무엇을 했어요?

4. 교재에서 소개된 공공장소와 그 밖의 공공장소에서 할 수 있는 다른 활동들을 이야기하는 활동으로 확장할 수 있다.

익힘책 106쪽을 풀게 하거나 과제로 제시한다.

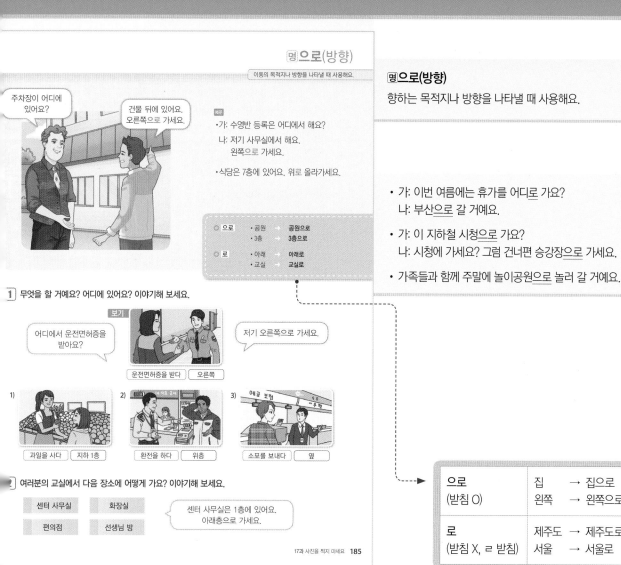

명으로(방향)

향하는 목적지나 방향을 나타낼 때 사용해요.

- 가: 이번 여름에는 휴가를 어디로 가요?
  나: 부산으로 갈 거예요.
- 가: 이 지하철 시청으로 가요?
  나: 시청에 가세요? 그럼 건너편 승강장으로 가세요.
- 가족들과 함께 주말에 놀이공원으로 놀러 갈 거예요.

으로 (받침 O)	집 → 집으로 왼쪽 → 왼쪽으로
로 (받침 X, ㄹ 받침)	제주도 → 제주도로 서울 → 서울로

문법 1 (명으로(방향))

1 도입, 제시

1. 도입 그림과 대화를 통해 문법이 사용되는 상황을 인지시킨다.

   🎤 제이슨 씨는 지금 뭐 해요?

2. 교재의 대표 예문을 보면서 문법의 의미를 설명한다.

   🎤 제이슨 씨가 "주차장이 어디에 있어요?"라고 물어요. 건물 뒤에 있어요. 그리고 오른쪽에 있다고 말해요. 이럴 때 "오른쪽으로 가세요."라고 말해요.

3. 학생들과 교재의 예문들을 읽으면서 문법의 의미를 설명하고 이해시킨다.

4. 문법의 형태 정보를 제시하고 설명한다.

5. 추가 예문을 제시하고 문법의 의미와 사용법을 정확하게 이해시킨다.

2 연습 1

1. 〈보기〉의 대화를 교사와 함께 완성해 본다.

2. 나머지 문제를 〈보기〉의 대화처럼 짝과 완성하도록 한다.

3. 연습한 것을 발표하게 하거나 교사가 전체 학생 대상으로 답하게 하여 확인한다. 그리고 오류가 있으면 수정해 준다.

3 연습 2

1. 센터 사무실, 화장실, 편의점, 선생님 방 등의 장소에 어떻게 가는지 묻고 대답하면서 '명으로(방향)'를 활용하여 자신의 이야기를 하도록 한다.

2. 친구와 대화한 것을 발표하게 하고 오류가 있으면 수정해 준다.

익힘책 108쪽을 풀게 하거나 과제로 제시한다. 익힘책은 연습 활동 난이도에 따라 교재 연습 문제 전후로 활용한다.

• **잔디밭에 들어가다:** (삽화를 가리키며) 여기는 잔디밭이에요. 잔디밭 안으로 가요. 잔디밭에 들어가요.
  발음 잔디밭에[잔디바테], 들어가다[드러가다]

• **뛰다:** (삽화를 가리키고 뛰는 동작을 하며) 아이들이 공원에서 빨리 뛰어요.

• **쓰레기를 버리다:** (삽화를 가리키며) 쓰레기통에 쓰레기를 버려요.

• **꽃을 만지다:** 꽃을 눈으로 봐요. 꽃을 손으로 만져요.
  발음 꽃을[꼬츨]

• **사진을 찍다:** 카메라로, 휴대폰으로 사진을 찍어요.

• **담배를 피우다:** (삽화를 가리키며) 담배를 피워요.

🔍 공원에서 사람들이 무엇을 해요?

🔍 여러분은 공원에서 무엇을 해요? 무엇을 못 해요? 이야기해 보세요.

공원에서 사진을 찍어요.

공원에서 담배를 못 피워요.

공원에서 꽃을 못 만져요.

186 사회통합프로그램(KIIP) 한국어와 한국문화 초급 1

어휘 2 (공원에서의 하는 일)

1 도입, 제시

1. 공원에서 사람들이 무엇을 하는지 물으며 이번 시간에 배우는 어휘는 공공장소인 공원에서 하는 것에 표현임을 알려 준다.

   🎤 공원에서 사람들이 무엇을 해요?
   오늘은 공공장소인 공원에서 사람들이 하는 일에 대한 표현을 공부해요.

2. 교사를 따라 어휘를 소리 내어 한 번 읽는다. 이때 발음에 주의하게 한다.

3. 어휘의 의미를 설명한다. 어휘가 사용된 문장을 예로 제시하거나 의미를 풀어서 설명해 준다. 상황에 따라 유의어나 반의어 등을 추가로 설명할 수 있다.

4. 배운 어휘를 소리 내어 읽도록 한다.

2 연습

1. 공원에 가면 무엇을 하는지 질문을 한다.

2. 짝과 함께 공원에 가면 하는 일에 대해 말해 보도록 한다.

3. 학생들끼리 이야기한 것을 교사가 정리해 주며 같이 이야기한다.

   🎤 OO 씨는 공원에서 무엇을 해요?

익힘책 107쪽을 풀게 하거나 과제로 제시한다.

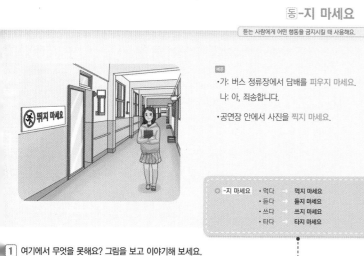

동 -지 마세요

듣는 사람에게 어떤 행동을 금지시킬 때 사용해요.

예문
- 가: 버스 정류장에서 담배를 피우지 마세요.
  나: 아, 죄송합니다.
- 공연장 안에서 사진을 찍지 마세요.

○ -지 마세요	• 먹다	→ 먹지 마세요
	• 듣다	→ 듣지 마세요
	• 쓰다	→ 쓰지 마세요
	• 타다	→ 타지 마세요

1 여기에서 무엇을 못해요? 그림을 보고 이야기해 보세요.

교실에서 담배를 피우지 마세요.

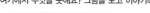

보기
교실 · 담배를 피우다

1) 버스 정류장 · 주차하다
2) 강 · 수영하다
3) 미술관 · 사진을 찍다
4) 도서관 · 음식을 먹다
5) 잔디밭 · 들어가다

2 교실에서 선생님이 무슨 말을 해요? 이야기해 보세요.

 수업에 늦지 마세요.

시험 시간에 말하지 마세요.

동 -지 마세요

듣는 사람에게 어떤 행동을 하면 안 된다고 말할 때 사용해요.(금지)

- 가: 여기서 수영할 수 있어요?
  나: 위험해요. <u>수영하지 마세요</u>.
- 가: 사장님하고 잠깐 이야기하고 싶은데요.
  나: 지금 사장님 사무실에 <u>들어가지 마세요</u>. 회의 중이에요.
- 여기는 금연 구역이에요. 담배를 <u>피우지 마세요</u>.

-지 마세요 (받침 O, X)	앉다 → 앉지 마세요
	넣다 → 넣지 마세요
	버리다 → 버리지 마세요
	주차하다 → 주차하지 마세요

문법 2 (동 -지 마세요)

1 도입, 제시

1. 도입 그림과 대화를 통해 문법이 사용되는 상황을 인지시킨다.

🎤 슬기가 어디에 있어요?
(삽화 속 슬기 손에 있는 카메라를 가리키며) 이게 뭐예요?

2. 교재의 대표 예문을 보면서 문법의 의미를 설명한다.

🎤 슬기가 박물관에서 사진을 찍고 싶었어요. 그런데 경비 아저씨가 슬기에게 '사진을 찍지 마세요.'라고 해요. 이렇게 '안 돼요.', '할 수 없어요.'의 의미로, 행동을 금지시킬 때 '동 -지 마세요'를 사용해요.

3. 학생들과 교재의 예문들을 읽으면서 문법의 의미를 설명하고 이해시킨다.

4. 문법의 형태 정보를 제시하고 설명한다.

5. 추가 예문을 제시하고 문법의 의미와 사용법을 정확하게 이해시킨다.

2 연습 1

1. 〈보기〉의 대화를 교사와 함께 완성해 본다.

2. 나머지 문제를 〈보기〉의 대화처럼 짝과 완성하도록 한다.

3. 연습한 것을 발표하게 하거나 교사가 전체 학생 대상으로 답하게 하여 확인한다. 그리고 오류가 있으면 수정해 준다.

3 연습 2

1. 교실에서 선생님이 무슨 말을 하는지 묻고 대답하면서 '동 -지 마세요'을 활용하여 자신의 이야기를 하도록 한다.

2. 친구와 대화한 것을 발표하게 하고 오류가 있으면 수정해 준다.

익힘책 109쪽을 풀게 하거나 과제로 제시한다. 익힘책은 연습 활동 난이도에 따라 교재 연습 문제 전후로 활용한다.

1 2)
제이슨: 실례지만 역사 박물관이 어디에 있어요?
여 자: 오른쪽으로 조금만 가세요.
제이슨: 길을 건너요?
여 자: 아니요. 길을 건너지 마세요. 바로 저기예요.

1 라흐만 씨가 길을 찾고 있어요. 다음과 같이 이야기해 보세요.

라흐만: 실례지만 주민 센터가 어디에 있어요?
여 자: 오른쪽으로 조금만 가세요.
라흐만: 버스를 타요?
여 자: 아니요. 버스를 타지 마세요.
         바로 저기예요.

1) 주민 센터 | 버스를 타다   2) 역사 박물관 | 길을 건너다

2 여러분은 어디에 가요? 거기에 어떻게 가요? 친구와 이야기해 보세요.

라 민(남): 실례지만 여기에서 공항버스를 타요?
경찰관(남): 여기는 시내버스 정류장이에요.
         길 건너편으로 조금만 걸어가세요.
라 민(남): 어디에서 길을 건너요?
경찰관(남): 저 앞에 횡단보도가 있어요.
         저 횡단보도에서 건너세요. 여기에서
         건너지 마세요.

 라민 씨와 경찰관이 이야기해요. 잘 듣고 답해 보세요.

1) 라민 씨는 무엇을 타요?
   공항버스를 타요.

2) 라민 씨는 지금 어디에 있어요?
   시내버스 정류장에 있어요.

188 사회통합프로그램(KIIP) 한국어와 한국문화 초급 1

공공장소 길 찾기

1 대화문 연습

1. 길찾기에 대해 이야기하며 교재의 그림을 이용해 어떤 상황인지 추측해 보도록 한다.

   🎤 라흐만 씨는 어디에 가요?

2. 지시문을 이용하여 대화 상황을 학생들에게 명확하게 알려 준다.

3. 대화를 들려주고 간단한 질문을 하여 대화 내용을 이해했는지 확인한다.

   🎤 라흐만 씨는 어디를 찾아요? 여자가 라흐만 씨에게 어디로 가라고 해요?

4. 교사와 함께 대화문을 읽으면서 자연스럽게 말하는 연습을 한다. 두 번 정도 반복해서 연습한다.

5. 교체 어휘를 활용하여 짝과 함께 연습하게 한다.

6. 연습이 끝나면 한두 팀을 발표시키거나 교사가 전체 학생을 대상으로 확인한다.

2 확장 연습

1. 가고 싶은 장소에 가는 방법에 대해 말하기를 한다고 알려 준다.

2. 짝과 같이 가고 싶은 곳과 가는 방법에 대해 이야기하게 한다. 대화를 할 때는 다음과 같은 내용을 포함하여 말하도록 지시한다.

   🎤 어디에 가요? 거기에 어떻게 가요?

3. 이야기가 끝나면 한두 팀을 발표시키거나 교사가 전체 학생을 대상으로 확인하고 오류를 수정해 준다.

공항버스 타는 곳에 대한 대화 듣기

1. 지시문을 이용하여 등장인물과 대화 상황을 설명한다.

2. 문제를 읽고 들어야 하는 정보를 파악하게 한다.

   🎤 라민 씨는 무엇을 타요? 라민 씨는 지금 어디에 있어요? 어디에서 길을 건너요?

3. 듣기 파일을 두 번 듣고 문제를 풀게 한다.

4. 교재 질문의 답을 확인한 후 해당 대화를 같이 읽으며 내용을 확인한다. 필요한 경우 새로운 어휘, 표현을 설명한다.

1 다음 글을 읽고 질문에 답해 보세요.

등산 안내문
- 취사 금지! 음식을 만들지 마세요.
- 야영 금지! 캠핑을 하지 마세요.
- 수영 금지! 수영을 하지 마세요.
- 낚시 금지! 낚시를 하지 마세요.
- 쓰레기 투기 금지! 쓰레기를 버리지 마세요.

설악산 국립 공원 사무소

1) "캠핑을 못 해요."와 같은 것을 고르세요.
  ❶ 낚시 금지   ❷ 취사 금지   ❸ 야영 금지   ❹ 쓰레기 투기 금지

2) 여기에서 무엇을 못 해요?
  ❶ 음식을 못 먹습니다.   ❷ 요리를 못 합니다.
  ❸ 이야기를 못 합니다.   ❹ 사진을 못 찍습니다.

3) 여기는 어디예요?
  ❶ 바다   ❷ 박물관   ❸ 동물원   ❹ 국립 공원

2 한국어 수업 시간에 무엇을 못 해요? 교실 안내문을 써 보세요.

  ✔ 수업 시간에 음식을 먹지 마세요.
  ✔
  ✔
  ✔

단어장
취사
야영
캠핑
쓰레기 투기
설악산 국립 공원
동물원

17과 사진을 찍지 마세요 **189**

- **취사**: 음식을 만들어요. 취사해요.
- **야영**: 밖에 텐트를 치고 생활하고 자요. 야영해요.
- **캠핑**: 야영해요.
  캠핑 ≒ 야영
- **쓰레기 투기**: 쓰레기를 던져서 버려요. 쓰레기를 아무 데나 투기해요.
- **설악산 국립 공원**: 강원도에 있는 설악산은 나라에서 지정한 국립 공원이에요.
  발음 설악산 국립 공원[서락싼 궁닙 공원]

- **동물원**: 동물원에서는 사자, 호랑이, 기린 등의 동물을 볼 수 있어요.
  발음 동물원[동무뤈]

등산 안내문 읽기

1. 그림을 보며 글의 내용을 유추하게 한다.
   🎙 여기는 어디예요?

2. 글을 훑어 읽게 한 후 주제, 중심 내용 등을 간단히 말해 보도록 한다.
   🎙 여기는 어디예요?
      여기에서 무엇을 할 수 없어요?

3. 글을 다시 읽으면서 문제를 풀게 한다.

4. 답을 같이 확인한 후, 본문을 다시 읽으며 모르는 어휘가 없는지 확인한다. 필요한 경우 새로운 어휘, 표현을 설명한다.

교실 안내문 쓰기

1. 어떤 글을 쓸지 알려 주고 글에 들어갈 내용을 생각해 보게 한다.
   🎙 한국어 교실 안내문을 쓸 거예요.
      한국어 수업 시간에 무엇을 못 해요?

2. 교재 질문에 대해 자신이 쓸 내용을 간단히 메모하도록 한다. 교사는 학생들이 쓴 메모에 오류가 없는지 확인해 준다.
   메모 여러분은 한국어 수업 시간에 무엇을 못 해요?
        음식, 음료수, 시간, 자기 나라 말, 휴대폰 등에 대해서 생각해 보세요.

3. 메모한 내용을 바탕으로 글을 완성하게 한다.

지하철 요금과 나이 기준

- **일반**: 일반 요금 100%
- **청소년**(만 13세 이상~만18세 이하): 일반 요금의 약 80%
- **어린이**(만 6세 이상~만 13세 미만): 일반 요금의 약 50%
- **영유아**(만 6세 미만): 무료
- **노인**(만 65세 이상): 무료

한국의 공공 예절

한국에서는 버스나 지하철에서 공공 예절을 지켜야 합니다. 버스나 지하철에는 교통 약자석이 있습니다. 여기에는 노인, 임산부, 장애가 있는 사람들이 앉습니다. 버스와 지하철에서는 음료수와 음식을 먹지 않습니다. 그리고 큰 소리로 통화하지 않습니다. 그리고 다리를 벌리고 앉지 마십시오. 공공장소에서는 다른 사람들을 배려해야 합니다.

1) 한국 지하철과 버스의 교통 약자석에는 누가 앉아요?
2) 한국 지하철과 버스에서 무엇을 하지 않아요?
3) 공공 예절에는 또 어떤 것이 있어요?

190 사회통합프로그램(KIIP) 한국어와 한국문화 초급 1

한국의 공공 예절

1. 이 단원의 문화와 정보가 무엇에 대한 것인지 알려 준다.

🎤 버스나 지하철 같은 대중교통 수단을 이용할 때 지켜야 할 공공 예절에 대해 알아봅시다.

2. 교재의 그림(사진)을 보면서 주제에 대해 알고 있는 것을 상기시키고 말해 보게 한다. 이때 관련 시각 자료를 추가로 활용할 수 있다.

🎤 여기는 어디예요?
　여러분은 자주 버스나 지하철을 타요?

3. 교재를 같이 읽으면서 내용을 설명한다. 이때 중요한 정보가 있는 부분에 밑줄을 긋거나 표시하게 하는 것도 좋다.

4. 질문 1, 2의 답을 찾아보고 답하게 한다.

🎤 한국의 지하철과 버스의 노약자석에 누가 앉아요?
　한국 지하철과 버스에서 무엇을 하지 않아요?

5. 3번 질문을 이용하여 학습자 자신의 경험을 말해 보도록 한다.

🎤 공공 예절에는 또 어떤 것이 있어요? 이야기해 보세요.

발음 17-P.mp3

1. 다음을 듣고 따라 읽으세요.
   1) 박물관[방물관]
   2) 못 만져요[몬 만저요]
   3) 등록[등녹]

2. 다음을 듣고 연습해 보세요.
   1) 박물관은 어디에 있어요?
   2) 공원에서 꽃을 못 만져요.
   3) 주민 센터에서 수영반을 등록했어요.

 17-P.mp3

• 비음화
  – 'ㄱ(ㄲ, ㅋ, ㄳ, ㄺ), ㄷ(ㅅ, ㅆ, ㅈ, ㅊ, ㅌ, ㅎ), ㅂ(ㅍ, ㄼ, ㄿ, ㅄ)'은 'ㄴ, ㅁ' 앞에서 [ㅇ, ㄴ, ㅁ]로 발음한다.

• 유음 'ㄹ'의 비음화
  – 받침 'ㅁ, ㅇ' 뒤에 연결되는 ㄹ은 [ㄴ]로 발음된다.

배운 어휘 확인

☐ 환전하다   ☐ 담배를 피우다
☐ 주차장   ☐ 꽃을 만지다
☐ 주차하다   ☐ 뛰다
☐ 역사 공부를 하다   ☐ 잔디밭에 들어가다
☐ 박물관   ☐ 쓰레기를 버리다
☐ 경찰서   ☐ 역사 박물관
☐ 국제 운전면허증을 받다 ☐ 취사
☐ 주민 센터   ☐ 야영
☐ 수영반   ☐ 캠핑
☐ 등록하다   ☐ 쓰레기 투기
☐ 센터 사무실   ☐ 설악산 국립 공원
☐ 위층   ☐ 동물원
☐ 아래층
☐ 오른쪽
☐ 왼쪽

• 이 단원에서 배운 어휘 중 기억나는 것을 말해 보세요.
• 이 단원에서 배운 문법은 뭐예요? 어떻게 사용해요?
• 한국의 공공장소는 어디예요?
• 여러분이 본 안내문 내용은 뭐예요?
• 한국 지하철과 버스에서 지켜야 하는 공공 예절은 뭐예요?

17과 사진을 찍지 마세요 191

발음   10분

1. 교재 1번 발음을 들려주고 어떻게 들리는지 학습자 스스로 확인해 보도록 한다.

2. '박물관, 못 만져요'에서 받침 'ㄱ'과 'ㅅ'은 'ㅁ' 앞에서 [ㅇ]과 [ㄴ]로 발음한다는 것을 알려 준다. 그리고 '등록'에서 받침 'ㅇ' 뒤에 연결되는 'ㄹ'은 [ㄴ]로 발음된다는 것도 알려 준다.

3. 교재 1번 발음을 다시 듣고 교사를 따라 말해 본다.

4. 교재 2번 대화를 듣고 따라 말해 본다.

5. 짝과 함께 대화를 읽으며 연습하게 한 후에 확인한다.

마무리   10분

1. 단원에서 학습한 어휘 중 기억하는 것을 먼저 말해 보게 한다.

2. 배운 어휘 목록의 어휘들을 읽으면서 의미를 상기시킨다.

3. 단원에서 학습한 문법(명으로(방향), 통-지 마세요)을 상기시키며 의미와 사용법을 기억하는지 확인한다.

4. 단원의 목표와 성취도를 확인한다.

5. 익힘책을 과제로 제시하고 마무리한다.

18과

한국 생활은 조금 힘든데 재미있어요

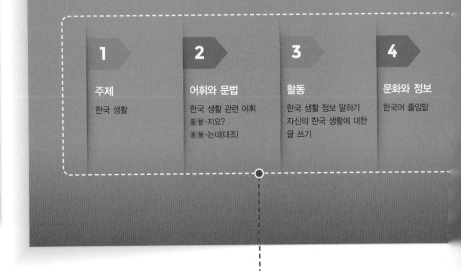

18

한국 생활은 조금 힘든데 재미있어요

수업 목표 및 내용

• **주제:** 한국 생활

• **어휘와 문법**
 – 어휘: 한국 생활 관련 어휘를 익힌다.
 – 문법: '동형-지요?', '동형-는데(대조)'의 의미와 형태를 익혀 사용할 수 있다.

• **활동**
 – 말하기: 한국 생활에 대해 말할 수 있다.
 – 듣기: 한국 생활 정보를 듣고 이해할 수 있다.
 – 읽기: 한국 생활에 대한 글을 읽고 이해할 수 있다.
 – 쓰기: 자신의 한국 생활에 대한 글을 쓸 수 있다.

• **문화와 정보:** 한국어 줄임말

1	2	3	4
주제	어휘와 문법	활동	문화와 정보
한국 생활	한국 생활 관련 어휘 동형-지요? 동형-는데(대조)	한국 생활 정보 말하기 자신의 한국 생활에 대한 글 쓰기	한국어 줄임말

수업 전개

	도입 / 어휘와 문법 1	1차시	어휘와 문법 2	2차시
	·한국 생활 ·동형-지요?		·동네 특징 ·동형-는데(대조)	
	익힘책 pp.112-115		익힘책 pp.112-115	

❶

❷

❸

• 이 사람들은 한국에서 어떻게 지내고 있어요?
• 여러분은 한국 생활이 어때요?

1. 교재 그림을 이용하여 학생들과 이야기하며 이 과의 주제를 노출한다.

그림❶ 🎤 여기는 어디예요? 이 사람들은 무엇을 해요?

그림❷ 🎤 여기는 어디예요?
　　　학생들은 한국에서 어떻게 지내요?

그림❸ 🎤 여기는 어디예요?
　　　가족들의 한국 생활은 어때요?

2. 대화 내용을 정리하며 이 단원에서는 '한국 생활'을 주제로 공부한다는 것을 알려 준다.

이 단원을 지도할 때는…

이 단원은 본과로는 마지막 과입니다. 한국 생활에 대해 이야기하면서 이번 학기의 공부가 한국 생활에 어떤 영향을 미쳤는지 서로 공유해 보며 한 학기를 잘 마무리할 수 있으면 좋겠습니다.

말하기와 듣기 3차시	읽기와 쓰기 4차시	문화와 정보 / 발음 / 마무리 5차시
·한국 생활 정보 말하기 ·한국 생활 정보 듣기	·한국 생활에 대한 글 읽기 ·한국 생활 쓰기	·한국어 줄임말
익힘책 p.116	익힘책 p.117	

어휘와 문법 1

- **교통/대중교통 수단을 이용하기 편하다/택시 잡기 쉽다:** 버스, 지하철 같은 대중교통 수단을 쉽게 이용할 수 있어요. 대중교통 수단을 이용하기 편해요. 빈 택시를 쉽게 찾아서 탈 수 있어요. 택시 잡기 쉽다.
  - 발음 쉽다[쉽따]

- **교통 카드를 이용하다:** 교통 카드로 버스비를 내요. 교통 카드를 이용해요.

- **고등학교/2월에 졸업하다/3월에 입학하다:** 2월에 중학교에서 공부를 끝내요. 졸업해요. 3월에 고등학교에서 공부를 시작해요. 입학해요.
  - 발음 졸업하다[조러파다], 입학하다[이파카다]

- **여름과 겨울에 방학이 있다:** 여름과 겨울에 학교에 안 가는 기간이 있어요. 방학이 있어요.

- **병원/외국인 등록증이 필요하다:** 병원에 갈 때 한국인은 주민등록증, 외국인은 외국인 등록증이 필요해요.
  - 발음 외국인 등록증[외구긴 등녹쯩]

- **건강 보험이 되다:** 건강 보험이 있으면 병원에 낸 병원비를 돌려받을 수 있어요.

🔍 여러분은 한국 생활에 대해서 무엇을 알아요?

| 교통 | 대중교통 수단을 이용하기 편하다 | 택시 잡기가 쉽다 | 교통 카드를 이용하다 |

| 고등학교 | 2월에 졸업하다 | 3월에 입학하다 | 여름과 겨울에 방학이 있다 |

| 병원 | 외국인 등록증이 필요하다 | 건강 보험이 되다 | 12시부터 1시까지 점심시간이다 |

🔍 여러분이 한국 생활에 대해 아는 것을 이야기해 보세요.

한국 사람 　　 한국어 　　 한국의 의식주

사회통합프로그램(KIIP) 한국어와 한국문화 초급 1

어휘 1 (한국 생활)

1 도입, 제시

1. 단원 도입의 한국 생활 상황을 다시 한번 이야기하며 오늘 배우는 어휘는 한국 생활과 관련된 표현임을 알려 준다.

   🎤 한국의 교통, 학교, 병원에 대해서 잘 알아요?
   　오늘은 한국 생활 중 교통, 학교, 병원 같은 한국 생활 어휘를 공부해요.

2. 교사를 따라 어휘를 소리 내어 한 번 읽는다. 이때 발음에 주의하게 한다.

3. 어휘의 의미를 설명한다. 어휘가 사용된 문장을 예로 제시하거나 의미를 풀어서 설명해 준다. 상황에 따라 유의어나 반의어 등을 추가로 설명할 수 있다.

4. 배운 어휘를 소리 내어 읽도록 한다. 이때 '어요' 형태로 단어를 읽는 등 변화를 줄 수 있다.

2 연습

1. 한국 생활에 대해 무엇을 아는지 질문을 한다.

2. 짝과 함께 한국 생활에 대해 아는 것을 말해 보도록 한다.

3. 학생들끼리 이야기한 것을 교사가 정리해 주며 같이 이야기한다.

   🎤 OO 씨는 한국 사람에 대해 무엇을 아세요?
   　OO 씨는 한국어에 대해 무엇을 아세요?
   　OO 씨는 한국의 의식주에 대해 어떻게 생각해요?

4. 제시된 한국 생활 외에 한국 사회의 특징적인 문화 현상(K-POP, 드라마, 가족 관계 등)과 관련된 한국 생활을 이야기하는 활동으로 확장할 수 있다.

익힘책 112쪽을 풀게 하거나 과제로 제시한다.

사회통합프로그램(KIIP) 한국어와 한국문화 초급 1

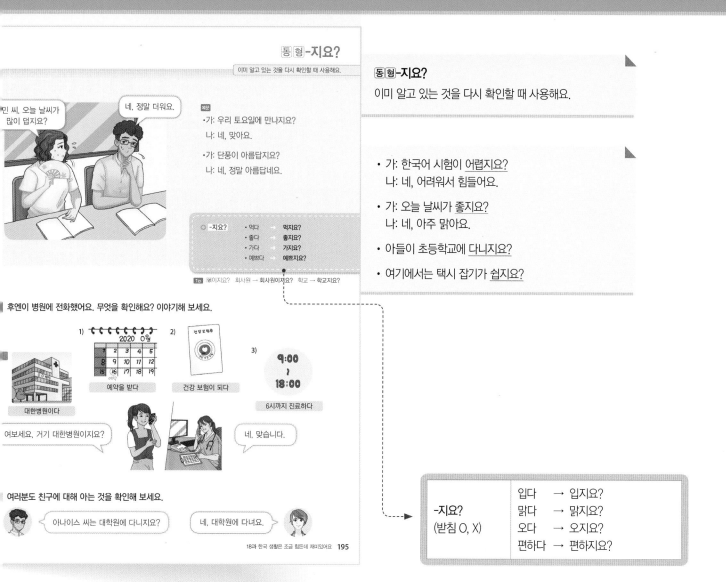

문법 1 (동 형 -지요?)

1 도입, 제시

1. 도입 그림과 대화를 통해 문법이 사용되는 상황을 인지시킨다.

   🎤 여기는 어디예요?
   날씨는 어때요?

2. 교재의 대표 예문을 보면서 문법의 의미를 설명한다.

   🎤 날씨가 아주 더워요. 고천 씨가 라민 씨에게 '많이 덥지요?'라고
   이야기해요. 이렇게 이미 알고 있는 것을 다시 확인하면서 물어볼 때
   '-지요?'를 사용해요.

3. 학생들과 교재의 예문들을 읽으면서 문법의 의미를 설명하고
   이해시킨다.

4. 문법의 형태 정보를 제시하고 설명한다.

5. 추가 예문을 제시하고 문법의 의미와 사용법을 정확하게 이해시킨다.

2 연습 1

1. 〈보기〉의 대화를 교사와 함께 완성해 본다.

2. 나머지 문제를 〈보기〉의 대화처럼 짝과 완성하도록 한다.

3. 연습한 것을 발표하게 하거나 교사가 전체 학생 대상으로 답하게 하여
   확인한다. 그리고 오류가 있으면 수정해 준다.

3 연습 2

1. 친구에 대해 아는 것이 무엇인지를 묻고 대답하면서 '동 형 -지요?'를
   활용하여 서로 이야기를 하도록 한다.

2. 친구와 대화한 것을 발표하게 하고 오류가 있으면 수정해 준다.

   익힘책 114쪽을 풀게 하거나 과제로 제시한다. 익힘책은 연습 활동
   난이도에 따라 교재 연습 문제 전후로 활용한다.

어휘와 문법 2

- **24시간 배달이 되다:** 언제나 배달이 가능해요. 24시간 배달이 돼요.

- **4시까지 문을 열다:** 은행은 4시까지만 일을 해요. 4시까지 문을 열어요.

- **주말에 문을 닫다:** 우체국이 주말에는 일을 안 해요. 문을 안 열어요. 문을 닫아요.

- **쓰레기봉투를 팔다:** 마트에서 쓰레기를 담아서 버리는 쓰레기봉투를 살 수 있어요. 쓰레기봉투를 팔아요.

- **약을 팔다:** 약국에서 약을 살 수 있어요. 약국에서 약을 팔아요.

- **팥빙수를 팔다:** 카페에서 여름에 시원한 얼음 위에 팥을 넣은 팥빙수를 팔아요.

  발음 팥빙수[팥삥수]

- **버스 전용 도로:** 버스 전용 도로는 버스만 다닐 수 있는 길이에요.

- **자전거 도로:** 자전거가 잘 다닐 수 있도록 만든 길이에요.

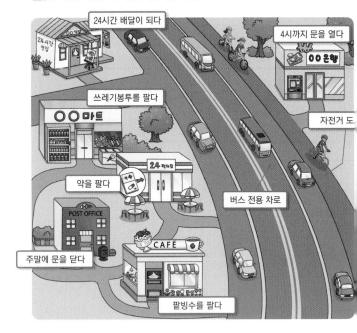

🔍 동네에 뭐가 있어요? 그곳은 어떤 특징이 있어요?

24시간 배달이 되다
4시까지 문을 열다
쓰레기봉투를 팔다
자전거 도...
약을 팔다
버스 전용 차로
주말에 문을 닫다
팥빙수를 팔다

🔍 여러분의 동네에 뭐가 있어요? 그곳은 어떤 특징이 있어요? 이야기해 보세요.

우리 동네 은행은 주말에 문을 열어요.

196 사회통합프로그램(KIIP) 한국어와 한국문화 초급 1

어휘 2 (동네 특징)

1 도입, 제시

1. 삽화 속 동네에 무엇이 있는지, 거기에서 무엇을 할 수 있는지 물어보고 이 시간에 배우는 어휘는 동네에서 쉽게 볼 수 있는 가게나 시설과 그곳의 특징에 대한 어휘임을 알려 준다.

   🎤 **동네에 뭐가 있어요? 그곳은 어떤 특징이 있어요?**

2. 교사를 따라 어휘를 소리 내어 한 번 읽는다. 이때 발음에 주의하게 한다.

3. 어휘의 의미를 설명한다. 어휘가 사용된 문장을 예로 제시하거나 의미를 풀어서 설명해 준다. 상황에 따라 유의어나 반의어 등을 추가로 설명할 수 있다.

4. 배운 어휘를 소리 내어 읽도록 한다.

2 연습

1. 현재 살고 있는 동네에 뭐가 있는지, 그곳의 특징이 무엇인지 질문을 한다.

2. 짝과 함께 각자의 동네 특징이 무엇인지를 가지고 서로 묻고 답하도록 한다.

3. 학생들끼리 이야기한 것을 교사가 정리해 주며 같이 이야기한다.

   🎤 **OO 씨 동네에는 무엇이 있어요? 그곳은 어떤 특징이 있어요?**

   익힘책 113쪽을 풀게 하거나 과제로 제시한다.

동 형 **-는데**(대조)

앞의 내용과 다른 사실, 행동을 연결해서 말할 때 사용해요.

안젤라 씨는 한국 생활이 어때요?

조금 힘든데 재미있어요.

예문

• 가: 요즘 날씨가 쌀쌀하지요?
  나: 네, 낮에는 더운데 아침저녁에는 쌀쌀해요.

• 밤 12시에 지하철은 다니는데 버스는 안 다녀요.

◎ -는데	• 먹다	먹는데
	• 가다	가는데
	★ 살다	사는데
◎ -은데	• 작다	작은데
	• 좋다	좋은데
◎ -ㄴ데	• 크다	큰데
	★ 멀다	먼데

Tip 명인데 학생 → 학생인데 • 이집트 → 이집트인데

1 한국과 여러분의 고향은 뭐가 달라요?

제이슨 씨, 한국과 제이슨 씨 고향은 뭐가 달라요?

보기

제이슨 | 한국에 산이 많다 | 고향에 산이 적다

한국에는 산이 많은데 제 고향에는 산이 적어요.

1)

라민 | 한국은 눈이 오다 | 고향은 눈이 안 오다

2)

후엔 | 한국은 24시간 배달이 되다 | 고향은 24시간 배달이 안 되다

3)

잠시드 | 한국에 버스 전용 차로가 있다 | 고향에 버스 전용 차로가 없다

2 한국과 여러분 고향은 뭐가 달라요? 이야기해 보세요.

18과 한국 생활은 조금 힘든데 재미있어요 **197**

동 형 **-는데**(대조)

앞의 내용과 다른 사실과 행동을 말할 때 사용해요.

• 가: 동생들이 모두 필리핀에 있어요?
  나: 아니요. 남동생은 필리핀에 있는데 여동생은 한국에 있어요.

• 가: 한국에서 가을에도 비가 많이 와요?
  나: 아니요. 여름에는 많이 오는데 가을에는 많이 안 와요.

• 우리 고향에 바다가 있는데 산은 없어요.

-는데 (동사)	입다	→	입는데
	타다	→	타는데
	*팔다	→	파는데
-은데 (형용사 받침 O)	많다	→	많은데
	적다	→	적은데
-ㄴ데 (형용사 받침 X, ㄹ 받침)	예쁘다	→	예쁜데
	싸다	→	싼데
	*힘들다	→	힘든데

문법 2 (동 형 -는데(대조))

1 도입, 제시

1. 도입 그림과 대화를 통해 문법이 사용되는 상황을 인지시킨다.

   🎤 여기는 어디예요?
   안젤라 씨는 누구와 이야기해요?

2. 교재의 대표 예문을 보면서 문법의 의미를 설명한다.

   🎤 한국 생활이 어떤지에 대한 동료의 질문에 안젤라 씨가 '조금 힘든데 재미있어요.'라고 말해요. '힘들다'와 '재미있다'처럼 앞의 내용과 다른 사실을 말할 때 '-는데'를 사용해요.

3. 학생들과 교재의 예문들을 읽으면서 문법의 의미를 설명하고 이해시킨다.

4. 문법의 형태 정보를 제시하고 설명한다.

5. 추가 예문을 제시하고 문법의 의미와 사용법을 정확하게 이해시킨다.

2 연습 1

1. 〈보기〉의 대화를 교사와 함께 완성해 본다.

2. 나머지 문제를 〈보기〉의 대화처럼 짝과 완성하도록 한다.

3. 연습한 것을 발표하게 하거나 교사가 전체 학생 대상으로 답하게 하여 확인한다. 그리고 오류가 있으면 수정해 준다.

3 연습 2

1. 한국은 고향과 무엇이 다른지 묻고 대답하면서 '동 형 -는데(대조)'를 활용하여 자신의 이야기를 하도록 한다.

2. 친구와 대화한 것을 발표하게 하고 오류가 있으면 수정해 준다.

   익힘책 115쪽을 풀게 하거나 과제로 제시한다. 익힘책은 연습 활동 난이도에 따라 교재 연습 문제 전후로 활용한다.

1 2)
잠시드: 여보세요? 라흐만 씨, 우체국은 일요일에 쉬지요?
라흐만: 네. 그런데 왜요?
잠시드: 택배를 보내고 싶어서요.
라흐만: 그럼 편의점에 가세요. 우체국은 일요일에 쉬는데 편의점은 안 쉬어요.
잠시드: 그렇군요. 정말 고마워요.

후엔(여): 여보, 오늘 일 안 하지요? 같이 마트에 장 보러 가요.
민수(남): 오늘 마트는 문을 안 열어요.
후엔(여): 지난주 일요일에는 문을 열었는데 오늘은 안 열어요?
민수(남): 한 달에 두 번, 둘째 주하고 넷째 주 일요일은 쉬어요.
후엔(여): 그래요? 그럼 오늘은 집 근처 가게로 가요.

---

1 잠시드 씨와 라흐만 씨가 집에서 전화해요. 다음과 같이 이야기해 보세요.

잠시드: 여보세요? 라흐만 씨, 약국은 밤에 문을 닫지요?
라흐만: 네. 그런데 왜요?
잠시드: 배가 아파서요.
라흐만: 그럼 편의점에 가세요. 약국은 밤에 문을 닫는데 편의점은 안 닫아요.
잠시드: 그렇군요. 정말 고마워요.

1) 약국은 밤에 문을 닫다 │ 배가 아프다 │ 편의점은 안 닫다
2) 우체국은 일요일에 쉬다 │ 택배를 보내고 싶다 │ 편의점은 안 쉬다

2 여러분도 한국 생활에 대해 알고 싶은 것을 친구에게 물어보세요.

후엔 씨와 민수 씨가 이야기해요. 잘 듣고 답해 보세요.

1) 마트는 언제 쉬어요? 모두 고르세요.
   ❶ 첫째 주 일요일   ❷ 둘째 주 일요일
   ❸ 셋째 주 일요일   ❹ 넷째 주 일요일

2) 후엔 씨는 오늘 어디에서 물건을 살 거예요?
   집 근처 가게에서 살 거예요.

한국 생활 정보 말하기

1 대화문 연습

1. 한국 생활에 대해 이야기하며 교재의 그림을 이용해 어떤 상황인지 추측해 보도록 한다.

   🎤 지금 낮이에요? 잠시드 씨는 지금 무슨 문제가 있어요?

2. 지시문을 이용하여 대화 상황을 학생들에게 명확하게 알려 준다.

3. 대화를 들려주고 간단한 질문을 하여 대화 내용을 이해했는지 확인한다.

   🎤 잠시드 씨는 어디가 아파요?
   라흐만 씨는 잠시드 씨에게 '어디에 가세요.'라고 말해요?

4. 교사와 함께 대화문을 읽으면서 자연스럽게 말하는 연습을 한다. 두 번 정도 반복해서 연습한다.

5. 교체 어휘를 활용하여 짝과 함께 연습하게 한다.

6. 연습이 끝나면 한두 팀을 발표시키거나 교사가 전체 학생을 대상으로 확인한다.

2 확장 연습

1. 친구에게 한국 생활에 대해 알고 싶은 것에 대해 말하기를 한다고 알려 준다.

2. 짝과 같이 한국 생활에 대해 알고 싶은 것에 대해 이야기하게 한다. 대화를 할 때는 다음과 같은 내용을 포함하여 말하도록 지시한다.

   🎤 여러분은 한국 생활에 대해서 무엇을 알고 싶어요? 이야기해 보세요.

3. 이야기가 끝나면 한두 팀을 발표시키거나 교사가 전체 학생을 대상으로 확인하고 오류를 수정해 준다.

한국 생활 정보 듣기

1. 지시문을 이용하여 등장인물과 대화 상황을 설명한다.

2. 문제를 읽고 들어야 하는 정보를 파악하게 한다.

   🎤 마트는 언제 쉬어요?
   후엔 씨는 오늘 어디에서 물건을 살 거예요?

3. 듣기 파일을 두 번 듣고 문제를 풀게 한다.

4. 교재 질문의 답을 확인한 후 해당 대화를 같이 읽으며 내용을 확인한다. 필요한 경우 새로운 어휘, 표현을 설명한다.

1 다음 글을 읽고 질문에 답해 보세요.

안녕하세요. 제 이름은 고천입니다. 저는 한국 사람과 결혼해서 한국에 왔습니다. 저는 남편과 한국어로 말합니다. 그래서 한국어 말하기는 쉬운데 쓰기는 어렵습니다. 저는 평일에는 아이들에게 중국어를 가르칩니다. 그리고 주말에는 한국어도 공부하고 한국 요리도 배웁니다. 아직 한국 생활에 익숙하지 않아서 힘듭니다. 하지만 즐겁습니다. 여러분은 한국 생활이 어떻습니까?

1) 고천 씨의 남편은 어느 나라 사람입니까? 　한국 사람입니다.

2) 고천 씨는 요즘 무엇을 안 합니까?
   ❶ 중국어를 가르칩니다.　　　❷ 한국 요리를 배웁니다.
   ❸ 한국어를 공부합니다.　　　❹ 한국 회사에 다닙니다.

3) 맞으면 ○, 틀리면 ✕ 하세요.
   ❶ 고천 씨는 한국어 쓰기가 쉽습니다.　(✕)
   ❷ 고천 씨는 한국 생활에 익숙합니다.　(✕)

2 여러분의 한국 생활은 어때요? 한국 생활에 대해 써 보세요.

단어장
결혼하다
평일
중국어
익숙하다

18과 한국 생활은 조금 힘든데 재미있어요 **199**

- **결혼하다:** 김영욱 씨는 고천 씨의 남편이에요. 고천 씨는 김영욱 씨와 결혼했어요.

- **평일:** 토요일과 일요일은 주말이에요. 그리고 한국에서는 휴일이에요. 월요일부터 금요일까지는 주말이 아니에요. 쉬는 날이 아니에요. 평일이에요.

- **익숙하다:** 고천 씨가 처음 한국에 왔을 때 한국 생활을 쉽게 할 수 없었어요. 어려웠어요. 한국 생활에 익숙하지 않았어요.

한국 생활에 대한 글 읽기

1. 그림을 보며 글의 내용을 유추하게 한다.

   🎤 여기는 어디예요?
   고천 씨는 누구와 결혼했어요?

2. 글을 훑어 읽게 한 후 주제, 중심 내용 등을 간단히 말해 보도록 한다.

   🎤 고천 씨는 남편하고 어떻게 얘기해요?
   고천 씨는 한국에서 무엇이 쉬워요?
   고천 씨는 한국에서 무엇이 어려워요?
   고천 씨는 평일에 무엇을 해요?
   고천 씨가 주말에 하는 것은 무엇이에요?
   고천 씨의 한국 생활은 어때요?

3. 글을 다시 읽으면서 문제를 풀게 한다.

4. 답을 같이 확인한 후, 본문을 다시 읽으며 모르는 어휘가 없는지 확인한다. 필요한 경우 새로운 어휘, 표현을 설명한다.

한국 생활에 대한 글 쓰기

1. 어떤 글을 쓸지 알려 주고 글에 들어갈 내용을 생각해 보게 한다.

   🎤 오늘은 여러분의 한국 생활에 대한 글을 쓸 거예요. 한국 생활은 어때요?

2. 교재 질문에 대해 자신이 쓸 내용을 간단히 메모하도록 한다. 교사는 학생들이 쓴 메모에 오류가 없는지 확인해 준다.

   메모 처음에 왜 한국에 왔어요?
   한국에서 무엇을 해요?
   한국 생활이 어때요? 무엇이 좋아요? 무엇이 힘들어요?

3. 메모한 내용을 바탕으로 글을 완성하게 한다.

문화와 정보

한국어 줄임말

"아주머니, 여기 물냉 하나, 비냉 하나 주세요!" 여러분은 식당에서 이런 말을 들었습니까? '물냉'은 '물냉면', '비냉'은 '비빔냉면'을 의미합니다. 한국 사람들은 어떤 단어를 짧게 말합니다. '뚝불'은 '뚝배기 불고기', '치맥'은 '치킨과 맥주'를 의미합니다. 음식 이름만이 아니라 다른 단어도 짧게 말합니다. '아르바이트'는 '알바', '셀프 카메라'는 '셀카'입니다. 줄임말은 짧고 간편해서 좋은데 가끔 의미를 몰라서 불편하기도 합니다.

참고 🖐	한국어 줄임말 신조어

- **아아:** 아이스 아메리카노 커피
- **따아:** 따뜻한 아메리카노 커피
- **생파:** 생일 파티
- **생선:** 생일 선물
- **버카충:** 버스 카드 충전
- **ㄱㅅ:** 감사
- **ㅈㅅ:** 죄송
- **ㅇㅈ:** 인정

1) '물냉', '비냉'은 무엇을 의미해요?
2) 줄임말은 왜 불편해요?
3) 여러분이 알고 있는 줄임말에는 어떤 것이 있어요?

한국어 줄임말

1. 이 단원의 문화와 정보가 무엇에 대한 것인지 알려 준다.

🎤 한국에서 자주 쓰지만 수업에서 안 배우고 사전에도 없는 말이 있어요. 그 말들 중에 많은 것이 줄임말이에요. 오늘은 '한국어 줄임말'에 대해 알아봅시다.

2. 교재의 그림(사진)을 보면서 주제에 대해 알고 있는 것을 상기시키고 말해 보게 한다. 이때 관련 시각 자료를 추가로 활용할 수 있다.

🎤 (삽화 중 냉면집을 가리키며) 여기는 어디예요? 이 여자는 무엇을 주문해요?
(삽화 중 치킨 가게가 있는 그림을 가리키며) 이 남자들은 무엇을 먹을까요?
(삽화 중 편의점 그림을 가리키며) 이 사람은 편의점에서 뭐 해요?

3. 교재를 같이 읽으면서 내용을 설명한다. 이때 중요한 정보가 있는 부분에 밑줄을 긋거나 표시하게 하는 것도 좋다.

4. 질문 1, 2의 답을 찾아보고 답하게 한다.

🎤 '물냉', '비냉'은 무엇을 의미해요?
줄임말은 왜 불편해요?

5. 3번 질문을 이용하여 학습자 자신의 경험을 말해 보도록 한다.

🎤 여러분이 알고 있는 줄임말에는 어떤 것이 있어요?

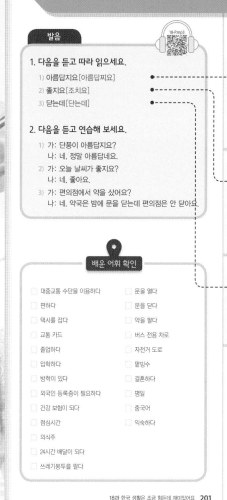

발음

1. 다음을 듣고 따라 읽으세요.
   1) 아름답지요[아름답찌요]
   2) 좋지요[조치요]
   3) 닫는데[단는데]

2. 다음을 듣고 연습해 보세요.
   1) 가: 단풍이 아름답지요?
      나: 네, 정말 아름답네요.
   2) 가: 오늘 날씨가 좋지요?
      나: 네, 좋아요.
   3) 가: 편의점에서 약을 샀어요?
      나: 네. 약국은 밤에 문을 닫는데 편의점은 안 닫아요.

배운 어휘 확인

- ☐ 대중교통 수단을 이용하다
- ☐ 편하다
- ☐ 택시를 잡다
- ☐ 교통 카드
- ☐ 졸업하다
- ☐ 입학하다
- ☐ 방학이 있다
- ☐ 외국인 등록증이 필요하다
- ☐ 건강 보험이 되다
- ☐ 점심시간
- ☐ 의식주
- ☐ 24시간 배달이 되다
- ☐ 쓰레기봉투를 팔다
- ☐ 문을 열다
- ☐ 문을 닫다
- ☐ 약을 팔다
- ☐ 버스 전용 차로
- ☐ 자전거 도로
- ☐ 팥빙수
- ☐ 결혼하다
- ☐ 평일
- ☐ 중국어
- ☐ 익숙하다

18과 한국 생활은 조금 힘든데 재미있어요 **201**

- **경음화**
  – 받침 'ㄱ, ㄷ, ㅂ' 뒤에 연결되는 'ㄱ, ㄷ, ㅂ, ㅅ, ㅈ'은 된소리 [ㄲ, ㄸ, ㅃ, ㅆ, ㅉ]로 발음한다.
  예 옆집[엽찝]

- **격음화**
  – 'ㅎ' 뒤에 'ㄱ, ㄷ, ㅈ'이 결합되는 경우에는, 뒤 음절 첫소리와 합쳐져 [ㅋ, ㅌ, ㅊ]로 발음한다.
  예 놓고[노코]

- **비음화**
  – 'ㄱ, ㄷ, ㅂ'은 'ㄴ, ㅁ' 앞에서 [ㅇ, ㄴ, ㅁ]로 발음한다.
  예 맞는[만는]

- 이 단원에서 배운 어휘 중 기억나는 것을 말해 보세요.
- 이 단원에서 배운 문법은 뭐예요? 어떻게 사용해요?
- 여러분 동네는 어떤 특징이 있어요?
- 여러분은 한국 생활이 어때요?
- '치맥', '알바'는 무슨 뜻이에요?

발음 10분

1. 교재 1번 발음을 들려주고 어떻게 들리는지 학습자 스스로 확인해 보도록 한다.

2. '아름답지요'에서 '받침 ㅂ' 뒤에 연결되는 'ㅈ'이 된소리[ㅉ]로 발음된다는 것을 알려 준다. 그리고 '좋지요' 받침 'ㅎ' 뒤에 'ㅈ'이 결합되어 [ㅊ]로 발음되고, '닫는데'에서 받침 'ㄷ'은 'ㄴ' 앞에서 [ㄴ]로 발음된다는 것을 알려 준다.

3. 교재 1번 발음을 다시 듣고 교사를 따라 말해 본다.

4. 교재 2번 대화를 듣고 따라 말해 본다.

5. 짝과 함께 대화를 읽으며 연습하게 한 후에 확인한다.

마무리 10분

1. 단원에서 학습한 어휘 중 기억하는 것을 먼저 말해 보게 한다.

2. 배운 어휘 목록의 어휘들을 읽으면서 의미를 상기시킨다.

3. 단원에서 학습한 문법(통형-지요?, 통형-는데(대조))을 상기시키며 의미와 사용법을 기억하는지 확인한다.

4. 단원의 목표와 성취도를 확인한다.

5. 익힘책을 과제로 제시하고 마무리한다.

기획 · 연구

박정아 국립국어원 학예연구관
정혜선 국립국어원 학예연구사

이슬비 국립국어원 학예연구사
박지수 국립국어원 연구원

집필진

책임 집필

이미혜 이화여자대학교 교육대학원 교수

공동 집필

이영숙 한양대학교 국제교육원 교수
안경화 서울대학교 언어교육원 대우교수
김현정 서강대학교 국제한국학선도센터 책임연구원
이윤진 안양대학교 교육대학원 교수
유해준 상지대학교 한국어문학과 교수
강유선 숙명여자대학교 아시아여성연구원 연구원
이명순 대전대학교 사회통합프로그램 강사

조항록 상명대학교 한국학과 교수
배재원 이화여자대학교 언어교육원 특임교수
정미지 아주대학교 다산학부대학 특임교수
오지혜 세명대학교 미디어문화학부 교수
박수연 조선대학교 언어교육원 교육부장
이미선 서정대학교 사회통합프로그램 강사

연구 보조원

김민정 이화여자대학교 국제대학원 강사
위햇님 서울대학교 언어교육원 강사
남미정 상명대학교 국제언어문화교육원 강사
권수진 한양대학교 국제교육원 강사
진보영 안산시외국인주민지원본부 사회통합프로그램 강사

오민수 건국대학교 언어교육원 강사
이승민 (재)한국이민재단 강사
곽은선 고려대학교 한국어센터 강사
강수진 상명대학교 국제언어문화교육원 강사

법무부 사회통합프로그램(KIIP)

한국어와 한국문화 초급 1 (교사용 지도서)

1판 1쇄 발행 2020년 12월 10일
1판 3쇄 발행 2023년 9월 20일

기획 · 연구 국립국어원
관계 기관 협조 법무부 출입국 · 외국인정책본부 이민통합과
지은이 이미혜 외

펴낸이 박영호
기획팀 송인성, 김선명, 김선호
편집팀 박우진, 김영주, 김정아, 최미라, 전혜련, 박미나
관리팀 임선희, 정철호, 김성언, 권주련
펴낸곳 (주)도서출판 하우

주소 서울시 중랑구 망우로68길 48
전화 (02)922-7090
팩스 (02)922-7092
홈페이지 http://www.hawoo.co.kr
e-mail hawoo@hawoo.co.kr
등록번호 제2016-000017호

값 13,000원
ISBN 979-11-90154-90-1 14710
ISBN 979-11-90154-80-2 14710 (set)